판례분석

會社法

Corporation Law : Case Analysis

제1권

金 性 倬

인하대학교 출판부

국립중앙도서관 출판시도서목록(CIP)

(판례분석) 회사법 = Corporate law : case analysis. 제1권 / 저자: 김성탁. -- 인천 : 인하대학교 출판부, 2012
p. ;　cm

ISBN 978-89-7407-270-4 94360 : ₩15000
ISBN 978-89-7407-272-8(세트) 94360

회사법(법률)[會社法]

366.2-KDC5
346.066-DDC21　　CIP2012003481

Corporation Law: Case Analysis (Ⅰ)

by

Seong-Tak Kim

Professor of Law
Inha University School of Law

2012
Inha University Press
Incheon, Republic of Korea

머리말

1. 이 책에서는 회사법 판례들 중에서 이론적으로나 실무적으로 특히 의미가 있는 것들을 선정해서 분석하였습니다. 법학공부를 위해서는 법규범과 그 근저를 이루는 기초이론을 정확하게 이해하는 것이 중요하지만, 여기에 더하여 실용학문의 성격상 이들 법령들이 실제의 구체적인 사건에서 어떻게 적용되는지를 파악함으로써 '살아있는 회사법규범'을 발견하려는 노력이 필요합니다. 특히 최근에는 회사법판례들이 양적으로나 질적으로 풍부해지고 있고, 회사법 사건의 대다수는 이해당사자들간 격렬한 법리논쟁을 거친 것이기에 현장감 있는 회사법 공부를 위해서 회사법 판례연구는 필수적입니다.

2. 이 책은 제1권과 제2권으로 구성되어 있습니다. 이 책에 소개된 회사법 판례를 익힘으로써 회사법문제를 보다 깊고 넓게 생각할 수 있는 단초를 제공할 수 있었으면 합니다. 나아가 '회사 공동체'(corporate는 어원상 인격이 주어진 공동체를 뜻함)에 참여하는 주주, 회사채권자, 경영자, 근로자들이 '서로 협력하여 善을 이루는' 데 조금이라도 기여할 수 있기를 소망합니다. 집필을 지원해 준 인하대학교 법학연구소, 판례를 구체적 사건에 적용함에 있어서의 방법론과 유의할 점을 일러주신 인하대학교 박시환 교수님, 유익한 조언을 주신 인하대학교 법학전문대학원 임준호 교수님, 원고를 꼼꼼하게 읽어준 아내, 그리고 책 표지를 전문가 이상의 실력으로 멋지게 꾸며준 인하대학교 법학전문대학원 3기생 조영관 군에게 감사드립니다.

2012년 봄
金 性 倬

차 례

제3장 출자의 주체(주주) 및 그 관리(주주명부) *89*

제4장 출자의 수단(주식) 및 그 징표(주권) *151*

약어표

참고문헌 약어표

[강위두 외] 강위두・임재호, 「상법판례연습」, 법문사, 2009.
[강위두] 강위두, 「회사법」(제3전정), 형설출판사, 2002.
[권기범] 권기범, 「현대회사법론」(제3판), 삼영사, 2010.
[권기범(기업)] 권기범, 「기업구조조정법」(제4판), 삼영사, 2011.
[권재열] 권재열, 「상법사례연습」, 법문사, 2007.
[김건식 외] 김건식・노혁준・박준・송옥렬・안수현・윤영신・최문희, 「회사법」(제3판), 박영사, 2012.
[김건식(Ⅰ)] 김건식, 「회사법연구Ⅰ」, 소화, 2010.
[김건식(Ⅱ)] 김건식, 「회사법연구Ⅱ」, 소화, 2010.
[김병연 외] 김병연・권재열・양기진, 「자본시장법」, 박영사, 2012.
[김정호] 김정호, 「회사법」(제2판), 법문사, 2012.
[김정호(연)] 김정호, 「상법연습」(제3판), 법문사, 2012.
[김준호] 김준호, 「민법강의」(제18판), 법문사, 2012.
[남기윤] 남기윤, 「유형론적 방법론과 회사법의 신이론」, 학우출판사, 1999.
[법전교수] 법학전문대학원 상법교수 13인 공저, 「상법판례백선」, 법문사, 2011.
[서돈각 외] 서돈각・정완용, 「상법강의(상권)」(제4전정), 법문사, 1999.
[서헌제] 서헌제, 「(사례중심체계)상법강의(상)」(제2판), 법문사, 2007.
[손주찬] 손주찬, 「상법(상)」(제15보정판), 박영사, 2004.
[손진화] 손진화, 「상법강의」(제3판), 신조사, 2011.
[송옥렬] 송옥렬, 「상법강의」, 홍문사, 2011.
[안택식] 안택식, 「회사법강의」, 형설출판사, 2012.
[양명조] 양명조, 「회사법(판례와 사례)」, 법문사, 2011.
[유시창] 유시창, 「주식회사법」, 법문사, 2011.
[이기수 외] 이기수・최병규, 「회사법」(제9판), 박영사, 2011.
[이시윤] 이시윤, 「민사소송법」(제5판), 박영사, 2009.
[이철송] 이철송, 「회사법강의」(제20판), 박영사, 2012.

[임재연(자)]	임재연, 「자본시장법」(2012년판), 박영사, 2012.
[임재연(회)]	임재연, 「회사소송」, 박영사, 2010.
[임홍근]	임홍근, 「회사법」, 법문사, 2000.
[정경영]	정경영, 「상법학강의」, 박영사, 2007.
[정동윤]	정동윤, 「상법(상)」(제6판), 법문사, 2012.
[정동윤(감수)]	정동윤(감수), 「상법 회사편 해설」, 법무부, 2012.
[정진세]	정진세, 「(판례연습)회사법」(전정증보판), 삼우사, 2003.
[정찬형]	정찬형, 「상법강의(상)」(제15판), 박영사, 2012.
[지원림]	지원림, 「민법상의」(제7판), 홍문사, 2009.
[채이식]	채이식, 「상법강의(상)」, 박영사, 1997.
[최기원]	최기원, 「신회사법론」(제14대정판), 박영사, 2012.
[최준선]	최준선, 「회사법」(제7판), 삼영사, 2012.
[홍복기 외]	홍복기·김성탁·김병연·박세화·심영·권재열·이윤석·장근영, 「회사법(사례와 이론)」, 박영사, 2012.

법령 약어표

[(무표시)]	상법
[공증]	공증인법
[민]	민법
[민소]	민사소송법
[민집]	민사집행법
[부등]	부동산등기법
[비송]	비송사건법
[상등]	상업등기법
[상령]	상법 시행령
[외감]	주식회사의 외부감사에 관한 법률
[자금]	자본시장과 금융투자업에 관한 법률 (약칭: 자본시장법)
[자금령]	자본시장법 시행령
[특경가]	특정경제범죄 가중처벌 등에 관한 법률
[헌]	헌법
[형]	형법

[서두] 회사법사례 해결 방법론 및 일러두기

1. 회사법사례 해결 방법론

(1) 회사법사례의 유형

회사법사례에는 여러 가지 유형이 있다. 쟁점의 수에 있어서 단일 쟁점의 것이 있는가 하면, 2개 이상의 복수쟁점의 것이 있다. 또한 적용법조에 있어서 상법(회사법)의 규정만이 적용되는 것, 민법과 상법이 복합적으로 융합되어 있는 것, 민법·상법과 민사소송법이 융합되어 있는 것 등이 있다. 먼저 주어진 사례가 이 중 어느 것에 해당하는지를 파악할 필요가 있다. 회사법사건에서 '청구물'의 내용은 권리의 존부를 다투거나, 적법성 여부 또는 효력(유효 또는 무효)을 다투는 것, 책임(계약책임, 불법행위책임, 특수한 법정책임 등)의 존부를 다투는 것이 많다. 간혹 형사책임(주로 업무상횡령·배임죄)과 결부되어 있어 그 전제로 회사법적 판단을 요하는 것들도 있다.

(2) 회사법사례의 일반적인 해결방법

회사법사례 문제를 해결하는 방법으로 'FIRAC 방식'(Facts, Issue, Rule, Analysis, Conclusion)이 유용하다.

(가) 'F'(facts)는 요건사실 또는 사실관계에 해당하는 것으로 주어진 사건의 'Story'를 법적으로 의미 있는 요건사실로 축약하고 재구성한 것이다. 명의(名醫)가 되기 위한 첫 번째 조건이 환자의 상태와 병의 원인을 정확하게 파악할 수 있는 능력의 유무에 있듯이, 유능한 기업법 전문가가 되기 위하여 갖추어야 할 핵심적 자질은 기업법 사건에서 요건사실을 정확하게 끄집어 낼 수 있는 능력의 유무에 달려 있다. 실제의 사건에서는 'Fact'를 정리하는 것 자체만으로도 커다란 작업이 된다. 사례형 문제에서는 대체로 깔끔하게 정리되어 제공되는 경우가 적지 않으나 반드시 그렇다고만은 할 수 없다. 요건사실에서 파악하여야 할 내용은 "누가(원고, 청구인), 누구에게(피고, 피청구인), 무엇을(청구물), 왜(어떤 근거로, 청구권규범)" 등이다.[1] 회사법사례에 등장하는 주요 인물들은 회사, 주주, 채권자, 이사·감사·감사위원·대표이사·집행임원·업무집행관여자·피용자·대리인 등이다. ① 대표이사가 문제로 되는 경우는 회사의 대표권을 갖는 대표이사에 고유한 문제도 있지만, 대표이사 역시 이사이므로 일반적인 이사의 문제로 되는 사례도 있다. ② 대표이사가 주체로 되는 경우에는 대표이사가 대표권을 갖기 때문에 그에 의한 행위의 효력이 회사에 귀속하는지, 때로는 회사의 불법행위책임이 문제되기도 한다. ③ 주주가 주체로 되는 경우는, 그 자가 이사 등의 자격을 동시에 가진 주주인지 그렇지 않은 주주인지에 따라, 전자의 경우에는 이사의 책임이 문제가 되는 경우가 있고, 후자의 경우에는 출자의무 또는 그 자가 지배주주의 책임이 문제가 되는 경우가 있다. 각 사안별로 그 자의 어떤 법적 지위가 문제가 되는지를 파악하여야 한다.

(나) 'I'(issue)는 쟁점 또는 문제의 소재에 해당한다. 위의 Fact를 둘러싸고 다투어지는 법적 쟁점이 무엇인지를 파악하는 것이

1) 이에 관한 자세한 설명은 김정호(연), 13면 참조.

다. 실제 소송에서는 각 당사자가 주장하는 '청구권'이 무엇인가를 중심으로 하여 청구취지나 청구원인, 주장과 항변 등으로 다투어진다. 일단 주어진 사례에 관련된 모든 쟁점들을 축출하고, 이들 쟁점들간의 우선순위를 매겨야 한다. 선결쟁점과 이를 기초로 하는 후속쟁점, 주위적 쟁점과 부수적 쟁점 내지 예비적 쟁점 등의 구분이 필요하다.

(다) 'R'(rule)은 적용법조로서 '청구권규범'에 해당하는 것이다. 이것은 주어진 문제해결에 필요한 열쇠를 법전 속의 법조문에서 찾아내는 작업이다. 모든 법적 문제는 해당 법률을 근거로 해서 판단을 하여야 함에도 불구하고 간혹 이를 망각하는 경우가 있다. 법적 근거가 명시되지 않는 서술은 법문서가 아니라 에세이일 뿐이다. 법령 외에 선례적 판례도 사실상 주요한 법규범 역할을 한다. 그러므로 법조문을 익히듯이 이러한 판례들의 요지 정도는 익혀 둘 필요가 있다. 청구권규범이 다수인 경우 그 나열순서를 일반적으로 말하자면, ① 계약적 청구권, ② 준계약적 청구권, ③ 물권적 청구권, ④ 불법행위 또는 부당이득에 기한 청구권 등의 순으로 접근하는 것이 효과적이다.[2] 또한 회사법 사례에서는 법령 외에 자치법규로서의 정관이 매우 중요한 역할을 담당한나. 회사법판세에서는 정관자치가 기본원칙이지만, 이는 회사법의 강행법규나 회사법의 기본질서에 반하지 않는 범위에서만 유효하다는 점을 항상 유의하여야 한다.

(라) 'A'(analysis)는 분석 또는 논리의 전개를 뜻한다. 이것은 법령이나 판례법리를 제시하고 이를 구체적 사건에 적용하여 해당 법률문제에 가장 적합한 법적 해답을 찾아나가는 논리전개이다. 의미 있는 이론적 논쟁(학설대립)이 있는 경우에는 이들도 다루어 주어야 한다. 쟁점별로 나누어 접근하는 것이 효과적이다. 그 배

---

2) 이에 관한 자세한 설명은 김정호(연), 17~20면 참조.

열순서는 선결문제를 먼저 다루고 그 다음에 이를 기초로 하는 후속 법률문제를 다루는 방식, 중요도에 따라 가장 중요한 것부터 먼저 다루는 방식에 의하면 된다. 그 논리전개의 방식으로는 판결문의 구조와 마찬가지로 결론을 먼저 제시하고 그 다음에 그 논거와 이유를 제시하는 연역적 방법과 그 반대의 순서를 취하는 귀납적 방식이 있다. 이 중에서 어떤 방식을 취할 것인가는 주어진 문제의 성격이나 취지에 맞추어 적절한 것을 선택하면 된다.

(마) 'C'(conclusion)은 결론 또는 사건(사안)에의 적용을 뜻한다. 각 쟁점별로 구분하여 다루었던 이상의 모든 작업을 모아 종합적으로 문제에 대한 법적 결론을 제시하는 것이다. 판결문에서의 주문과 간단한 이유 설시가 이에 해당한다.

2. 이 책에서의 서술방식

(1) 공통사항

(가) 기본적으로 위의 'FIRAC' 방식에 따라 주요 판례들을 분석하였다. 다만 몇 가지 사항은 위에서 언급한 방식에서 다소 벗어나 있으므로 주의를 환기한다(아래 각 항목별 서술방식 참조).

(나) 판례의 내용에 대해서는 원문의 취지를 훼손하지 않는 범위 내에서 의미전달을 쉽게 하기 위해 문구를 수정하거나 장문을 단문으로 바꾸기도 하였다.

(다) 가급적 최종심인 대법원 판결을 중심으로 하되, 파기된 원심 중에서도 분석의 필요가 있는 것은 함께 다루었다. 하급심으로 종결된 것 중에서도 중요하다고 생각되는 것은 다루었다.

(2) 각 항목별 서술방식

(가) 'Facts'(사실관계, 기초사실)에서는 판례에서 제시된 사실인정을 기초로 가급적 간단명료하게 기술하되, 정확한 사실판단을 위하여 필요하다고 생각되는 경우에는 부수적 정황도 포함시켰다. 대법원판결에서 제시된 사실관계만으로 부족한 경우에는 접근 가능한 범위에서 원심까지 추급하여 보충하였다. 다룰 대상과 범위를 제한할 필요가 있는 경우에는 관련이 없는 사실관계를 과감하게 생략하였다. 실제의 사건에서는 증거나 변론의 전 취지 등을 종합하여 사실인정을 하게 되나, 이 책에서는 증거부분을 생략하였다. 기초사실관계를 보다 쉽게 파악할 수 있도록 이를 그림으로 요약하였다.

(나) 'Issue'(쟁점, 문제의 소재)에서는 당해 사안에서 당사자간에 쟁점사항으로 다투어져 법원이 판단한 내용을 중심으로 적시하였다. 이것을 일람하는 것만으로도 해당 문제에 다루어야 할 쟁점들이 무엇인지를 대충 가늠할 수 있다. 다수의 쟁점이 중첩적으로 존재하는 사안에서는 가능한 모두를 적시하되, 사안에 따라서는 부수적인 쟁점을 생략하고 핵심쟁점만을 다룬 것도 있다.

(다) 'Rule'(적용법조)에서는 위 쟁점을 해결하기 위하여 필요한 법적 근거를 상법, 민법, 자본시장과 금융투자업에 관한 법률, 민사소송법 등에서 찾아 명시하였다. 적용 법률이 다수 있는 경우에는 특별법에서 일반법 순으로 배열하는 것을 원칙으로 하였고, 상이한 법률간에는 ';'으로 구분하였다.

(라) 'Analysis & Conclusion'(분석 및 사건에의 적용)에서는 각 쟁점별로 법원이 제시하는 일반적인 법원칙(판례의 법리 또는 판지)을[3]

3) 이 책에서는 이를 판례의 법이론적 구성 내지 확립된 판례라는 뜻으로 '판례

먼저 들고, 이를 해당 사건에 적용하여 법적 판단을 내리는 방식으로 기술하였다. 원심과 대법원의 판단이 다를 때에는 대법원의 판단만을 밝히는 것을 원칙으로 하되, 의미 있는 원심이 있는 경우에는 원심의 판단도 함께 밝혔다. 판례의 내용을 가능한 그대로 싣되, 가독성을 높이고 원문의 내용을 보다 정확하게 전달하기 위하여 필요하다고 생각되는 부분에 대해서는 손질을 가하였다.

(마) 'Comments'에서는 해당 판례를 종합적으로 정리하거나 평석하고, 보충의견 내지 비판의견, 관련이론(학설)이 있을 때에는 이를 기술하였다. 말미에 좀 더 깊이 있는 공부를 위하여 관련문헌(최대 3~4개)의 목록을 수록하였다.

법리'라는 용어를 사용하였다. 우리나라는 영미법계의 판례법 국가가 아니기 때문에 '판례법'이라는 용어는 피하였다. 여기에서의 '판례법리'는 종래 흔히 사용하는 '판결요지' 내지 '판지'보다는 법리구성이 보다 구체적이고 상세한 내용을 담고 있다.

제1장

적용법규

1. 특례규정과 일반규정의 적용관계

[서울고법 2011. 4. 1. 자 2011라123 결정][4)]

Facts

(1) A(신청인)는 2010. 12.경 X회사의 발행주식 76,279,581주 중 3,769,293주(비율 4.94%)를 취득하여 보유하고 있는 주주이고, X회사는 증권시장에 상장된 주권을 발행한 부동산 매매 및 임대업 등을 목적으로 하는 주식회사이다.

(2) A가 2010. 12. 13. X회사에 ○○○ 의안을 의제로 하는 임시주주총회의 소집을 서면으로 청구하였으나, X회사는 이에 응하지 않고 있다.

(Q1) A와 X회사는 아래와 같이 주장하고 있다. 이 중에서 어느 것이 타당한가?

① A의 주장 : 상장회사의 임시주주총회 소집을 청구할 수 있는 소수주주의 요건에 관한 상법 제542조의6 제1항은 상법 제366조의 적용을 배제하는 특별규정이 아니므로, 상법 제542조의6 제1항이 정하는 6개월의 보유기간 요건을 갖추지 못하더라도 상법 제366조의 요건을 갖추고 있으면 그에 기하여 주주총회소집청구권을 행사할 수 있다.

② X회사의 주장 : 상법 제542조의6 제1항은 상법 제366조

4) 대법원 2011. 8. 19. 자 2011그114(특별항고기각).

의 적용을 배제하는 특별규정에 해당하므로 상법 제542조의6 제1항에 규정된 6개월의 주식보유기간 요건을 갖추지 못한 A는 임시주주총회소집을 청구할 수 없다.

(Q2) 상법 중 특례규정의 표현방식에 있어서, 개별 법조항을 기재한 후 명시적으로 '적용하지 아니한다'라고 표현하는 방식과 상법의 다른 규정에 '우선하여 적용한다'는 규정하는 방식에는 내용상 어떤 차이가 있는가?

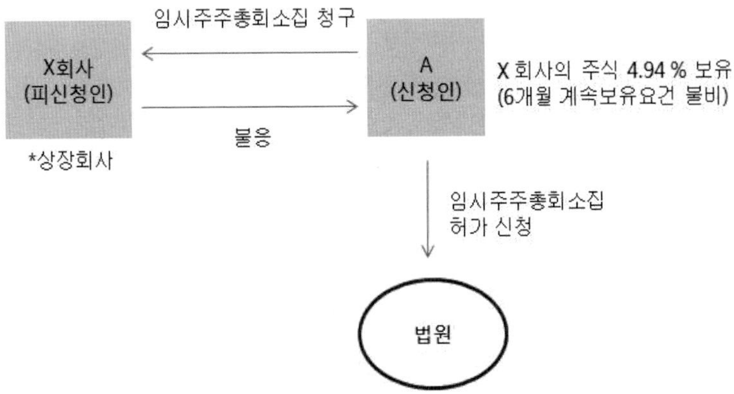

Issue & Rule

(1) 위 사건에서 쟁점이 되는 사항은 ① 상장회사의 주주가 상법 제542조의6 제1항이 정하는 6개월의 보유기간 요건을 갖추지 못한 경우에도 상법 제366조에 따른 임시주주총회 소집청구권을 행사할 수 있는지 여부, ② 상법 제366조에 따른 소수주주의 임시주주총회 소집청구권의 인정 기준, ③ X회사의 발행 주식 4.94%를 취득·보유하고 있는 주주 A가 상법 제366조에 따라 임시주주총회 소집을 청구한 것이 권리남용에 해당하는지 여부 등이다. 이 중에서 핵심쟁점은 ①(특례규정과 일반규정의 관계)이다.

(2) 위 쟁점사항에 관한 적용법조는 상법 제366조, 제542조의2, 제542조의6 제1항 등이다.

Analysis & Conclusion

1. 상장회사의 주주가 6개월 보유기간 요건(542조의6 1항)을 갖추지 못한 경우 임시주주총회 소집청구권(366조)을 행사할 수 있는지 여부

(1) 판례법리

(가) 관련 법규의 개정연혁과 입법취지

주권상장법인의 경우, 그 입법취지는 상장기업의 경우 주식보유비율 5% 이상이라는 그 당시 상법상의 주식보유요건을 갖추지 못한 주주에게도 구 증권거래법(현재 자본시장법에 의하여 폐지, 이 책에서 이하 동일)에서 정한 주식보유요건을 갖추면 주주총회소집청구를 할 수 있도록 함으로써 기업경영의 투명성을 제고하고 소수주주의 권익을 보호하려는 데 있었고, 다만 증권거래법의 위 조항에 보유기간 요건을 두어 주주총회소집청구의 요건을 일부 강화하고는 있으나 이는 소수주주권 행사의 요건을 완화함으로 인하여 소수주주권의 행사를 목적으로 주식을 취득한 자가 그 권리를 남용하는 것을 방지하기 위한 부수적인 목적에서 비롯된 것이라고 볼 수 있다.

(나) 상법규정의 표현방식

① 상법에서도 민법이나 상법의 다른 규정의 적용을 배제할 경우에는 개별 법조항을 기재한 후 명시적으로 '적용하지 아니한다'라고 표현하고 있다. 상장회사에 대한 특례규정(542조의2부터 542조의

12까지)에도 명시적으로, 상장회사에 대한 특례규정 이외의 상법 규정(이하 '상법 일반규정')의 적용을 선택적으로 허용하는 규정과 상법 일반규정의 적용을 배제하는 규정이 모두 있는데, 그 표현방식을 달리 하고 있다.

② 주주총회의 소집공고와 관련하여 상법 제542조의4 제1항은 '상장회사가 주주총회를 소집하는 경우 둘 이상의 일간신문에 각각 2회 이상 공고하거나 대통령령으로 정하는 바에 따라 전자적 방법으로 공고함으로써 제363조 제1항의 소집통지를 갈음할 수 있다'고 규정하여 상법 제363조 제1항에 의한 주주에 대한 서면통지와 상법 제542조의4 제1항에 의한 일간신문 또는 전자적 방법에 의한 공고를 선택적으로 할 수 있도록 하였는데, 이 경우 '할 수 있다'라는 표현을 사용하고 있다. 반면에, 상법 제542조의3 제4항과 제542조의7 제1항, 제542조의12 제1항을 보면 상법 일반규정의 적용을 배제할 경우에는 '상법 ○조의 규정에도 불구하고' 또는 '하여야 한다'는 표현을 사용하고 있다.

(다) '우선 적용한다'의 의미

상법 제542조의2 제2항에서 상장회사에 대한 특례규정의 적용범위에 관하여 일괄하여 상법의 다른 규정에 '우선하여' 적용한다는 규정이 있다고 하더라도, 이는 특례규정과 관련된 모든 경우에 상법 일반규정의 적용을 배제한다는 의미라기보다는 '1차적'으로 적용한다는 원론적인 의미의 규정이라고 할 것이므로, 상법 일반규정의 배제 여부는 특례의 각 개별 규정에 따라 달리 판단하여야 할 것이다.

(2) 사건에의 적용

상법 제542조의6 제1항에 관하여 보건대, 상법 등의 개정연혁과 입법취지, 법률규정의 표현방식 등과 상법 제542조의6 제1항에서 '행사할 수 있다'라는 표현을 사용한 점을 종합해 보면, 위 상법 조항은 상법 제366조의 적용을 배제하는 특별규정에 해당한다고 볼 수 없고, 상장회사의 주주는 상법 제542조의6 제1항이 정하는 6개월의 보유기간 요건을 갖추지 못한 경우라 할지라도 상법 제366조의 요건을 갖추고 있으면 그에 기하여 주주총회 소집청구권을 행사할 수 있다고 봄이 상당하다.[5] 따라서 A는 X회사(상장회사)의 발행 주식 중 3% 이상의 주식을 보유하고 있으므로, 상법 제366조에 따라 임시주주총회의 소집을 청구할 수 있다.

Comments

(1) 회사법관계에 적용되는 법조의 경합은 (i) 상법에 일반규정과 함께 특례규정을 두고 있는 경우(상법 내 경합; 同法令內 競合), (ii) 상법에 규정을 두고 있는 것에 대하여 자본시장법 등의 상사특별법에서도 규정하고 있는 경우(상법과 상사특별법과의 경합; 異法令間 競合) 등 다양하다. 이러한 경합은 주로 일반 주식회사와 자본금 10억원 미만의 소규모주식회사에 대한 규정과 비상장회사와 상장회사에[6] 대한 법규정이 다른 경우에 생긴다. 종전에는 비상장회사에 대해서는 상법에서 규정하고, 상장회사에 대해서는 증권거래법에서 규정하던 방식을 취하였으나, 증권거래법을 1997년에 자본시장법으로 통합함에 따라 증권거래법에서 규정하고 있던 상장회사에 관한 규정이 상법으로 대폭 편입되었다. 이에 따라

5) 대법원 2004. 12. 10. 선고 2003다41715 판결 참조.

6) 상법에서는 상장회사라는 용어를 사용하고 있고(542의2) 자본시장법에서는 주권상장법인이라는 용어를 사용하고 있다. 양자는 같은 내용이다(임재연(자), 691면). 상법은 상장회사에 대하여 비상장회사에 대한 특례조항을 일반적으로 두는 한편, 자산규모 등을 기준으로 상장회사를 다시 유형적으로 세분하여 적용법조에 차이를 두고 있다.

상법은 상장회사와 비상장회사에 관한 규정 모두를 포함하는 통합 회사법으로서의 위상을 갖추고 법체계의 정합성이 높아졌다. 그러나 증권거래법에서 규정하고 있던 상장회사의 지배구조에 대한 특례조항만을 상법에 이관하고 상장회사의 재무구조에 관한 특례조항은 여전히 자본시장법에서 규정함으로써 불완전한 이양에 그치고 말았다. 이에 따라 상장회사에 대한 적용법조의 경합은 상법 내 경합과 상법과 자본시장법간의 경합 등으로 복잡한 양상을 띤다.

(2) 특례조항과 일반조항의 관계는 특별법우선의 원칙에 따라 특례조항이 일반조항에 우선하는 것이 원칙이다. 그런데 동일 사항에 관한 법조가 2개 이상이고 그 내용이 상이한 경우 반드시 특례조항이 일반조항보다 우선하여 배타적으로 적용되는 것만은 아니다. 이를 보다 세분하면, (i) 특례조항이 일반조항을 완전히 배제하는 유형, (ii) 양자가 중첩적으로 적용되는 유형, (iii) 권리행사자가 양자 중에서 임의로 선택할 수 있는 유형 등으로 구분할 수 있다.[7] 이 중 어느 것에 해당하는지는 해당 조항의 연혁 및 입법취지와 규정의 표현방식 등을 종합적으로 고려해서 판단하여야 한다는 것이 위 판례의 입장이다.

<도표 1> 적용법조가 2개(A조, B조 등) 이상인 경우 적용법조의 결정

적용법조의 수	선택 가부	적용법조의 결정	유형 명칭
단수	선택 불가	A(특별조항)	배타적 관계
	선택 가	A 또는 B	선택적 관계
복수	선택 불가	A(특별조항) → B(일반조항)	중첩적 관계

7) 이철송, 12~13면에서는 이를 양자택일적 경합, 배제적 경합, 중첩적 경합으로 3분하고 있다.

(가) 단일적 경합

동일 사항에 대하여 서로 다른 규정이 존재하는 때에 그 중 어느 하나만(일반법에 있는 조항이건, 특별법에 있는 조항이건 불문)이 적용되는 것으로 아래 두 가지로 구분할 수 있다.

(ⅰ) 배타적 적용 ('exclusive A' 형)

① A, B 두 규정이 양립할 수 없고 비등가적 관계에 있는 경우에는 A조항이 B조항을 배제하고 A조항만이 배타적으로 적용된다. 이 때 A조항과 B조항은 특별조항과 일반조항의 관계에 있거나, 또는 각 조항의 적용대상을 아예 구분하여 입법한 경우 등이 있다. 이는 규정의 내용, 표현방식이나 입법취지, 규정의 소재 등을 고려하면 비교적 쉽게 구분할 수 있다.
② 예컨대, 상장회사의 이사 등이 회사로부터 신용공여를 받는 것을 금지하는 상법 제542조의9 제1항은 자기거래에 관한 일반조항인 제398조를 배제하고 배타적으로 적용된다. 또한 주식매수선택권을 행사할 수 없는 사유가 되는 최소 재직기간에 관하여 비상장회사에 규정하고 있는 상법 제340조의4 제1항과 상장회사에 대하여 규정하고 있는 제542조의3 제4항(상령 30조 5항)은 입법연혁적으로 그 적용대상이 다르기 때문에 상호 배타적 관계에 있다는 것이 판례의 입장이다.[8)]

(ⅱ) 자유선택적 적용 ('A or B' 형)

① A, B 두 규정이 양립가능하고 등가적 요건으로 되어 있는 경우 청구권자는 양 규정 중 어느 쪽이든 자신이 충족하고 있는 법조를 자유롭게 선택(택일)할 수 있다.

8) 대법원 2011. 3. 24. 선고 2010다85027 판결.

② 소수주주권의 행사요건에 대해서는 상장회사와 비상장회사에 적용되는 법조의 내용이 다르다. 이는 주로 상장회사에서 소수주주권의 행사요건으로 규정하고 있는 6개월 계속보유요건을 충족하지 못하였으나 비상장회사에 대하여 규정하고 있는 지분보유요건을 구비한 자가 양 규정 중에서 자신이 충족하고 있는 법조를 자유롭게 선택할 수 있는가, 그렇지 않은가 하는 문제로 제기된다. 이에 관해서는 견해가 나뉜다.

(i) 택일설 - 비상장회사에 대하여 규정하고 있는 요건규정(예컨대, 366조 1항)과 상장회사에 대하여 규정하고 있는 요건규정(예컨대, 542조의6 1항)은 택일관계에 있다고 한다. 그 논거로, 상법 제542조의6에서는 상장회사의 소수주주권에 관하여 일반규정에 비하여 ⓐ 소수주주권을 활성화하기 위하여 지주비율요건을 완화하는 대신 ⓑ 그 남용을 막기 위하여 6개월 계속보유요건을 부가하고 있는데, 입법목적상 ⓐ와 ⓑ는 서로 상쇄하는 기능을 하고 있으므로 소수주주권에 관한 특별규정은 일반규정과 등가적이어서 대체가능하다는 점을 들고 있다.[9] 상장회사의 소수주주권에 관한 규정이 상장회사의 지배구조에 대한 규제를 강화하고 소수주주의 보호에 있는 점을 감안할 때 특례규정의 요건을 구비하지 못하였다고 하여 상법상 원래의 소수주주권도 행사할 수 없다고 하는 것은 입법취지에 반하고 법문상으로도 타당하지 않다는 견해도 있다.[10]

(ii) 특칙적용설 - 2009년 개정상법이 제542조의2 이하에서 상장회사에 대하여 특례규정을 두고 있으므로 위와 같은 해석은 더 이상 타당하지 않고, 상장회사의 경우는 6개월 이상 주식을 계속하여 보유하여야 하는 대신 지주비율이 완화된 특례규정에 따라야 한다고 한다.[11]

---

9) 이철송, 13면; 정동윤, 655면.

10) 판례에서 밝히고 있는 바와 같이 법문상 "적용하지 아니한다"는 배타적인 의미로, "우선하여 적용한다"는 배타적 관계가 아닌 선택적 관계를 의미한다고 한다(임재연(자), 682~683면).

(iii) 판례 - 상장회사에서 임시주주총회의 소집청구를 위한 소수주주권의 충족 여부가 다투어진 위 사건에서, 상법 제542조의2 제2항의 '우선적용'의 의미를 특례규정이 일반규정을 완전히 배제하는 관계가 아니라 '1차적 적용'의 의미, 즉 자유선택적 경합의 관계로 보아야 한다고 함으로써 택일설을 취하고 있다. 종전 증권거래법의 소수주주권의 행사요건이 문제된 사건에서 이와 유사한 취지로 판시한 것이 있다.[12]

(iv) 정리 및 사견 - 생각건대, 위 택일설은 소수주주권의 행사요건인 계속보유요건과 지주비율요건을 서로 상쇄할 수 있다고 보고 이에 의하여 상장회사의 소수주주권행사요건과 비상장회사의 요건은 등가적이며 대체가능하다는 논리를 전개하고 있는데, 이에 대해서는 의문이 있다.

① 우선 지주비율요건에 관해서 보자면, 상장회사에서의 지주비율요건이 비상장회사의 그것보다 일견 낮은 기준으로 되어 있는 듯하지만, 소수주주권행사에 소요되는 자금액(금액기준)면에서 보자는 상장회사의 지주비율이 비상장회사에 비하여 결코 낮은 수준이 아니다. 상장회사의 대부분은 비상장회사보다 자본금규모가 크고 액면가 이상의 시가로 거래되는 경우가 일반적이기 때문이다. 따라서 금액기준이 아닌 단순 비율요건만을 놓고 행사요건 충족의 쉽고 어려움을 판단할 것은 아니다.

② 계속보유요건에 관해서도 마찬가지이다. 상장회사에 대해서는 법에서 명시적으로 계속보유요건을 규정하고 있으니 일견 이러한

11) 인천지법 2010. 3. 4. 선고 2010카합159 판결; 최준선, 205면.

12) 대법원 2004. 12. 10. 선고 2003다41715 판결: "증권거래법 제191조의13 제5항과 상법 제366조에서 각각 규정하고 있는 임시주주총회 소집청구권의 자격이 문제된 사건에서, 상법 및 증권거래법의 해당 조항의 개정연혁, 입법취지, 각 조항의 내용 및 적용범위 등을 종합적으로 고려해 보면, 증권거래법 제191조의13 제5항은 상법 제366조의 적용을 배제하는 특별법에 해당한다고 볼 수 없고, 주권상장법인 내지 협회등록법인의 주주는 증권거래법 제191조의13 제5항이 정하는 6월의 보유기간요건을 갖추지 못한 경우라 할지라도 상법 제366조의 요건을 갖추고 있으면 그에 기하여 주주총회소집청구권을 행사할 수 있다고 봄이 상당하다."

규정이 없는 비상장회사보다 요건이 가중되어 있는 것처럼 보인다. 그러나 기업현실로 눈을 돌려 보면 반드시 그렇다고 단정할 수 없다. 비상장회사의 경우는 이러한 계속보유요건을 굳이 법정요건으로 하지 않아도 조직적인 유통시장의 부재로 사실상 주식양도가 제한된다. 따라서 계속보유요건이 없다고 해서 그에 의하여 상장회사에 비하여 행사요건을 완화하는 효과는 반드시 적다고 할 수 없다.

③ 이러한 점을 종합하면, 비상장회사에 대한 소수주주권 행사요건이 상장회사의 그것과 비교하여 결코 등가적이라고 할 수는 없고 오히려 가중되어 있는 면이 있다. 또한 상장회사에 대하여 요구되는 계속보유요건은 소수주권의 남용을 막고 어느 정도 회사와 이해관계가 정착된 자로 청구권자를 한정하는 취지로서 그 독자적인 입법목적을 가지고 있으므로 이를 계속보유요건과 상쇄가 능하다고 단정하는 것도 옳지 않다.

④ 계속보유요건의 적용을 배제할 필요가 있다면 이에 관하여 법에서 명시적으로 규정하는 것이 바람직하다.[13] 예컨대, 자본시장법 제29조에서는 금융투자업자에 대한 소수주주권행사에 관하여 상법에 대한 특별규정을 두면서 동조 제6항에서 "제1항부터 제6항까지의 규정은 그 각 항에서 규정하는 상법의 해당 규정에 따른 소수주주권의 행사에 영향을 미치지 아니한다."고 규정함으로써 상법상의 소수주주권의 요건에 해당하는 경우에는 6개월 계속보유를 요하지 않는다는 것을 명시적으로 규정하고 있다.

(나) **중복적 적용** ('A and B' 형 또는 'A → B' 형)

서로 모순되지 않고 양립할 수 있는 A, B 조항 모두를 중첩적으로 적용할 수 있는 경우가 있다. 이는 다시 (i) A와 B가 대등한

---

13) 6개월 계속보유요건을 폐지하는 것도 그 한 방법이 될 수 있겠으나, 이에 대해서는 입법정책적 판단이 선행되어야 한다.

관계에 있어 순서에 관계없이 A와 B를 중첩적으로 적용하거나(대등관계), 또는 (ii) 특별조항인 A조항이 먼저 적용되고 A에 규정되어 있지 않은 사항에 대해서 일반조항인 B조항이 보충적으로 적용되는 것(보충관계, 선후관계)으로 구분할 수 있다. 예컨대, 집중투표에 관하여 상장회사의 경우 특례사항을 규정하고 있는 상법 제542조의7이 우선하여 적용되어, 그 나머지 사항에 대해서는 일반조항인 상법 제382조의2가 적용된다.

《관련문헌》

정순섭, "자본시장법에서의 상장회사 적용 법규 및 개선 과제", 「상장협연구」 제63호(2011).

최준선, "상법에서의 상장회사 적용 법규 및 개선 과제", 「상장협연구」 제63호(2011).

장상균, "상법상 소수주주의 주주총회소집청구권의 행사요건", 「대법원판례해설」 제51호(2004).

2. 정관자치와 그 한계, 주주제명의 허용여부

[대법원 2007. 5. 10. 선고 2005다60147 판결]

Facts

(1) X회사(피고, 감정평가법인)는 원래 소속 감정평가사 78명이 각 5,000,000원을 출자하여 설립한 합명회사였다가 2002. 7. 1. 소속 감정평가사 전원이 각 5,640,000원을 출자하고 전원이 주주가 되어 주식회사인 X회사를 설립하였다.
(2) 이러한 이유로 X회사는 내부적으로 주주의 지위와 감정평가사의 지위가 서로 관련을 갖고 있고, 이러한 내부관계를 반영하여 제정된 X회사의 법인 '운영규정' 및 주주감정평가사의 운영규약('운영규약')은 X회사에 고용된 감정평가사와 달리 주주감정평가사의 권리와 의무, 급여, 복무 책임 등에 관한 내용을 규정하고 있다. X회사의 운영규약 제1조는 주주감정평가사를 '구성원'으로 표현한다고 밝히고 있고, 제16조는 '구성원'이 고의 또는 중과실로 법인의 명예를 손상하거나 재산상의 손실을 입혔을 경우 또는 법인의 질서와 규율을 문란하게 할 때 등을 징계사유로 열거하고 그러한 행위를 한 구성원에 대하여 1차 경고 후 업무수당 및 상여금의 지급을 제한하고, 1차 경고 후에도 그러한 행위를 계속 또는 재발한 경우에는 구성원을 제명할 수 있다고 규정하고 있다.
(3) X회사의 운영규정 제1조는 주주감정평가사를 '주주'라고 표현한다고 밝히고 있고, 제32조는 주주가 고의 또는 중대한 과실로

법인에 손해를 입히거나 법인의 명예를 실추시키는 행위를 한 때 그 주주에 대하여 정직, 감봉, 견책 등의 징계를 할 수 있도록 규정하고, 제31조는 주주가 법인의 목적에 위배되는 행위 또는 법인의 명예를 손상시키는 행위를 하였을 경우 그 주주를 제명할 수 있다고 규정하고 있다.

(4) X주식회사는 '운영규약상의 징계사유 및 징계절차에 관한 규정' 등을 근거로 주주 겸 감정평가사인 A(원고)에 대하여 2002. 12. 5. "A를 X회사에서 제명한다"는 취지의 제명통보를 하였다.

(5) 이에 따라 A는 X회사의 2003. 2. 27. 정기주주총회에서 일부 주주들로부터 제명당하였음을 이유로 주주총회 참석권한을 부인당하는 취급을 받았다.

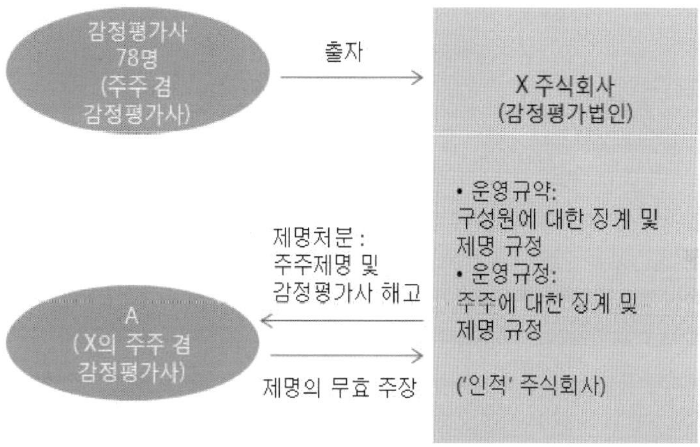

(Q1) 당사자의 아래와 같은 각 주장의 당부를 판단하시오.

① A(원고)의 주장 : A는 X회사가 자신에 대하여 내린 주주제명 처분의 무효확인을 구하고 있다. A는 X회사로부터 제명처분을 받은 후 주주의 지위만을 인정받지 못하고 있는데 그치는 것이 아니라 X회사의 감정평가업무 등에서 완전히 배제되고 X회사의 소속 감정평가사 명단에서도 빠

지게 되었으므로, 주주의 지위와 감정평가사로서의 지위의 불가분성을 주장하며 X회사 소속 주주감정평가사로서의 완전한 지위회복을 구하고 있다.

② X회사(피고)의 주장 : 이에 대하여 X회사는 A에 대한 주주제명 처분이 유효하다고 주장하고 있고, 제명처분에 A를 감정평가사의 지위에서 해고한다는 의사표시가 포함되어 있다고 주장하고 있다.

(Q2) 주식회사에서 정관 또는 주주총회의 결의에 기하여 주주를 제명할 수 있는가?

(Q3) A가 X회사에 대하여 주주제명의 무효를 다투기 위하여 그 근거로써 제시할 수 있는 법적 근거는 무엇인가?

(Q4) X회사와 같이 주주 구성이 소수에 의하여 제한적으로 이루어져 있다거나 주주 상호간의 신뢰관계가 중요시 되는 경우에도 그렇지 않는 주식회사와 마찬가지로 주주제명이 허용되지 않는가?

(Q5) 만일 X회사가 주식회사가 아니고 인적 회사라면 어떠한가?

Issue & Rule

(1) 위 사건에서 쟁점이 되는 사항은 ① 주식회사에서 주주 제명이 허용되는지 여부, ② 주주간 분쟁 등 일정한 사유가 발생할 경우 특정 주주를 제명하고 회사가 그 주주에게 출자금 등을 환급하도록 규정한 정관이나 내부규정의 효력, ③ 주식회사인 감정평가법인의 주주 겸 소속 감정평가사에 대한 회사의 제명처분에는 주주제명의 의사표시뿐 아니라 소속 감정평가사의 지위에서 해고한다는 의사표시도 포함되어 있으므로 그와 같은 회사의 의사표시가 주주 제명처분의 무효 여부와 무관하게 가분적으로 유효하게 존재

할 수 있는지 여부 등이다. 이 중에서 핵심쟁점은 ①이다.
(2) 위 쟁점사항에 관한 적용법조는 상법 제218조 제6호, 제220조, 제269조, 제341조; 민법 제105조, 제137조 등이다.

Analysis & Conclusion

1. 물적 회사에서 제명의 허용여부

(1) 판례법리

① 상법은 제218조 제6호, 제220조, 제269조에서 인적 회사인 합명회사, 합자회사에 대하여 사원의 퇴사사유의 하나로서 제명을 규정하면서 제명의 사유가 있는 때에는 다른 사원 과반수의 결의에 의하여 그 사원의 제명의 선고를 법원에 청구할 수 있도록 규정하고 있다. 이에 반하여, 주식회사의 경우에는 주주의 제명에 관한 근거 규정과 절차 규정을 두고 있지 아니한다. 이는 상법이 인적 결합이 아닌 자본의 결합을 본질로 하는 물적 회사로서의 주식회사의 특성을 특별히 고려한 입법이라고 해석된다.
② 그러므로 회사의 주주 구성이 소수에 의하여 제한적으로 이루어져 있다거나 주주 상호간의 신뢰관계를 기초로 하고 있다는 등의 사정이 있다 하더라도, 그러한 사정만으로 인적 회사인 합명회사, 합자회사의 사원 제명에 관한 규정을 물적 회사인 주식회사에 유추적용하여 주주의 제명을 허용할 수 없다.
③ 주주간의 분쟁 등 일정한 사유가 발생할 경우 어느 주주를 제명시키되 회사가 그 주주에게 출자금 등을 환급해 주기로 하는 내용의 규정을 회사의 정관이나 내부규정에 두는 것은 그것이 회사 또는 주주 등에게 생길지 모르는 중대한 손해를 회피하기 위한 것이라 하더라도 법정사유 이외에는 자기주식의 취득을 금지

하는 상법 제341조의[14] 규정에 위반된다.[15]

(2) 사건에의 적용

X회사에서 주주를 제명하고 회사가 그 주주에게 출자금 등을 환급하도록 하는 내용을 규정한 정관이나 내부규정은 물적 회사인 주식회사의 본질에 반하고 자기주식의 취득을 금지하는 상법의 규정에도 위반되어 무효이다.

2. 그 밖의 쟁점 : 일부무효와 전부무효

(1) 판례법리

① A는 X회사의 주주임과 동시에 X회사 소속 감정평가사로서 감정평가업무 등을 수행하면서 급여와 상여금 등을 지급받는 관계에 있고, X회사의 운영규약 및 운영규정에서 제명의 대상으로 삼은 지위는 '주주감정평가사'의 지위이지 단순한 '주주'의 지위에 그치는 것이라고 볼 수 없다. 그러므로 이 사건 제명처분에는 A를 단순히 '주주'에서 제명한다는 의사표시뿐만 아니라 A가 X회사 소속 '주주감정평가사'로서 업무를 수행하고 급여와 상여금 등을 지급받는 법률관계 역시 종료시키겠다는 의사표시도 포함되어 있다고 봄이 상당하다.
② 그렇다면 A가 X회사 소속 주주감정평가사로서 업무를 수행하고 급여와 상여금 등을 지급받는 법률관계 및 그러한 법률관계를 종료시키려는 X회사의 의사표시의 법적 성질이 무엇인지를 면밀히 따져보고, 그와 같은 X회사의 의사표시가 주주 제명처분의 무효 여부와 무관하게 가분적으로 유효하게 존재할 수 있는 것인

---

14) 2011년 개정상법상으로는 제341조의2도 포함한다.
15) 대법원 2003. 5. 16. 선고 2001다44109 판결 참조.

지의 여부 및 그러한 의사표시가 정당한 사유에 기하여 적법한 절차에 따라 이루어진 것이어서 유효하다고 볼 수 있는지 여부 등을 심리·판단하여야 한다.

(2) 사건에의 적용

원심은[16] 이 사건 제명처분이 A의 주주로서의 지위만을 박탈하는 의사표시라고 잘못 해석한 나머지 제명처분이 A에 대한 해고로서는 유효하다는 X회사의 주장을 선불리 배척하고 말았다. 이러한 원심의 판단에는 법률행위의 해석 및 일부 무효에 관한 법리 등을 오해하여 판결에 영향을 미친 위법이 있다.

Comments

(1) 위 판례는 '인적 회사'와 '물적 회사'라는 구분법을 취하고 있다. 이는 법전상의 분류가 아니고 회사의 본질이 무엇인가에 착안한 강학상의 회사구분이다. 인적 회사란 인적 신뢰관계에 있는 사원 상호간의 결합체를 회사의 핵심으로 하는 기업형태이고, 물적 회사는 사원이 출자한 자본의 결합체를 핵심으로 하고 사원들은 단지 자본을 매개로 하여 결합한 기업형태이다. 합명회사는 인적 회사의 전형이고, 주식회사는 물적 회사의 전형이다. 합자회사는 인적 회사를 기본으로 하면서 이에 물적 요소를 가미한 기업형태이고, 유한회사는 물적 회사를 기본으로 하면서 인적 요소를 가미한 기업형태이다. 유한책임회사는 대내적인 법률관계에 있어서는 합명회사와 같은 인적 회사이면서, 대외적으로는 사원이 주식회사의 주주와 같이 유한책임을 지는 물적 회사로서 혼성적 회사이다. 상법에서 규정하고 있는 5종의 회사는 인적 회사와

16) 서울고법 2005. 9. 9. 선고 2004나74585 판결.

물적 회사의 구분을 기본으로 하면서 이를 다시 유형적으로 세분하여 법률상의 회사로 법제화한 것으로, 정도의 차이만 있을 뿐 그 본질인 인적 회사 또는 물적 회사의 속성을 그 안에 고스란히 갖고 있다.

(2) 제명은 신뢰를 기대할 수 없는 사원의 지위를 다른 나머지 사원의 자치적인 의사결정에 의하여 강제적으로 박탈함으로써 회사의 존속을 도모하는 제도로서, 합명회사・합자회사와 같은 인적 회사에 특유한 제도이다(220조, 269조). 인적 회사의 경우에는 사원 개개인의 개성과 사원간의 인적 신뢰관계가 중시되므로, 신뢰관계를 깨뜨린 사원을 강제 축출함으로써 사원간의 결속과 회사의 존속을 위해 제명제도를 두는 것이 필요하다. 유한책임회사는 내부적으로는 인적 색채가 강하여 합명회사에 관한 규정을 준용하므로 제명이 허용된다(287조의27). 그러나 제명은 해당 사원에게 주는 타격이 막대하므로 기업유지를 위하여 불기피한 경우에 한하여 제한적으로 허용된다.[17] 상법에서는 제명사유를 한정적으로 규정하고,[18] 다른 사원 과반수의 결의와 법원의 제명선고를 요하는 등 제명절차를 엄격하게 규정하고 있다(220조 1항).

(3) 주식회사에서 주주의 지위는 오로지 법정사유에 의해서만 발생 또는 소멸한다. 주주의 지위는 주식을 매개로 하므로 주식을 취득함으로써 주주의 지위를 갖게 되고, 주식을 상실함으로써 주주의 지위를 상실하게 된다.[19] 그런데 제명은 주주권 상실사유로 법정되어 있지 아니한다. 따라서 주식회사에서는 주주를 제명하여 회사가 그 주주에게 출자금 등을 환급해주는 내용을 규정한

17) 부산지법 동부지원 1991. 8. 16. 선고 90가합3057 판결.
18) 제명사유에 관한 상법규정은 강행규정이라는 것이 통설이다.
19) 이는 강행법적 원칙이다. 따라서 주식의 취득 또는 상실이 아닌 다른 사유로 주주권을 취득 또는 상실하게 하는 당사자의 약정이나 정관 규정은 효력이 없다(대법원 1967. 6. 13. 선고 67다302 판결).

정관이나 그 밖의 내부규정은 물적 회사로서의 주식회사의 본질에 반하고 자기주식의 취득을 금지하는 상법 규정에도 위반되어[20] 무효가 된다. 위 판례는 이러한 점을 분명히 하고 있다.

(4) 주주 제명이 허용되지 않는다는 것은 주식회사의 본질에 기인한 것이므로 그 내부적 운영실태의 여하를 불문하고 모든 주식회사에 대하여 예외 없이 적용된다. 주주가 소수에 의하여 제한적으로 구성되어 있다거나 주주 상호간의 신뢰관계를 기초로 하는 소위 '인적 주식회사' 내지 '폐쇄적 주식회사'인[21] 경우도 이러한 점은 마찬가지이다.[22] 주식회사에서 정관자치는 강행법규나 주식회사의 본질에 반하지 않는 경우에만 허용되는 것인데,[23] 주주 제명은 물적 회사로서의 주식회사의 본질에 반하므로 이에 관한 정관자치는 허용될 수 없다.

(5) 다만 법정사유에 기하여 소수주주를 강제축출(squeeze-out)할 수 있는 효과를 얻는 것은 가능하다. 예컨대, 발행주식총수의 95% 이상의 주식을 가진 지배주주가 소수주주가 보유하고 있는 주식의 강제매도청구권(360조의24 1항)이나 교부금합병 또는 현금

---

20) 2011년 개정상법에 의하여 자기주식의 취득에 대한 법적 제한이 상당히 완화되었다. 그러나 제명을 위하여 회사가 피제명사원으로부터 주식을 취득하는 것은 자기주식의 취득을 허용하는 상법 제341조와 제341조의2에 해당하지 않으므로 여전히 무효로 된다.

21) 회사의 실재유형에 착안하여 '인적 주식회사'라는 개념을 인정하는 견해가 있다. 이들 회사에 대해서는 법정주의의 경직성을 극복하기 위하여 정관자치를 광범하게 허용하여야 한다고 한다(남기윤, 106면 · 424면 등).

22) 이와는 달리 폐쇄적인 소규모의 인적 주식회사에 있어서는 주주간의 극단적인 불화대립으로 업무집행의 정체가 무한히 계속될 가능성이 크고 제명에 의하지 않고서는 회사의 존속이 어려운 때에는 주주의 다수결에 기해 특정 사원의 지분을 강제적으로 매수하여 보상해 줌으로써 축출하는 제도를 마련할 필요가 있다는 견해가 있다(남기윤, 448면 등).

23) 폐쇄적인 인적 주식회사에서는 그렇지 않은 회사에 비하여 정관자치가 인정되는 폭이 더욱 넓어야 하고 이들 회사에서는 종래 강행규정으로 본 것에 대해서도 사안에 따라서는 정관자치 내지 (주주들의) 자율적 자치를 허용할 필요가 있다는 견해가 있다(남기윤, 362면 등).

지급합병(cash-out merger, 523조 4호) 등에 의하여 사실상 소수주주를 강제 축출할 수 있는 제도가 2011년 개정상법에 의하여 도입되었다. 다만, 그 남용을 막기 위하여 주식강제매도청구권의 경우에는 주주총회의 사전 승인을 요하고 경영상의 목적달성을 위하여 필요할 것을 요하고 있다(360조의24 1항·3항). 그러나 이들 제도는 단체법적 제도로서 주주평등의 원칙이 적용되어 모든 주주에 균등하게 기회가 주어져야 한다는 점에서 제명과는 차이가 있다. 주주의 동의에 관계없이 회사가 일방적으로 주식을 소각하는 경우(강제소각)도 주주의 소유주식수에 비례하여 평등하게 소각하여야 하므로 사원의 강제축출이라는 점을 제외하면 제명과는 다르다.

《관련문헌》

김성탁, "주주제명에 관한 정관조항의 효력", 「상사판례연구」 제20집 제3권-상(2007).

박세화, "회사법에 있어서 강행법규 체제의 역할과 한계: 미국 회사법과의 비교법적 검토를 중심으로", 「상사판례연구」 제20집 제3권(2007).

오영준, "주식회사에서 주주의 제명이 허용되는지 여부", 「대법원판례해설」 제67호(2007).

남기윤, "상법 제361조에서 정관자치의 범위와 한계", 「상사법연구」 제16권 제2호(1997).

3. 금지법규 위반행위의 효력

[대법원 2004. 6. 11. 선고 2003다1601 판결]

Facts

(1) 원고는 H상호신용금고,[24] (주)S, (주)D이고, 피고는 파산 전의 T상호신용금고 및 파산 전 D상호신용금고이다. H상호신용금고는 자회사로 파산 전의 주식회사 J와 원고 (주)S, (주)D를 두고 있다.

(2) 원고측과 피고측은 대출과 관련하여 아래와 같은 내용으로 조건부 채권양도 또는 채권질권에 유사한 비전형담보의 약정을 하였다.

① 파산 전의 T상호신용금고 및 파산 전 D상호신용금고가 H상호신용금고의 자회사들인 파산 전의 주식회사 J와 원고 (주)S, (주)D에게 대출을 하고, H상호신용금고는 T상호신용금고 및 D상호신용금고의 자회사들에게 대출을 하는 방법으로 서로 교차대출을 한다. ② 자신들이 상대방 금고의 자회사에 대출하는 채권의 담보를 위하여 자신들의 채권에 대한 이행지체 등의 사유가 발생하는 것을 조건으로 자신들의 자회사에 대한 상대방 금고의 대출금채권을 대

24) 상호신용금고란 서민과 소규모기업의 금융편의를 도모하고 저축을 증대하기 위하여 1972년부터 상호신용금고법에 기하여 설립된 지역 금융기관이다. 2001년 3월 상호신용금고법이 상호저축은행법으로 개정되고, 2002년부터는 상호저축은행으로 그 명칭이 변경되었다.

위행사하여 자신들의 상대방 금고 자회사에 대한 대출금채권의 변제에 우선 충당할 수 있는 권리를 유보한다.
③ 각 자회사들도 채권자인 상대방 금고에게 직접 변제하는 것에 갈음하여 자신들의 모회사인 금고에게 대위변제할 수 있다.
④ 채권자는 상대방 금고의 채권을 대위행사함으로써 자신의 상대방 금고의 자회사에 대한 채권이 소멸하고, 채무자는 상대방 금고 자회사의 채무를 대위변제함으로써 자신의 상대방 금고에 대한 채무를 면하며, 다만 각 금고 사이에 서로 정산의무만 남는다.

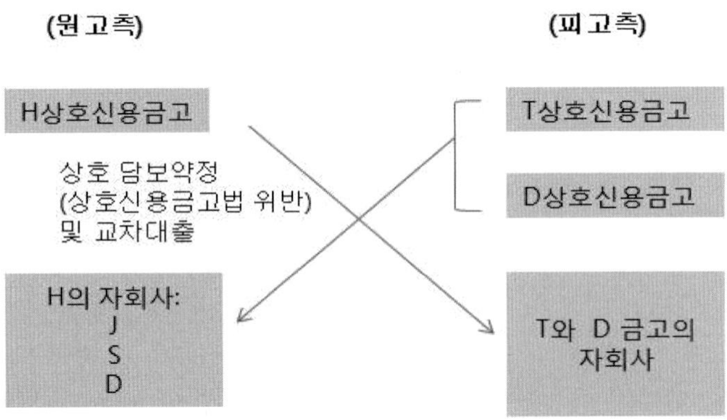

(Q1) 위와 같은 내용의 담보제공약정은 어떠한 법 위반인가?
(Q2) 위에 의한 대출약정은 유효한가?

Issue & Rule

(1) 위 사건에서 쟁점이 되는 사항은 ① 구 상호신용금고법(2001. 3. 28. 상호저축은행법으로 개정되기 전의 것) 제18조의2 제4호(채무의 보증이나 담보의 제공)의 입법취지 및 위 규정이 효력규정인지 여부,

② 강행법규에 위반한 자가 스스로 그 약정의 무효를 주장하는 것이 신의칙에 반하는지 여부 및 신의성실의 원칙 위배를 이유로 권리의 행사를 부정하기 위한 요건, ③ 일부무효 법리의 적용범위 및 강행법규와의 관계, ④ 상호저축은행의 담보제공약정이 효력규정인 상호저축은행법 제18조의2 제3호에 위반하여 무효인 경우, 그와 일체로 이루어진 대출약정까지 무효로 되는지 여부, ⑤ 효력규정인 강행법규에 위반되는 계약을 체결한 자가 그 약정에 따라 변제수령권을 갖는 것처럼 외관을 갖게 된 자에게 변제한 경우 채권의 준점유자에 대한 변제로서 유효한지 여부 등이다. 이 중에서 핵심쟁점은 ①이다.
(2) 위 쟁점사항에 관한 적용법조는 구 상호신용금고법 제18조의2 제4호(현행 상호저축은행법 제18조의2(금지행위) 제3호 참조); 민법 제105조, 제2조, 제137조 등이다.

Analysis & Conclusion

1. 신용금고의 담보제공 약정의 효력

(1) 판례법리

효력규정인 강행규정에 반하는 행위는 무효로 된다.

(2) 사건에의 적용

구 상호신용금고법 제18조의2 제4호는 상호신용금고가 대통령령이 정하는 특수한 경우를 제외하고 "채무의 보증 또는 담보의 제공"을 하는 행위를 금지하고 있다. 이는 서민과 소규모기업의 금융편의를 도모하고 거래자를 보호하며 신용질서를 유지함으로써 국민경제의 발전에 이바지함을 목적으로 하는(구 상호신용금고법 제1조) 상호신용금고가 경영자의 무분별하고 방만한 채무부담행위로 인한 자본구조의 악화로 부실화됨으로써 그 업무수행에 차질을 초래하고 신용질서를 어지럽게 하여 서민과 소규모기업 거래자의 이익을 침해하는 사태가 발생함을 미리 방지하려는 데에 그 입법취지가 있다고 할 것이어서, 위 규정은 단순한 단속규정이 아닌 효력규정이라고 할 것이다[25] 따라서 피고 금고들과 원고측 금고 사이의 이 사건 각 담보제공약정은 구 상호신용금고법 제18조의 2 제4호에 위배하여 무효이다.

2. 그 밖의 쟁점

(1) 강행법규에 위반한 자가 스스로 그 무효를 주장하는 것이 신의칙에 반하는지 여부

강행법규에 위반한 자가 스스로 그 약정의 무효를 주장하는 것이 신의칙에 위반되는 권리의 행사라는 이유로 그 주장을 배척한다면, 이는 오히려 강행법규에 의하여 배제하려는 결과를 실현시키는 셈이 되어 입법취지를 완전히 몰각하게 된다. 그러므로 달리 특별한 사정이 없는 한 위와 같은 주장은 신의칙에 반하는 것이라고 할 수 없다.

(2) 신의성실의 원칙 위배를 이유로 권리의 행사를 부정하기 위한 요건

신의성실의 원칙에 위배된다는 이유로 그 권리의 행사를 부정하기 위해서는 (i) 상대방에게 신의를 공여하였다거나 객관적으로

---

25) 대법원 1985. 11. 26. 선고 85다카122 판결; 대법원 2002. 4. 9. 선고 2000다42625 판결 등 참조.

보아 상대방이 신의를 가짐이 정당한 상태에 있어야 하며, (ii) 이러한 상대방의 신의에 반하여 권리를 행사하는 것이 정의 관념에 비추어 용인될 수 없는 정도의 상태에 이르러야 한다.

(3) 상호신용금고의 담보제공약정이 효력규정에 위반하여 무효인 경우, 그와 일체로 이루어진 대출약정까지 무효로 되는지 여부

① 민법 제137조는 임의규정으로서 의사자치의 원칙이 지배하는 영역에서 적용된다고 할 것이므로, 법률행위의 일부가 강행법규인 효력규정에 위반되어 무효가 되는 경우 그 부분의 무효가 나머지 부분의 유효·무효에 영향을 미치는가의 여부를 판단함에 있어서는 개별 법령이 일부무효의 효력에 관한 규정을 두고 있는 경우에는 그에 따라야 하고, 그러한 규정이 없다면 원칙적으로 민법 제137조가 적용될 것이다(전부무효의 원칙). 그러나 당해 효력규정 및 그 효력규정을 둔 법의 입법취지를 고려하여 볼 때 나머지 부분을 무효로 한다면 당해 효력규정 및 그 법의 취지에 명백히 반하는 결과가 초래되는 경우에는 나머지 부분까지 무효가 된다고 할 수는 없다(일부무효의 특칙).
② 상호신용금고의 담보제공약정이 효력규정인 구 상호신용금고법 제18조의2 제4호(현행 상호저축은행법 제18조의2 제3호)에 위반하여 무효라고 하더라도, 그와 일체로 이루어진 대출약정까지 무효로 된다고는 할 수 없다.

(4) 효력규정인 강행법규에 위반되는 계약을 체결한 자가 그 약정에 따라 변제수령권을 갖는 것처럼 외관을 갖게 된 자에게 변제한 경우, 채권의 준점유자에 대한 변제로서 유효한지 여부

효력규정인 강행법규에 위반되는 계약을 체결한 자가 그 약정의 효력이 부인된다는 사실을 알지 못한 탓에 그 약정에 따라 변제수령권을 갖는 것처럼 외관을 갖게 된 자에게 변제를 한 경우에는, 특별한 사정이 없는 한 그 변제자가 채권의 준점유자에게 변제수령권이 있는 것으로 볼 수 없다.

Comments

(1) 회사는 법에 의하여 법인격이 부여된 자이므로 법에 의하여 당연히 그 권리능력의 제한을 받는다(민 34조). 그러나 회사가 단순히 법의 금지규정을 위반하였다고 하여 그 모두가 무효로 되는 것은 아니고, 금지규정의 성격에 따라 달라진다. (ⅰ) 만일 당해 규정이 단속규정에 그칠 때에는 법 소정의 제재를 받는 것은 별론으로 하고 당해 행위의 사법상의 효력은 그에 상관없이 유효하다.[26] (ⅱ) 그러나 당해 규정이 효력규정인 때에는 당해 행위의 사법상의 효력은 무효로 된다. 따라서 해당 금지법규가 단속법규에 그치는 경우에는 회사의 권리능력을 제한하는 규정이 아니지만, 효력규정인 경우에는 당해 법규는 결과적으로 회사의 권리능력을 제한하는 규정이 된다.[27] 위의 판례는 금지규정 중 효력규정에 위반한 행위는 무효라고만 언급하고 있을 뿐, 그것이 권리능력이 없기 때문에 무효인지, 아니면 권리능력의 문제와는 상관

---

26) 입법정책적으로 회사의 권리능력을 제한하는 사유는 가급적 제한적으로 축소하는 것이 거래의 안전을 위하여 바람직하다는 견지에서, 회사에 관한 금지규정은 원칙적으로 단속규정으로 해석하여야 할 것이라는 견해가 있다(권기범, 65~66면). 이는 타당하다고 생각한다.

27) 정동윤, 341면; 정찬형, 460면; 최준선, 53면. 반대: 설사 당해 규정이 효력규정이어서 회사의 행위가 무효라 하더라도, 그것은 어디까지나 행정규제를 위반한 행위의 사법상의 효력에 관한 문제이지 회사의 권리능력과는 상관이 없다는 견해가 있다(송옥렬, 670면). 효력규정이 회사의 권리능력을 제한하는 것으로 해석할 필요는 없고, 이에 위반한 행위도 권리능력 내의 행위이므로 법률행위로서는 성립하나 다만 강행법규에 위배되어 무효라는 법리구성이 비록 무효라는 결과에 있어서는 동일할지라도 더욱 논리적이라는 견해가 있다(권기범, 66면). 한편, 이는 권리능력의 제한이라기보다는 법인에 대한 영업능력의 제한으로 보아야 한다는 견해도 있다(채이식, 388면).

없이 강행법규에 반하여 무효로 되는 것인지에 대해서는 아무런 언급이 없다. 그러나 이러한 논의는 그다지 실용적 의미가 없다. 당해 금지규정을 위반한 행위를 무효로 보는 것이 당해 금지규정에 의하여 권리능력이 제한되기 때문으로 보건, 공익 등 사회의 기본질서의 유지를 위한 강행법규를 위반한 때문으로 보건, 결국 동전의 양면과도 같은 성격을 띠기 때문이다. 결국 양자 모두 공익상 허용될 수 없다는 입법정책을 반영한 것이라는 점에서는 아무런 차이가 없다.

(2) 이상은 비단 회사에 국한된 것만이 아니라 금지법규를 위반한 모든 행위주체에 적용될 수 있는 일반론이다. 행정법규 중에서 일정한 행위를 금지하거나 또는 제한하는 법규를 흔히 금지법규라 부른다. 금지법규를 위반하여 거래한 경우 그 거래의 사법적 효력에 대해서는, 금지법규를 효력규정과 단속규정으로 구분하고, 전자를 위반한 경우에는 무효로, 후자를 위반한 경우에는 벌칙의 적용이 있을 뿐이고 거래의 효력은 유효하다고 보는 구분법이 일반적이다.[28] 양자를 구별하는 기준이 문제되는데, 법 규정의 목적과 이익형량(일반 공중의 이익) 등을 고려하여 개별적으로 판단할 수밖에는 없다.[29]

(3) 금지규정에 관한 위와 같은 일반적인 분류법에 따르면 금지법규 중 효력규정에 위배되는 행위는 무효가 된다. 이 때 무효인 행위에 기초한 다른 행위까지 무효가 되는가? 이러한 경우 그 다른 행위를 무효로 하는 것이 금지규정을 통하여 달성하고자 하는 목적에 오히려 배치되는 때에는 법의 취지를 살리기 위하여 민법 제137조 본문(전부무효의 원칙)이 적용되지 않고, 민법 제137조의 적용에 의하여 일부무효에 그친다고 보아야 한다. 만일 이

28) 김준호, 249면.
29) 정찬형, 460면; 최준선, 53면.

러한 경우에 대해서까지 전부무효의 원칙으로 일관하게 되면 오히려 법이 금지하는 취지를 달성하지 못하거나 위법상태(예컨대, 그로 인한 부당이득 발생 등)를 용인하여야 하는 매우 이상하고 불합리한 결과가 생기기 때문이다.

(4) 판례는 "민법 제137조는 임의규정으로서 의사자치의 원칙이 지배하는 영역에서 적용된다고 할 것이므로, 법률행위의 일부가 강행법규인 효력규정에 위배되어 무효가 되는 경우 그 부분의 무효가 나머지 부분의 유효·무효에 영향을 미치는가의 여부를 판단함에 있어서는 개별 법령이 일부무효의 효력에 관한 규정을 두고 있는 경우에는 그에 따라야 하고,[30] 그러한 규정이 없다면 원칙적으로 민법 제137조가 적용될 것이나, 당해 효력규정 및 그 효력규정을 둔 법의 입법취지를 고려하여 볼 때 나머지 부분을 무효로 한다면 당해 효력규정 및 그 법의 취지에 명백히 반하는 결과가 초래되는 경우에는 나머지 부분까지 무효가 된다고 할 수는 없다."고 한다.[31] 원래 민법 제137조는 당사자의 의사(가정적 의사) 내지 사적 자치에 기반을 두어 당사자가 의욕하였을 의사를 존중하는 것에서 출발하였다. 그러나 동조의 기능은 이에 그치지 않고 '입법자의 의사'(입법취지)를 해석하여야 할 사항에까지 확대적용하여야 한다는 것이 판례의 취지인 것으로 보인다. 이는 타당

30) 법률에서 일부무효의 효과를 개별적으로 정하는 경우가 있고, 이러한 경우에는 민법 제137조가 적용되지 않는다. 이는 해당규정에 대하여 민법 제137조를 그대로 적용하면 입법자의 의도에 배치되는 결과가 생길 수 있는 경우 개별 규정에 의하여 입법자가 의도하는 방향으로 효력을 얻기 위한 입법조치이다.

31) 이러한 법리에 기하여 "회사가 직원들을 유상증자에 참여시키면서 퇴직시 출자 손실금을 전액 보전해 주기로 약정한 경우, 직원들의 신주인수의 동기가 된 위 손실보전약정이 주주평등의 원칙에 위배되어 무효라는 이유로 신주인수까지 무효로 보아 신주인수인들로 하여금 그 주식인수대금을 부당이득으로서 반환받을 수 있도록 한다면 이는 사실상 다른 주주들과는 달리 그들에게만 투하자본의 회수를 보장하는 결과가 되어 오히려 강행규정인 주주평등의 원칙에 반하는 결과를 초래하게 될 것이므로, 위 신주인수계약까지 무효라고 보아서는 아니 된다."고 판시하고 있다(대법원 2007. 6. 28. 선고 2006다38161, 38178 판결).

하다고 생각한다. 민법 제137조는 원래 사적 자치의 영역에서 이를 보완하는 규정이다. 그러나 사적 자치가 허용되지 않고 입법자의 의도를 강행하여야 할 영역에서는 그 적용이 배제된다고 보아야 할 것이다.

《관련문헌》

조용현, "상호신용금고에 대한 경영관리조치로 직무집행이 정지된 임원이 한 채무면제 약정의 효력", 「대법원판례해설」 제72호(2008).

김재형, "법률에 위반한 법률행위; 이른바 강행법규의 판단기준을 중심으로", 「인권과 정의」 제327호(2003).

제2장

회사의 법적 주체성

4. 법인격부인론의 적용요건

[대법원 2010. 2. 25. 선고 2008다82490 판결]

Facts

(1) X회사(피고 1)는 이사 3인, 감사 1인으로 구성된 자본금 1억원의 소규모회사이다. A(피고 2)가 대표이사로 등기된 외에도 그의 가족인 B가 이사로, 처인 C가 감사로 등기되어 있다.

(2) X회사는 2003. 6.경 설립된 후 회사 운영을 위한 물적 설비를 갖추기 위하여 Y(원고)와 토목공사 및 지하저온창고공사에 관한 도급계약을 체결하였다.

(3) 공장건물이 설립된 토지는 A의 소유이고, A는 공장건축 자금 등을 마련하기 위하여 2004. 5. 24. 위 토지에 대하여 오포농업협동조합에게 채권최고액을 7억 원으로 정한 근저당권설정등기를 하여 주고 금원을 대여받았다.

(4) X회사의 자본금은 1억원에 불과한데, X회사의 Y에 대한 미지급 공사대금채무는 3억원이 넘고, Y가 위 공사를 중단한 후 X회사로부터 나머지 공사를 도급받아 완공한 Z건설도 청구금액을 6억 9,000만원으로 하여 A 소유의 위 토지 및 X회사 명의의 공장건물을 가압류하는 등 X회사의 실제 자산은 거의 없는 것으로 보인다.

(5) 이에 A는 공장건축 등을 원만하게 수행하기 위하여 2004. 6. 18.에는 위 공사현장의 노무비를 지급하겠다는 내용의 지불각

서에 기명날인하였고, 2004. 7. 30.에는 "맛사랑 신축공장에서 기 발생한 공사대금 중 이○인에게 지급하여야 할 기성금을 광△토건에서 직불 동의하였으므로 그 금액은 최종 합의되면 전액 지불하겠습니다"라는 내용의 지불이행서를 개인 자격으로 작성하여 주었다.

(6) Y가 위 토목공사 및 지하저온창고공사에 대하여 투입한 공사비용은 494,505,440원이고, 이로부터 Y가 X회사로부터 지급받은 1억 3,500만원 및 X회사가 이 사건 공사현장의 철근구입비용 등으로 지급한 2,500만원을 공제하면 X회사가 Y에 대하여 지급할 공사대금은 334,505,440원으로 산정된다.

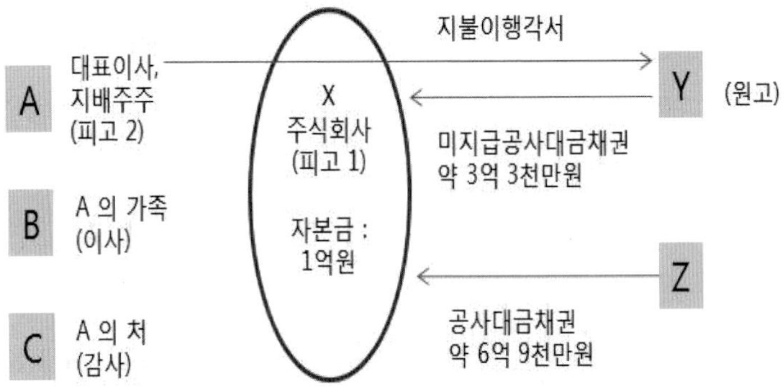

(Q1) 위 사건에서 X회사의 채무금액은 총 얼마인가?

(Q2) X회사의 채무에 대한 담보금액은 어느 정도 수준인가?

(Q3) Y 등은 자신의 채권을 이행받기 위하여 누구를 상대로 어떤 조치를 취할 수 있나?

(Q4) Y가 자신의 채권을 이행받기 위하여 소송을 제기할 경우 누구를 피고로 하는 것이 소송경제상 효율적인가?

Issue & Rule

(1) 위 사건에서 쟁점이 되는 사항은 ① 법인격부인론의 적용에 있어 '법인격 형해화'와 '법인격 남용'을 인정하기 위한 요건, ② 주주의 유한책임원칙과 그 예외, ③ 회사의 독립된 법인격원칙과 그 예외, ④ 법인격부인이 소송법에도 미치는지 여부 등이다. 이 중에서 핵심쟁점은 ①이다.
(2) 위 쟁점사항에 관한 적용법조는 상법 제169조; 민법 제2조 등이다.

Analysis & Conclusion

1. 원심의 판단[32)]

(1) 판례법리

A의 X회사 설립경위, A의 X회사에 대한 지배의 형태와 정도, A와 X회사의 업무와 재산에 있어서의 혼용 정도, X회사의 업무실태와 그 자산 및 지급능력에 관한 상황 등의 사정을 종합하여 보면, X회사는 형식상 주식회사의 형태를 갖추고 있으나 이는 회사의 형식을 빌리고 있는 것에 지나지 아니하고, 그 실질은 배후에 있는 A의 개인기업이라 할 것이다. X회사가 이 사건 각 건축공사의 계약당사자로 내세워져 Y와 공사계약을 체결하는 형식을 취하였다 할지라도, 이는 외형에 불과할 뿐 실질적으로 X회사의 사업은 A의 개인사업과 마찬가지라고 할 것이다. A는 별다른 자

32) 서울고법 2008. 9. 18. 선고 2007나14140 판결.

력이 없는 X회사가 자기와는 별개의 독립한 법인격을 가지고 있음을 내세워 이 사건 공사계약과 관련한 모든 책임을 X회사에게만 돌리고 상대적으로 자력이 있는 자신의 책임을 부정하고 있으므로, 이는 신의성실의 원칙에 위반되는 법인격의 남용으로서 정의와 형평에 반하여 허용될 수 없다.

(2) 사건에의 적용

그러므로 Y는 X회사뿐만 아니라 X회사의 실질적 지배자로서 그 배후에 있는 A에 대하여도 공사대금을 청구할 수 있다.

2. 대법원의 판단[33)]

(1) 판례법리 (법인격부인론 적용요건)

① 회사가 외형상으로는 법인의 형식을 갖추고 있으나 법인의 형태를 빌리고 있는 것에 지나지 아니하고 실질적으로는 완전히 그 법인격의 배후에 있는 타인의 개인기업에 불과하거나, 그것이 배후자에 대한 법률적용을 회피하기 위한 수단으로 함부로 이용되는 경우에는, 비록 외견상으로는 회사의 행위라 할지라도 회사와 그 배후자가 별개의 인격체임을 내세워 회사에게만 그로 인한 법적 효과가 귀속됨을 주장하면서 배후자의 책임을 부정하는 것은 신의성실의 원칙에 위반되는 법인격의 남용으로서 심히 정의와 형평에 반하여 허용될 수 없다. 따라서 회사는 물론 그 배후자인 타인에 대하여도 회사의 행위에 관한 책임을 물을 수 있다고 보아야 한다.

② 여기서 회사가 그 법인격의 배후에 있는 타인의 개인기업에 불과하다고 보려면, 원칙적으로 문제가 되고 있는 법률행위나

33) 대법원 2010. 2. 25. 선고 2008다82490 판결(원심 파기환송).

사실행위를 한 시점을 기준으로 하여, 회사와 배후자 사이에 재산과 업무가 구분이 어려울 정도로 혼용(混用)되었는지 여부, 주주총회나 이사회를 개최하지 않는 등 법률이나 정관에 규정된 의사결정절차를 밟지 않았는지 여부, 회사 자본의 부실 정도, 영업의 규모 및 직원의 수 등에 비추어 볼 때, 회사가 이름뿐이고 실질적으로는 개인영업에 지나지 않는 상태로 될 정도로 형해화(形骸化)되어야 한다.

③ 또한, 위와 같이 법인격이 형해화될 정도에 이르지 않더라도 회사의 배후에 있는 자가 회사의 법인격을 남용한 경우 회사는 물론 그 배후자인 타인에 대하여도 회사의 행위에 관한 책임을 물을 수 있으나, 이 경우 채무면탈 등의 남용행위를 한 시점을 기준으로 하여, 회사의 배후에 있는 자가 회사를 자기 마음대로 이용할 수 있는 지배적 지위에 있고 그와 같은 지위를 이용하여 법인제도를 남용하는 행위를 할 것이 요구된다. 위와 같이 배후자가 법인제도를 남용하였는지 여부는 앞서 본 법인격 형해화의 정도 및 거래 상대방의 인식이나 신뢰 등 제반 사정을 종합적으로 고려하여 개별적으로 판단하여야 한다.

(2) 사건에의 적용

① 이 사건에서 A 및 그 가족이 X 회사의 임원으로 등기되어 X 회사의 경영에 관한 전권을 행사하여 지배하고 있었다고 하더라도, 위와 같은 사정만으로는 법인이 형해화되어 그 법인격을 부인할 정도로 X회사와 A 사이에 심각한 재산의 혼용이 이루어졌다고 할 수 없다. 따라서 원심이 들고 있는 사정들을 모두 참작하여도 이 사건 공사대금채무의 발생 당시 A가 X회사라는 법인의 형태를 빌려 개인사업을 하고 있는 것에 지나지 아니하여 X 회사가 완전히 그 법인격의 배후에 있는 A의 개인기업에 불과하다고 보기는 어렵다.

② 또한, 앞서 본 법리와 같이 법인격 남용을 이유로 X회사의 법인격을 부정하려면 원심이 들고 있는 위 사정들만으로는 부족하고 A가 자신에 대한 법률적용을 회피하기 위한 수단으로 X회사의 법인 형식을 이용함으로써 그에 대한 법적 효과의 귀속을 부당하게 벗어나려고 하는 법인격 남용행위가 인정되어야 할 것이다. 주식회사의 물적·유한 책임성에 비추어 채권자를 해하는 경우가 아니라면 주식회사를 설립하여 그 회사 명의로 공사도급계약을 체결하는 것 자체를 위법하다고 할 수는 없다. 그러므로 원심이 이 사건에서 법인격이 남용되었다는 근거로 들고 있는 위 사정들이 법인격을 부정할만한 남용행위에 관한 사정이라고 단정하기 어렵다. A의 X회사에 대한 지배의 정도 등을 참작한다고 하더라도 A가 그에 대한 법적 책임을 회피하기 위한 수단으로 법인제도를 남용하였다고 보기에는 부족하다.

Comments

(1) 회사는 모두 법인이므로 회사 그 스스로가 대외적 거래에서 발생하는 권리와 의무의 주체(귀속점)가 될 수 있는 권리능력을 가진다. 이는 회사에 지배주주가 따로 있는 경우에도 마찬가지이다. 법인격부인론(disregard of corporate entity)은[34] 주로 회사를 중간에 두고 지배주주와 회사채권자간의 이익갈등을 해결하는 방책으로 회사의 독자적 법인격을 부인하는 이론으로 개발된 것이다. 영리·비영리를 불문하고 모든 법인에 있어서 법인격부인론의 적용이 문제될 수 있겠으나, 비영리법인보다는 경제적 이익상충이 뚜렷한 영리법인인 회사에서 법인격부인론을 적용할 필요성이 더욱 크다. 특히 주식회사와 같이 사원(지배주주 포함)이 유한책

34) 법인격을 전면적으로 부인하는 것이 아니라는 뜻에서 법인격무시이론이라 부르기도 한다(정동윤, 341면).

임을 지는 것에 그치고 회사재산만이 회사채권자에 대한 책임재산이 되는 물적 회사에서 법인격부인론은 그로 인한 폐해를 시정하는 수단으로서의 기능을 담당한다. 실태적으로, 법인격부인론의 적용이 문제되는 사례는 소규모의 폐쇄회사로서 소유와 경영이 일치되어 있는 회사(회사경영이 지배주주에 의하여 좌지우지되는 개인기업인 회사)에서 주로 발생한다.

(2) 법인격부인론을 적용하게 되면 회사는 법인으로서 그 자체가 구성원인 사원과는 독립된 법인격자로서 권리와 의무의 주체가 된다는 원칙과 주주는 유한책임을 지는데 그친다는 회사법상의 원칙을 부인하는 것이 되므로 그 적용에 신중을 기하여야 한다. 판례에서는 법인격부인론을 적용하기 위해서는 "회사의 배후자가 회사와 별개의 인격체임을 내세워 회사에게만 그로 인한 법적 효과가 귀속됨을 주장하면서 배후자의 책임을 부정하는 것이 신의성실의 원칙에 위반되는 '법인격의 남용'으로서 심히 정의와 형평에 반하여 허용될 수 없는 경우"일 것을 요하는데,[35] 그 적용요건의 구체화가 필요하다.[36]

(3) 위 대법원 판결은 법인격부인론을 적용하기 위해서는 기존의 법제도에 의하여 도저히 해결할 수 없는 경우에 한하여 마지막 수단으로 동원되어야 한다는 입장을 취하고 있고(보충성), 회사가 그 배후자의 개인기업에 불과하다고 볼 정도로 형해화되어 있거나(形骸化 요건), 제반사정을 종합하여 법인제도의 남용으로 인정되어야 할 것을 요하고 있다(법인격남용 요건).[37] 다른 판례에서도

---

35) 법인격부인론의 법적 근거는 민법 제2조 제1항의 신의칙과 법인격을 규정한 상법 제169조(법인격남용금지론)이다(손주찬, 435~436면).

36) 법인격부인론에서 가장 중요하고 어려운 문제는 그 적용요건인데, 이에 대해서는 뚜렷한 정설이 없고 잡다한 사건 속에 흐르는 몇 가지 공통점을 찾아내는 것일 뿐이라는 견해가 있다(정찬형, 444면).

37) 법인격부인론을 채택한 일본 판례에서 법인의 형식을 이용하는 자가 법인과 실질적으로 동일하여 '법인격이 형해화'될 것과 법률의 적용을 회피하기 위

이와 동일한 취지로 판시하고 있는데, 법인격부인론을 적용하기 위해서는, “적어도 자회사가 독자적인 의사 또는 존재를 상실하고 모회사가 자신의 사업의 일부로서 자회사를 운영한다고 할 수 있을 정도로 완전한 지배력을 행사하고 있을 것이 요구되며, 구체적으로는 모회사와 자회사간의 재산과 업무 및 대외적인 기업거래활동 등이 명확히 구분되어 있지 않고 양자가 서로 혼용되어 있다는 등의 객관적 징표가 있어야 하며, 자회사의 법인격이 모회사에 대한 법률 적용을 회피하기 위한 수단으로 사용되거나 채무면탈이라는 위법한 목적 달성을 위하여 회사제도를 남용하는 등의 주관적 의도 또는 목적이 인정되어야 한다.”고 하고 있다.[38]

(4) 법인격부인론의 적용요건으로 법인격의 ‘형해화’가 필요하다는 점에 대해서는 대체로 의견이 일치되어 있다. 이는 당해 회사가 지배주주로부터 독립된 독자적인 법인격자로 볼 수 없을 지경에 이른 것을 뜻한다. 그 구체적 요건에 대해서는 다소간 차이가 있지만 대체로 완전한 지배, 재산의 혼융, 회사의 무자력 등을 들고 있다.[39] 모자회사의 관계에 있는 경우와 같이 단순히 지배

해 ‘법인격이 남용’될 것 양자를 요하였다(日最判 1969. 2. 27(일본 최고재민사판결집 제23권 제2호, 511면)). 아마도 우리 판례는 이에 영향을 받은 것으로 짐작된다.

38) 대법원 2006. 8. 25. 선고 2004다26119 판결. 이 판결에서는 위와 같은 법인격부인론에 관한 일반 법리에 기초하여, 친자회사는 상호간에 상당 정도의 인적·자본적 결합관계가 존재하는 것이 당연하므로, 자회사의 임·직원이 모회사의 임·직원 신분을 겸유하고 있었다거나 모회사가 자회사의 전 주식을 소유하여 자회사에 대해 강한 지배력을 가진다거나 자회사의 사업 규모가 확장되었으나 자본금의 규모가 그에 상응하여 증가하지 아니한 사정 등만으로는 모회사가 자회사의 독자적인 법인격을 주장하는 것이 자회사의 채권자에 대한 관계에서 법인격의 남용에 해당한다고 보기에 부족하다고 판시하였다.

39) 형해와의 구체적 내용에 대한 판단기준에 대해서는 다소 견해의 차이가 있다. 전적이고 완전한 자의적 지배는 공통적으로 들고 있고, 이 밖에 재산과 업무의 혼용(김정호, 19~21면; 송옥렬, 659면; 이기수 외, 72면; 이철송, 54~55면; 최준선, 28면), 회사의 무자력 등 피해요건(권기범, 48면; 이철송, 54~55면), 자기자본 불충분(김정호, 19~21면; 이기수 외, 72면; 정찬

관계에 있는 것만으로 형해화요건을 충족한다고 단정할 수 없다.[40] 이밖에도 예컨대, 회사의 자본금이 사업규모에 비하여 지나치게 과소한 경우, 기관구성이 가족 등으로 구성되어 있는 사정 등도 법인격부인론의 적용 여부를 판단함에 있어 고려사항이 되기도 하나, 어디까지나 부수적인 참작요소에 그친다.

(5) 판례는 법인격부인론을 적용하기 위해서는 회사의 법인격이 지배주주에 대한 법률적용을 회피하기 위한 수단으로써 사용되거나 채무면탈이라는 위법한 목적 달성을 위하여 회사제도를 남용하는 등의 주관적인 의도가 있어야 한다고 한다(필요설).[41] 이에 대해서는 주주의 남용의사가 불필요하다고 하면서, 그 이유로 특정 주주가 회사를 완전히 지배하고 회사의 사업이 주주의 개인사업처럼 운영된다면 그 사실 자체만으로도 회사제도의 이익을 향유할 가치가 없고, 이 경우 회사채권자를 보호할 필요성은 주주의 남용의사와 무관하게 생겨나기 때문이라는 견해가 있다(불요설).[42] 생각건대, 판례처럼 법인격부인론을 적용하기 위해서는 회사제도를 남용하려는 지배주주의 주관적 의도가 필요하다고 본다. 다만 이에 대해서는 엄격한 증명을 요하는 것이 아니라 객관적 사실에 의하여 추론할 수 있다. 그리고 법인격남용은 단순히 법인격부인론의 주관적 요건에 그치는 것이 아니다.[43] '법인격남용'이 상위개념이고, '법인 형해화'의 정도는 이를 판단하는데 필요한 도구개념이다.[44]

형, 444면), 계약·신의칙·법령위반 등의 불공정행위(안택식, 51면; 정동윤, 344면; 최준선, 28면)를 그 요건으로 들기도 한다.

40) 대법원 2006. 8. 25. 선고 2004다26119 판결.

41) 대법원 2006. 8. 25. 선고 2004다26119 판결 등; 서헌제, 465면.

42) 이철송, 55~56면. 형해화요건만 충족되면 법인격부인의 가능성은 언제든지 열려있고, 법인격 형해와 뚜렷이 구별되는 법인격남용의 요건이 제시되지 못하여 양자를 법인격형해요건으로 통일시킬 수 있다는 견해가 있다(김정호, 20~21면).

43) 법인격 남용을 법인격부인론 적용요건의 하나로 보면서, 다만 이는 법인격남용에 대한 고의가 있어야 하는 것은 요하지 않고 법인격의 남용(불공정행위)이 객관적으로만 존재하면 된다는 견해가 있다(이기수 외, 72면).

<도표 2> 법인격부인론의 적용요건에 관한 학설과 판례

	보충성요건	형해화요건	권리남용요건
판례	要	要	要
학설	필요설(다수설)[45] 불요설(소수설)[46]	要	필요설(다수설)[47] 불요설(소수설)[48]

(6) 법인격부인론의 요건 구비 여부는 어느 시점을 기준으로 하여 판단할 것인가? (i) 판례는 '문제가 되고 있는 법률행위나 사실행위를 한 시점'을 기준으로 하여야 한다는 입장을 취하고 있다(행위시설).[49] (ii) 이에 대해서는 법인격부인론을 적용할 명분은 완전한 지배와 재산의 혼융 등 적용요건에 해당하는 행위를 통하여 회사의 변제자력을 상실케 하였다는 것이므로 문제된 채권의 권리행사시점에 요건에 해당되는지의 여부를 판단하여야 한다는 견해가 있다(권리행사시설).[50] (iii) 생각건대, 위 양자 모두에 걸쳐 요건의 구비가 필요하다고 본다. 신의칙 위반이나 법인격남용 여부에 대한 판단은 법원칙 일반에 따라 행위시점을 기준으로 하여 판단하여야 하는 것이 합당하나, 그 이후에 채권자가 권리를 행사한 시점에 이를 구비하지 못한다면 법인격부인론을 동원할 필요가 없기 때문이다.

---

44) 법인격부인론에서의 이러한 구조와 내용은 권리남용금지의 원칙(민 2조 2항)에 관한 이론과도 맥을 같이 한다. 권리남용으로 인정하기 위한 주관적 요건에 대하여 학설은 대체로 권리남용의 성립을 강화하는 부차적인 요소에 불과한 것으로 보고 있다. 이에 반하여 판례는 권리남용의 일반적 요건으로 주관적 요건과 객관적 요건이 모두 필요하다고 하면서, 전자는 객관적인 사정에 의하여 추론할 수 있다는 태도를 취하고 있다(김준호, 60~61면).

45) 송옥렬, 660면; 이기수 외, 72면; 이철송, 51면; 정동윤, 343면; 최기원, 59면; 최준선, 30면.

46) 김정호, 20면; 정찬형, 445면.

47) 권기범, 48면; 손주찬, 436면; 송옥렬, 659면; 최기원, 59면.

48) 이철송, 55~56면; 정동윤, 344면.

49) 대법원 2008. 9. 11. 선고 2007다90982 판결.

50) 이철송, 56면.

《관련문헌》

김병연, "법인격남용의 새로운 유형과 법인격부인론의 적용: 2005. 7. 7. 선고 서울중앙지법 2004가단273159 판결 및 2006. 3. 30. 선고 서울고등법원 2005나61821 판결과 관련하여", 「상사판례연구」 제21집 제1권(2008).

송호영, "법인격부인론의 요건과 효과: 대법원 2001. 1. 19. 선고 97다21604 판결", 「저스티스」 제35권 제2호(2002).

5. 채무면탈 목적의 다른 회사 법인격 이용

[대법원 2011. 5. 13. 선고 2010다94472 판결]

Facts

(1) 아파트 신축사업을 추진하던 甲회사와 乙회사가 사업부지인 토지의 공유지분을 소유하고 있던 Y(원고)와 Y에게서 공유지분을 이전받는 대신 신축 아파트 1세대를 분양해 주기로 하는 내용의 약정을 체결하면서 이를 담보하기 위하여 Y에게 액면금 525,000,000원인 당좌수표를 발행해 주었다.

(2) 그 약정에 따라 乙회사와 Y가 분양계약을 체결하여 甲회사가 공유지분을 이전받았다. 아파트 공사 진행 중 甲, 乙 회사가 위 토지와 사업권을 丙 회사와 丁 회사를 거쳐 戊 회사(피고)에 매도하였다.

(3) 위 회사(甲, 乙, 丙, 丁, 戊 등)들은 모두 영업목적이 동일하고 법인 소재지도 상당 부분 일치한다. 위 회사들은 乙회사의 대표이사였던 A가 사실상 지배하는 회사이다.

(4) 위 토지 외에 별다른 자산이 없었던 甲, 乙 회사는 부도가 이미 발생하였거나 임박하여 위 토지와 사업권을 정당한 대가를 지급받지 않고 丙회사에 양도하였고, 丙회사에서 丁회사를 거쳐 戊회사에게 위 토지와 사업권이 이전되는 과정에서도 정당한 대가가 지급된 바가 없다.

(5) 甲, 乙 회사가 Y에게서 이전받은 공유지분이 포함된 위 토지

와 사업권을 丁회사에 양도하면서 위 약정 등에 따른 Y에 대한 채무를 부도가 난 甲, 乙회사에 남겨두었다.

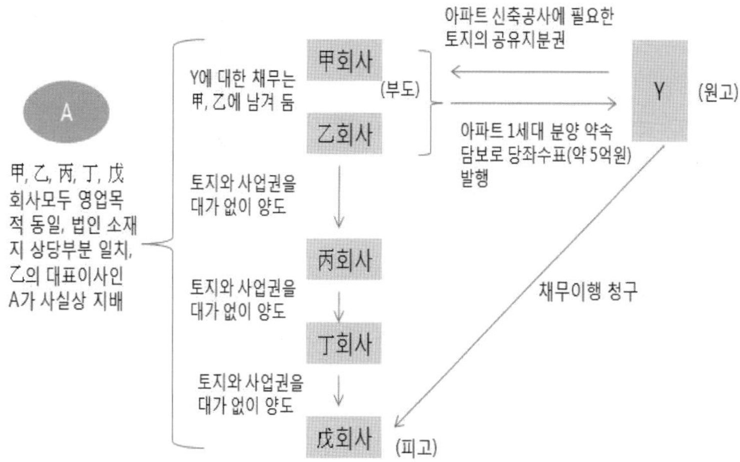

(Q1) Y에 대한 원래의 채무자는 누구인가?

(Q2) Y는 누구를 피고로 하여 소를 제기하여야 할까?

(Q3) 채무면탈의 목적으로 회사를 신설하는 경우뿐만 아니라 기존의 회사를 이용하는 경우에도 동일한 법리가 적용되는가?

Issue & Rule

(1) 위 사건에서 쟁점이 되는 사항은 ① 기존회사가 채무를 면탈할 목적으로 기업의 형태·내용이 실질적으로 동일한 신설회사를 설립한 경우에 기존회사의 채권자가 두 회사 모두에 대하여 채무이행을 청구할 수 있는지 여부, ② 어느 회사가 채무를 면탈할 목적으로 이미 설립되어 있는 다른 회사를 이용한 경우에도 위

법리가 적용되는지 여부, ③ 기존회사의 채무를 면탈할 의도로 다른 회사 법인격을 이용하였는지에 대한 판단기준 등이다.
(2) 위 쟁점사항에 관한 적용법조는 민법 제2조; 상법 제169조 등이다.

Analysis & Conclusion

1. 원심의 판단[51)]

(1) 판례법리

회사가 그 법인격의 배후에 있는 타인의 개인기업에 불과하다고 보려면, 원칙적으로 문제가 되고 있는 법률행위나 사실행위를 한 시점을 기준으로 하여 회사와 배후자 사이에 재산과 업무가 구분이 어려울 정도로 혼용되었는지 여부, 주주총회나 이사회를 개최하지 않는 등 법률이나 정관에 규정된 의사결정절차를 밟지 않았는지 여부, 회사 자본의 부실 정도, 영업의 규모 및 직원의 수 등에 비추어 볼 때, 회사가 이름뿐이고 실질적으로는 개인기업에 지나지 않는 상태가 될 정도로 형해화되어야 한다. 또한, 위와 같이 법인격이 형해화될 정도에 이르지 않더라도 회사의 배후에 있는 자가 회사의 법인격을 남용한 경우, 회사는 물론 그 배후자인 타인에 대하여도 회사의 행위에 관한 책임을 물을 수 있으나, 이 경우 채무면탈 등의 남용행위를 한 시점을 기준으로 하여 회사의 배후에 있는 자가 회사를 자기 마음대로 이용할 수 있는 지배적 지위에 있고, 그와 같은 지위를 이용하여 법인제도를 남용하는 행위를 할 것이 요구되며, 위와 같이 배후자가 법인제도를

---

51) 서울고법 2010. 10. 13. 선고 2010나10421 판결. 제1심인 서울중앙지법 2009. 11. 26. 선고 2008가단247486 판결도 같은 취지로 판결.

남용하였는지 여부는 앞서 본 법인격 형해화의 정도 및 거래상대방의 인식이나 신뢰 등 제반 사정을 종합적으로 고려하여 개별적으로 판단하여야 한다.[52)]

(2) 사건에의 적용

위의 논지에 기하여 위 사례의 경우, "위 각 회사들이 Y에 대한 책임을 회피하기 위한 수단으로 법인 형식을 남용하였다거나, 위 각 회사들 사이에 행하여진 소유권이전등기청구권가등기, 부기등기, 본등기가 통정허위표시에 기한 것임을 인정하기에 부족하다"고 판시하였다.

2. 대법원의 판단[53)]

(1) 판례법리

① 기존회사가 채무를 면탈할 목적으로 기업의 형태·내용이 실질적으로 동일한 신설회사를 설립하였다면, 신설회사의 설립은 기존회사의 채무면탈이라는 위법한 목적 달성을 위하여 회사제도를 남용한 것이므로, 기존회사의 채권자에 대하여 위 두 회사가 별개의 법인격을 갖고 있음을 주장하는 것은 신의성실의 원칙상 허용될 수 없다 할 것이어서 기존회사의 채권자는 위 두 회사 중 어느 쪽에 대해서도 채무의 이행을 청구할 수 있다고 볼 것이다.[54)]

② 이와 같은 법리는 회사가 채무를 면탈할 목적으로 기업의 형태 · 내용이 실질적으로 동일한 이미 설립되어 있는 다른 회사를 이용한 경우에도 적용된다.

---

52) 이는 대법원 2010. 2. 25. 선고 2008다82490 판결에서의 법리와 같다.
53) 대법원 2011. 5. 13. 선고 2010다94472 판결(원심파기환송).
54) 대법원 2004. 11. 12. 선고 2002다66892 판결 참조.

③ 여기에서 기존회사의 채무를 면탈할 의도로 다른 회사의 법인격이 이용되었는지 여부는 기존회사의 폐업 당시 경영상태나 자산상황, 기존회사에서 다른 회사로 유용된 자산의 유무와 그 정도, 기존회사에서 다른 회사로 이전된 자산이 있는 경우 그 정당한 대가가 지급되었는지 여부 등 제반 사정을 종합적으로 고려하여 판단하여야 한다.[55)]

(2) 사건에의 적용

甲, 乙 및 위 회사들로부터 이 사건 토지 및 사업권을 순차 인수한 丙, 丁, 戊는 모두 부동산 개발·운영사업 및 그 부대사업 등을 목적으로 하고 있어 영업목적이 동일하고, 법인 소재지가 상당 부분 일치하는 점, 이 사건 약정 및 위 분양계약 당시 乙의 대표이사 A는 甲 및 乙을 사실상 지배하고 있었는데, 이 사건 토지 및 사업권을 순차 인수한 丙, 丁, 戊 역시 A가 사실상 지배하는 회사인 점, 甲 및 乙은 이 사건 토지 외에는 별다른 자산이 없었던 것으로 보이는데, 甲 및 乙은 부도가 이미 발생하였거나 임박하여 이 사건 토지 및 사업권을 정당한 대가를 지급받지 아니하고 丙에 양도한 것으로 보이는 점, 丙에서 丁을 거쳐 戊에게 이 사건 토지 및 사업권이 이전되는 과정에서도 정당한 대가가 지급되었다고 볼 만한 자료가 없는 점, 甲 및 乙은 Y(원고)로부터 이전받은 지분이 포함된 이 사건 토지 및 사업권을 丁에게 양도하면서 이 사건 약정에 기한 Y에 대한 채무는 부도난 甲 및 乙 앞으로 남겨 둔 점 등을 종합하여 살펴보면, 甲, 乙, 丙, 丁, 戊는 A가 사실상 지배하는 동일한 회사로서 甲 및 乙이 Y 등에 대한 채무를 면탈할 목적으로 다른 회사의 법인격을 내세운 것으로 볼 여지가 충분하다. 그렇다면 이는 기존회사의 채무면탈이라는 위법한 목적의 달성을 위하여 회사제도를 남용한 것이므로, 甲 및 乙의 채권자인 Y에 대하여 戊가 별개의 법인격을 갖고 있

55) 대법원 2008. 8. 21. 선고 2006다24438 판결 참조.

음을 주장하는 것은 신의성실의 원칙상 허용될 수 없다 할 것이다. 따라서 Y는 甲 및 乙뿐만 아니라 戊에 대하여서도 이 사건 약정에 기한 채무의 이행을 청구할 수 있다.

Comments

(1) 회사(X)가 그 채무를 면탈할 목적으로 다른 회사(Y)를 설립하여 출자하는 경우 X회사의 채권자인 Z가 Y회사를 상대로 직접 강제집행을 할 수 있는가에[56] 대해서는 견해가 나뉜다.

(i) 부정설(소수설) - 이러한 경우 Z는 X회사가 가지고 있는 Y회사의 주식에 대하여 강제집행하면 그것으로 족하므로 더 나아가 법인격을 부인할 필요가 없다는 견해이다.[57] 또한 채무자가 자기의 전 재산을 현물출자하여 주식회사를 설립한 경우에는 채권자취소권(민 406조)을 행사하여 회사의 설립행위를 취소할 수 있고, 또 채무가 회사에 대하여 가지는 주주권이나 이익배당청구권 등을 민사소송법 제584조에 의하여 압류·환가할 수 있다고 하는 견해가 있다. 이는 주로 법인격부인론 적용의 보충성을 그 논거로 삼고 있다.

(ii) 긍정설(판례, 다수설) - 이와는 달리 법인격을 부인하여 Y회사의 재산을 주주인 X의 것으로 간주하여 Y회사에 강제집행할 수 있다는 긍정설이 있다.[58] 그 논거로, 어느 경우든 법인제도를 남용하는 점에서는 법적 평가가 동일하다는 점을 들기도 하고,[59] 주식을 강제집행하는 것은 재산을 직접 강제집행하는 것과는 달리

---

56) 법인격부인론의 적용에 있어서 회사(X)가 부담해야 할 책임을 그 회사의 지배주주(S)에게 책임을 지우는 통상적인 경우와는 반대방향으로, 주주(S)가 부담해야 할 책임을 그 주주가 지배하는 회사(X)에 부담시키는 것을 흔히 '법인격부인론의 역적용'이라 한다.

57) 이철송, 53면·57면.

58) 최준선, 30면.

59) 권기범, 51면; 김정호, 57면.

환가가 쉽지 않고 회사의 재산에 대하여 채권보다 후순위에 머물게 되므로 효용이 떨어진다는 점, 설립목적이 불법이라는 것은 주로 공익적 사유를 의미하는 것이어서 詐害設立으로 받아들이지 않을 가능성이 높다는 점을 들기도 한다.[60] 또한 주식회사에서는 사해설립 취소의 소가 인정되지 않고 채무면탈을 목적으로 하는 설립은 설립 무효사유(328조)에 해당하지 않으므로 법인격부인론을 적용할 필요가 있다는 견해도 있다.[61] 법인격부인론의 보충성의 원리를 부정하고 다른 사법이론과 명백히 상충되지 않는 한 법인격부인론을 폭넓게 적용할 수 있다는 입장에 의하면,[62] 위와 같은 경우 법인격부인론의 적용을 인정할 가능성이 크다.
(iii) 정리 및 사견 - 생각건대, 어느 견해가 옳은가를 일률적으로 단정할 수는 없다. 사안에 따라 부정설이 제시하는 방법이나 채권자취소권 행사 등 기존의 방법으로 충분한 경우라면 굳이 법인격부인론이라는 극단적인 방법을 허용할 필요가 없다(보충성의 원리). 그러나 이러한 기존의 방법으로는 충분한 구제가 되지 못하는 경우에는 법인격부인론을 적용할 수 있다고 보아야 할 것이다. 법인제도의 남용은 통상 회사재산의 개인에의 유출이라는 방식으로 이루지지만 그 반대방향(개인재산의 회사에의 유출)로 행해질 수 있고, 양자 모두 신의칙을 위반하여 법인격의 독립성을 고의적으로 악용하는 점에서는 동질적이기 때문이다.

(2) 위 대법원 판결은 기존회사(X1)의 채무를 면탈할 목적으로 기업의 형태와 내용이 실질적으로 동일한 신설회사(X2)를 설립(詐害設立)하거나, 채무자인 회사가 채무발생 이전부터 존재하고 있는 계

60) 최기원, 60면.
61) 법인격부인론의 역적용이 필요하다는 긍정설이 보다 설득력이 있다고 하면서, 다른 한편 주주가 지배하는 회사에 책임을 묻게 되면 그 회사의 다른 주주에게도 책임을 묻는 결과가 된다고 한다. 따라서 역적용을 인정할 것인지의 여부는 전통적인 법인격부인론의 연장선상에서 논의할 것이 아니라 독립적인 정책적 판단에 따라 결정되어야 할 것이라는 견해가 있다(송옥렬, 661면).
62) 정찬형, 445면.

열회사에 자산을 이전하고 무자력이 된 것과 같이 이미 설립되어 있는 다른 회사(X3)를 이용하는 경우, 이들 모두 기존회사의 채무면탈이라는 위법한 목적을 달성하기 위한 수단으로 법인제도가 이용된 것으로 양자를 동일하게 평가하고 있다고 한다.[63] 이러한 판례의 입장에 의하면, 기존 회사의 채권자는 두 회사(X1과 X2 또는 X3) 어느 쪽에 대하여서도 채무의 이행을 구할 수 있게 된다.

(3) 문제는 위 두 회사의 실질적 동일성 여부에 관한 판단이다. 판례에서와 같이 기존회사의 폐업 당시의 경영상태나 자산상황, 기존회사에서 다른 회사로 유용된 자산의 유무와 그 정도, 기존회사에서 다른 회사로 이전된 자산이 있는 경우 그 정당한 대가가 지급되었는지 여부 등 제반 사정을 종합적으로 고려하여 동일성 여부를 실질적 관점에서 판단하여야 한다. 이 중에서 특히 '이전된 자산이 있는 경우 그 정당한 대가가 지급되었는지 여부'는 중요한 판단요소가 될 것이다.

《관련문헌》

채동헌, "기존회사의 채무를 면탈할 목적으로 다른 회사의 법인격을 이용한 것인지 여부", 「상장」(2011).

강선준, "개인이 채무면탈을 위해 새로운 회사를 설립하는 경우에 법인격부인론의 적용: 대구지방법원 2006. 5. 3. 선고 2005가합13817 판결", 「상사판례연구」 제20집 제1권(2007).

김정호, "법인격부인론의 역적용", 「경영법률」 제16집 제2호(2006).

---

63) 참조판례: 대법원 2008. 8. 21. 선고 2006다24438 판결; 대법원 2010. 1. 14. 선고 2009다77327 판결; 대법원 2004. 11. 12. 선고 2002다66892 판결 등. 그러나 이에 대해서는 법인격부인론 적용의 지나친 확장으로 법인격부인론을 적용해서는 아니 될 사안이라는 비판론이 있다(이철송, 57면).

6. 정관상 목적과 회사의 권리능력

[대법원 2005. 5. 27. 선고 2005다480 판결]

Facts

(1) X회사(원고)의 지배주주이자 대표이사이던 L2 및 그 가족(이하 L)이 전 대표이사이던 亡 L1의 사망으로 인한 X회사의 주식 등 상속재산에 부과된 상속세납부의무의 연부연납허가를 받기 위하여 Y보증보험주식회사(피고)와 납세보증보험계약을 체결하였다.
(2) 이 계약에 의하여 X회사가 L 등을 위하여 Y회사에 대한 연대보증채무를 부담하기로 약정하였다. 이러한 보증계약을 체결함에 있어서 이사회의 결의를 받은 바 없다.
(3) 위 연대보증행위 당시 X회사의 경영난과 상속재산 중 X회사의 주식을 제외한 나머지 상당 부분을 차지하는 부동산이 X회사의 금융기관 대출을 위하여 담보로 제공되어 있었다. X회사로서는 상속세의 일시 납부를 위하여 위 부동산의 담보를 즉시 해제하여 주기 어려운 형편에 있었다.
(4) 이에 대하여 X회사는 위 연대보증행위는 X회사의 정관상의 목적범위를 벗어난 권리능력 범위 밖의 행위로서 무효라고 보아야 한다고 하면서, 무효인 연대보증계약에 기하여 Y회사에게 지급한 합계 1,311,875,806원 및 그 지연손해금 상당의 부당이득의 반환을 구하고 있다.
(5) X회사는 정보통신업을 영위하는 회사이고, 이 회사의 정관상

의 목적에는 정보통신업과 관련된 사업을 목적으로 규정하고 있을 뿐이다. 그런데 위와 같이 X회사 대표자의 사망으로 인한 개인적인 상속세 납부와 관련하여 그 납세의 보증을 하는 것은 X회사의 정관에는 규정된 바 없다.

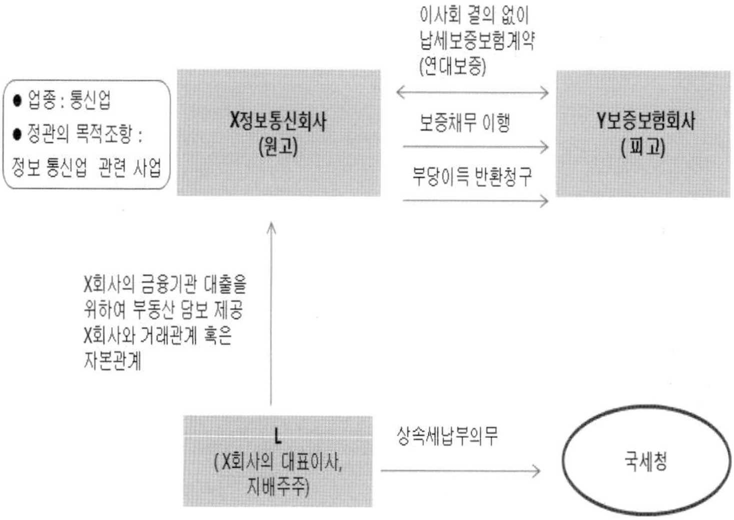

(Q1) X회사의 정관에 규정되어 있지 않은 상태에서 이사회 결의 없이 행한 위 납세보증행위는 X회사의 행위로서 유효한가?

(Q2) 정관 소정의 목적 이외의 행위는 언제나 무효인가?

(Q3) 만일 A가 X회사와 아무런 거래관계 또는 자본관계가 없는 경우라면 어떠한가?

Issue & Rule

(1) 위 사건에서 쟁점이 되는 사항은 ① 회사의 권리능력을 제한

하는 '정관상의 목적범위 내의 행위'의 의미와 판단방법, ② 회사가 거래관계 또는 자본관계에 있는 주채무자를 위하여 보증하는 행위가 회사의 목적범위 내의 행위인지 여부, ③ 이사회의 결의를 요하는 자기거래를 주식회사의 대표이사가 이사회 결의 없이 한 경우(대표권남용에 해당하는지 여부), 그 거래행위의 효력 및 거래상대방의 악의에 대한 증명책임의 소재 등이다. 이 중에서 핵심쟁점은 ①이다.

(2) 위 쟁점사항에 관한 적용법조는 상법 제289조 제1항, 제393조 제1항, 제398조; 민법 제34조 등이다.

Analysis & Conclusion

1. 회사의 권리능력을 제한하는 '정관의 목적범위 내의 행위'의 의미와 판단방법

(1) 판례법리

① 회사의 권리능력은 회사의 설립 근거가 된 법률과 회사의 정관상의 목적에 의하여 제한된다. 그 목적범위 내의 행위라 함은 정관에 명시된 목적 자체에 국한되는 것이 아니라 그 목적을 수행하는 데 있어 직접·간접으로 필요한 행위는 모두 포함된다.

② 그 목적수행에 필요한지의 여부는 행위자의 주관적·구체적 의사가 아닌 행위 자체의 객관적 성질에 따라 판단하여야 한다.[64]

③ 그 판단에 있어서는 거래행위를 업으로 하는 영리법인으로서 회사의 속성과 신속성 및 정형성을 요체로 하는 거래의 안전을 충분히 고려하여야 할 것이다. 회사가 거래관계 또는 자본관계에

64) 대법원 1988. 1. 19. 선고 86다카1384 판결; 대법원 1991. 11. 22. 선고 91다8821 판결 등 참조.

있는 주채무자를 위하여 보증하는 등의 행위는 그것이 상법상의 대표권 남용에 해당하여 무효로 될 수 있음은 별론으로 하더라도 그 행위의 객관적 성질에 비추어 특별한 사정이 없는 한 회사의 목적범위 내의 행위라고 봄이 상당하다.

(2) 사건에의 적용

이 사건 연대보증행위 당시 X회사의 경영난과 위 상속재산 중 X회사의 주식을 제외한 나머지 상당 부분을 차지하는 부동산이 X회사의 금융기관 대출을 위하여 담보로 제공되어 있던 점 및 X회사로서는 상속세의 일시 납부를 위하여 위 부동산의 담보를 즉시 해제하여 주기 어려운 형편이었던 점 등의 사정에 있다. 이러한 점에 비추어, 이 사건 연대보증행위는 그 실질 및 객관적 성질상 X회사를 위한 측면과 아울러 회사와 거래관계 혹은 자본관계에 있는 주채무자를 위하여 보증하는 경우와 유사하게 회사의 목적 수행에 간접적으로 필요한 행위로서 X회사의 목적범위 내의 것으로 봄이 상당하다. 따라서 위 보증행위는 X회사의 행위로서 유효하다.

2. 그 밖의 쟁점

① 대표이사가 회사를 대표하여 대표이사 개인을 위하여 그의 개인 채권자인 제3자와 연대보증계약을 체결하는 것과 같이 상법 제398조 소정의 이사의 자기거래에 해당하여 이사회의 결의를 거쳐야 한다. 그러나 이를 거치지 아니한 경우라 해도, 그와 같은 이사회 결의사항은 회사의 내부적 의사결정에 불과하므로 그 거래상대방이 위 이사회 결의가 없었음을 알았거나 중대한 과실로 알지 못한 경우가 아니라면 그 거래행위는 유효하다.[65]

---

65) 대법원 1984. 12. 11. 선고 84다카1591 판결; 대법원 1996. 1. 26. 선고 94다42754 판결 등 참조.

② 이 때 거래상대방이 이사회 결의가 없음을 알았거나 알 수 있었던 사정은 이를 주장하는 회사가 주장・입증하여야 할 사항에 속하므로 특별한 사정이 없는 한 거래상대방으로서는 회사의 대표자가 거래에 필요한 회사의 내부절차는 마쳤을 것으로 신뢰하였다고 보는 것이 일반 경험칙에 부합하는 해석이다.[66]

Comments

(1) 회사는 목적단체이다. 일반적으로 회사는 넓게는 '상행위 그 밖의 영리'를 목적으로 하는 존재이지만(169조), 회사(예컨대, 甲회사)는 영리를 추구하기 위하여 사업내용을 구체적으로 특정하여 이를 정관의 절대적 기재사항으로 기재하고 또 등기에 의하여 공시한다(289조 1항 1호, 317조 2항 등). 이처럼 개별 회사의 목적을 정관에 기재하고 공시하게 하는 규범적 의미는 무엇인가? (무엇 때문에 이러한 제도를 두는 것인가?) 이는 대외적으로는 회사의 권리능력이 정관에서 규정하고 있는 목적에 의하여 제한을 받는가의 문제로 다루어지고,[67] 대내적으로는 정관을 위반한 행위를 한 자의 책임문제로 된다.[68]

(2) 민법 제34조에서는 "법인은 법률의 규정에 좇아 정관으로 정한 목적의 범위 내에서 권리와 의무의 주체로 된다"고 규정함으로써 회사의 권리능력이 정관 소정의 목적에 의하여 제한됨을 명시적으로 규정하고 있다. 그러나 상법에서는 이러한 규정이 없

66) 대법원 1990. 12. 11. 선고 90다카25253 판결 참조.
67) 대표이사의 대표권은 영업에 관한 한 재판상・재판외의 포괄적인 대표권을 가지고(389조 3항, 209조 1항), 그 범위는 회사의 권리능력범위와 일치한다. 따라서 회사의 권리능력에 대한 제한은 곧 대표권에 대한 제한으로도 된다.
68) 정관을 위배한 이사 등의 행위는 손해배상청구(399조), 해임(385조 2항), 유지청구(402조) 등의 사유가 된다.

어, 민법의 위 조항이 회사에 대해서도 적용되는지에 관해서 논란이 있다. 학계의 통설은 제한부정설(무제한설)을 취하고 있다.[69] 그 논거로, 민법 제34조는 비영리법인을 대상으로 한 규정으로 영리성을 추구하기 위하여 매우 광범위한 활동을 하는 회사와 같은 영리법인에 적용하기에는 적절하지 않다는 것, 상법에서는 민법 제34조와 같은 규정을 두거나 또는 적어도 준용규정을 두지 않은 것은 제한의 불필요성을 고려한 때문이라는 것, 비교법적으로도 종전의 능력 외 이론(ultra vires doctrine)을 채택하였던 영미법에서조차 이를 폐기한 것, 거래의 안전을 위하여 회사의 권리능력이 정관 소정의 목적범위에 의하여 제한되지 않는다고 할 필요성이 있다는 것[70] 등을 들고 있다. 이에 의하면, 정관 소정의 목적을 벗어나는 회사의 행위도 대외적으로는 유효하다고 본다. 다만 대내적으로 행위자에 대한 책임추궁의 문제로 처리하여 거래의 안전과 회사의 이익을 보호하고 있다.[71]

(3) 제한긍정설(제한설)은 일부 소수설과[72] 판례가 취하고 있다. 이에 의하면, 정관 소정의 목적을 벗어나는 행위는 회사의 행위로서 효력이 없다(즉, 무효이다). 다만 그 목적의 범위를 회사의 목적사업을 수행하는 데 직접적으로 필요한 것뿐만 아니라 간접적

---

69) 김정호, 68면; 안택식, 90면; 이기수 외, 99면; 이철송, 74면; 정동윤, 357면; 정찬형, 462면; 채이식, 390면; 최기원, 88면. 이에 한 걸음 더 나아가 입법론으로 민법 제34조를 폐지하는 것이 바람직하다는 견해도 있다(권기범, 69면).

70) 비교법적 고찰은 참고사항일 뿐이고 이에 의하여 우리 법 해석이 좌우되는 것은 물론 아니다(정찬형, 461면).

71) 제한부정설은 거래의 안전을 우위에 두는 한편, 그에 따른 회사의 이익보호는 대내적 책임추궁의 방법으로 해결하고 있다. 또한 제한부정설에 의하더라도 악의의 상대방에 대해서 회사는 대항할 수 있다고 함으로써 악의의 상대방에 대해서는 거래의 안전을 고려할 필요가 없기 때문에 회사의 이익을 우위에 두고 있다.

72) 최준선, 57면. 이 설은 제3자의 보호도 중요하지만 주주이익의 보호와 회사 그 자체의 정체성 역시 매우 중요하다는 것을 그 이유로 들고 있다. 다만 그 목적범위를 판례에서와 같이 문자에 구애됨이 없이 넓게 해석함으로써 결과적으로 제한부정설과 큰 차이가 없다.

으로 필요한 행위까지도 포함하여 넓게 보고 있다. 또한 문제된 행위가 목적수행을 위하여 필요한 행위인지를 판단함에 있어서도 행위의 주관적 의사가 목적범위 내이었는지, 현실적으로 목적수행에 필요한 것이었는지를 불문하고, 행위의 객관적 성질에 따라 추상적으로 판단하여야 한다고 한다. 이렇게 하여 그 목적의 범위를 확대함으로써 이에 관한 분쟁의 소지를 줄이고 있다. 그러나 '회사의 목적수행에 직접적이건 간접적이건 필요한 것'이어야 하므로 객관적·추상적으로 이와 아무런 관련성을 찾기 어려운 것은 권리능력 밖의 행위가 된다.[73]

(4) 회사의 대표기관이 정관 소정의 목적범위 외의 행위를 한 경우 그 대외적 효력은 어떻게 될까?

(i) 제한부정설에 의하는 경우 - 정관상의 목적은 회사 기관의 권한을 내부적으로만 제한하는 기능에 그친다고 한다. 이에 의하면 목적 외의 행위도 원칙적으로 유효하나, 만일 상대방이 목적 외의 행위임을 안 경우 또는 알 수 있었던 때에는 민법 제107조 제1항 단서를 유추적용하여 상대방에 대항할 수 있다고 보거나,[74] 대표권의 제한은 선의의 제3자에게 대항하지 못한다는 규정(209조 2항, 389조 3항)에 의하여 악의의 상대방에 대항할 수 있다고 한다.

(ii) 제한긍정설에 의하는 경우 - 정관상의 목적은 회사 기관의 권한을 내부적으로 제한할 뿐만 아니라 대외적으로도 권리능력의 범위를 제한한다고 한다. 따라서 목적범위 내의 행위(목적달성에 직접 또는 간접적으로 필요한 행위)이면 유효하지만, 그 범위 외의 행위는 권리능력이 없기 때문에 상대방의 선의·악의를 불문하고 항상 무효가 된다고 한다.[75]

---

73) 대법원 1975. 12. 23. 선고 75다1479 판결.

74) 대표권의 남용행위에 대하여 상대방이 남용행위임을 알았거나 알 수 있었을 때에는 무효로 된다는 것이 판례의 입장이다(비진의의사표시설; 대법원 1988. 8. 9. 선고 86다카1858 판결).

75) 이러한 경우 선의의 상대방은 사용자책임(민 756조)이나 기관책임(210조) 등에 의하여 구제받을 수 있다.

(5) 제한긍정설은 정관 소정의 목적범위를 매우 넓게 보기 때문에 통상적인 경우에는 제한부정설과 그 적용결과에 있어서는 별 차이가 없다. 그러나 한계적 상황인 경우에는 어느 견해에 의하는 것이 더 타당한 결론에 이를 수 있는지가 문제된다. 제한부정설이 타당하다고 본다. 그 이유는 다음과 같다.
① 거래안전면에서 제한부정설이 우수하다. 제한긍정설에 의하면 정관 소정의 목적을 벗어난 경우에는 상대방이 선의인 경우에도 무효가 되고, 정관 소정의 목적에 해당하는지, 그리고 이것이 회사에 직접 또는 간접적으로 필요한 행위인지를 둘러싸고 분쟁의 소지가 있다. 정관 소정의 목적은 정관과 등기에 의하여 공시되지만, 공시사실을 확인하지 않은 것을 이유로 상대방에게 불이익을 돌리기에는 회사의 정관에 기재된 목적에 해당하는 것인지의 여부를 판단하는 것 자체가 불분명한 경우가 허다하여 부당하다. 실태적으로 대부분의 회사에서는 정관의 목적조항에서 사업의 내용을 구체적으로 기재하면서 '기타 부대사업'이라 하여 목적에 포함되는 내용을 포괄적으로 규정함으로써 그 범위를 획정하는 것 자체가 매우 어려운 경우가 많이 있다.
② 제한부정설에 의할 때 초래될 수 있는 회사 또는 주주의 불이익은 내부적으로 관련 행위자에게 책임을 추궁하는 방법으로 해결할 수 있다.
③ 회사의 영업활동과 영업영역이 매우 다양하고 광범해지고 있는 오늘날, 제한긍정설에 의하면 이들 모두를 포섭하기에 부족함이 있다. 예컨대, 회사의 기부행위는 회사의 장기적 영리성에 부합하는 한 허용된다는 것이 일반적인 견해이다(통설).[76] 그런데 제한긍정설에 의하면 이러한 기부행위는 정관 소정의 목적 달성에 직접 필요한 행위가 아닐뿐더러 간접적으로도 그 연관성을 찾기 어려워 무효로 된다고 볼 소지가 있다.[77]

76) 회사의 기부가 합리적인 범위를 초과하는 경우의 효력에 대해서는 무효설과 유효설로 견해가 엇갈린다. 유효설은 상대방과의 사이에는 유효하고, 다만 이사는 의무위반으로 회사에 대하여 손해배상책임을 진다고 한다(송옥렬, 673면; 정동윤, 358면).

<도표 3> 정관소정의 목적범위와 회사의 권리능력 유무

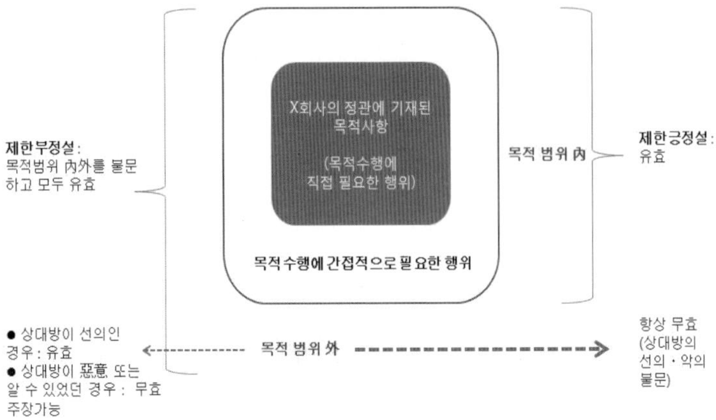

(6) 제한부정설에 의하더라도 정관 소정의 목적을 벗어난 점에 대하여 상대방이 알았거나 알 수 있었던 경우에는 무효를 주장할 수 있으므로, 목적범위에 대한 판단이 여전히 필요한 경우가 생긴다. 회사는 영리단체이므로 그 목적은 영리성을 추구하는 데 있고(169조), 대표권의 범위는 영업과의 관련성이 있는 범위로 제한된다(389조 3항, 209조 1항). 그러므로 이에 관한 문제는 형식적으로 정관소정의 목적에 해당하는지를 놓고 판단할 것이 아니라[78] 보다 포괄적으로 '영업과의 관련성' 유무라는 관점에서 실질적으로 판단하여야 할 것이다.

---

77) 제한긍정설에 의하면 회사의 기부행위는 권리능력을 벗어난 것이기 때문에 허용되지 않는다고 보아야 논리적으로 일관성이 있겠으나, 제한긍정설을 취하는 경우에도 합리적인 기부금은 허용된다는 취지로 설명하고 있다(최준선, 59면). 기부행위는 영업과 직접 관련은 없더라도 회사의 평판을 좋게 한다는 점에서 회사의 목적수행에 간접적으로 필요한 행위로서 목적범위 내의 행위로 볼 수도 있다는 견해도 있다(송옥렬, 673면). 한편, 정치자금법에서는 법인이나 단체의 정치자금 제공을 금지하고 있다(동법 31조).

78) 異說: 이와는 달리 대표이사의 권한은 정관 소정의 목적범위 내에서만 존재한다는 견해가 있다(채이식, 391면).

《관련문헌》

김병오, "기업의 권리능력", 「기업법연구」 제24권 제4호(2010).

정응기, "장외파생상품거래와 법인의 권리능력 : Hazell v. Hammersmith and Fulham London Borough Council 판결에 대한 소개와 일반적인 검토", 「인권과 정의」 제411호(2010).

박찬주, "회사의 능력", 「저스티스」 제108호(2008).

김학동, "법인의 권리능력은 제한될 수 있는가?", 「경영법률」 제18집 제1호(2007).

7. 회사의 불법행위책임

[대법원 1980. 1. 15. 선고 79다1230 판결]

Facts

(1) P(원고)는 1976.7. 중순경 종전 금원대차거래가 있었던 R1으로부터 1976. 5. 7 이래 A가 대표이사로 있는(1976. 7. 20. 사임하였으나 사임등기는 같은 달 27일에 되었음) X회사(피고 1)의 자금난을 해결해 달라는 요청을 받고 같은 달 21일에 X회사가 B로부터 임차하고 있는 X회사의 사무실에 관한 임차인으로서의 일체의 권리와 그 사무실의 집기비품 전부를 양수하는 계약을 R1과 체결하였다.
(2) 위 양수계약 중에는 사무실에 있던 X회사 소유의 집기·비품도 포함되어 있었고 그 대금은 150만원이다.
(3) P는 위 사무실과 물건 및 기타 집기 등을 인도받아 점유 중이었는데, 1976. 7. 20 X회사의 대표이사에 취임하고, 같은 달 27일에 그 등기를 마친 R2(피고 2)가 1976. 9. 4. 임차사무실을 위 임대인 B에게 명도하고 퇴거하면서 X회사의 직원들을 시켜 사무실에 있던 물건들을 불법 반출시켰다.

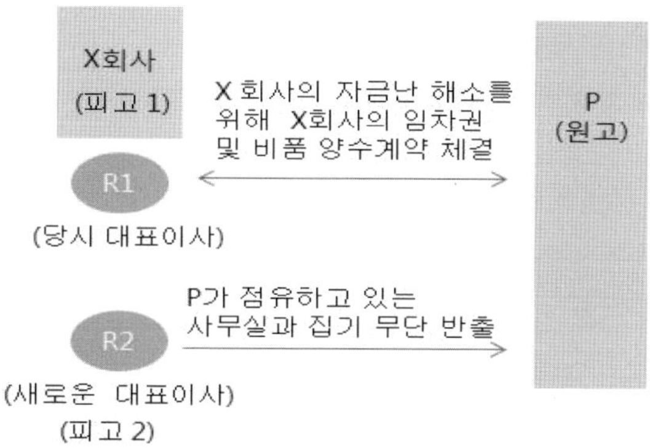

(Q1) P는 누구를 상대로 어떤 권리를 행사할 수 있는가?

(Q2) P가 X회사의 대표이사인 R2를 상대로 책임을 묻는 경우 그 청구권규범은 민법 제750조, 상법 제389조 제3항, 제210조 중 어떤 것인가?

(Q3) 만일 X회사에 R1, R2가 공동대표이사로 되어 있고, R1이 P에 대하여 손해 전액을 배상하였다면, R1이 X회사와 R2 각각에 대하여 행사할 수 있는 구상권의 금액은?

(Q4) R2가 대표이사가 아닌 경우라면 어떠한가?

Issue & Rule

(1) 위 사건에서 핵심쟁점이 되는 사항은 대표이사의 불법행위와 회사의 손해배상책임 등이다.

(2) 위 쟁점사항에 관한 적용법조는 상법 제210조, 제389조 제3항 등이다.

Analysis & Conclusion

1. 대표이사의 불법행위로 인한 회사의 책임

(1) 판례법리

상법 제389조 제3항, 제210조 규정에 의하면 회사의 대표이사가 그 업무집행 중 불법행위로 인하여 타인에게 손해를 가한 때에는 대표이사는 회사와 연대하여 배상할 책임이 있다. 그 불법행위는 고의가 있는 때에는 물론이고 과실이 있는 때에도 성립된다.

(2) 사건에의 적용

X회사의 대표이사인 R2가 X회사의 임차사무실을 임대인에게 명도, 퇴거하면서 그의 직원을 시켜 이미 양도, 인도되어 P 소유로 된 본건 물건을 불법 반출시켜 P의 회수청구를 불능하게 함으로써 P에게 그 물건의 시가 상당의 손해를 입힌 사실을 인정하고 상법 제389조 제3항, 제210조에 의하여 대표이사 R2에게 X회사와 연대하여 위 손해에 대한 배상책임이 있다고 판시하였다.

2. 관련판례 : 회사 및 대표이사의 책임의 성격 (대법원 2007. 5. 31. 선고 2005다55473 판결)

① 주식회사(X)의 대표이사(R2)가 업무집행을 하면서 고의 또는 과실에 의한 위법행위로 타인에게 손해를 가한 경우 주식회사(X)는 상법 제389조 제3항, 제210조에 의하여 제3자에게 손해배상책임을 부담하게 된다. 이 때 그 대표이사(R2)도 민법 제750조 또는 상법 제389조 제3항, 제210조에 의하여 주식회사와 공동불법행위책임을 부담하게 된다.

② 주식회사(X) 및 대표이사(R1) 이외의 다른 공동불법행위자(R2) 중 한 사람이 자신의 부담부분 이상을 변제하여 공동의 면책을 얻게 한 후 구상권을 행사하는 경우에, 그 주식회사(X) 및 대표이사(R1)는 구상권자(R2)에 대한 관계에서는 하나의 책임주체로 평가되어 각자 구상금액의 전부에 대하여 책임을 부담하여야 하고, 이는 위 대표이사가 공동대표이사인 경우에도 마찬가지이다. 따라서 공동면책을 얻은 다른 공동불법행위자(R2)가 공동대표이사 중 한 사람(R1)을 상대로 구상권을 행사하는 경우 그 공동대표이사(R1)는 주식회사(X)가 원래 부담하는 책임부분 전체에 관하여 구상에 응하여야 하고, 주식회사(X)와 공동대표이사(R1, R2)들 사이 또는 각 공동대표이사(R1과 R2) 사이의 내부적인 부담비율을 내세워 구상권자(R2)에게 대항할 수는 없다.

Comments

(1) 회사는 대표기관을 통하여 유효한 법률행위를 할 수 있는 행위능력을 가지므로 그 불법적 측면인 불법행위능력도 가진다(210조, 269조, 389조 3항, 567조).[79] 회사의 대표이사가 그 직무수행과 관련하여 불법행위를 한 경우 이는 곧 회사의 불법행위가 된다. 이 경우 실제 불법행위를 한 대표이사도 회사와 함께 연대하여 손해배상책임을 진다고 규정하고 있다(210조, 389조 3항).[80] 위 법 규정에 의하여 회사가 지는 책임이 불법행위책임이라는 점에 대해서는 이론이 없으나, 그 대표이사가 지는 책임의 법적 성격에 대해서는 견해가 나뉜다.

---

79) 이는 민법 제35조 제1항과 같은 취지의 규정이다(정찬형, 465면; 채준선, 60면; 홍복기 외, 333면).

80) 이때의 연대책임은 부진정연대책임으로 보고 있다(서헌제, 477면; 송옥렬, 674면; 이철송, 79면; 정동윤, 344면; 정찬형, 465면; 최기원, 97면; 최준선, 60면).

(ⅰ) 불법행위책임설(판례) - 위 규정에 의하여 대표이사가 지는 책임도 불법행위책임이라고 보는 견해가 있다.[81] 이에 의하면 회사와 대표이사는 공동불법행위책임의 관계에 있다고 한다. 판례도 이러한 입장을 취하고 있다.[82]

(ⅱ) 특수책임설 - 위 규정에 의한 대표기관의 책임은 불법행위책임이라기 보다는 피해자를 두텁게 보호하기 위하여 정책적으로 인정된 상법상의 특별책임이라고 보는 견해가 있다. 위의 불법행위책임설에 대해서는, 법이론상 회사를 불법행위의 행위자로 보는 한 회사의 도구적 성격에 불과한 대표기관이 독립적으로 불법행위책임을 진다는 것은 비논리적이라고 하거나,[83] 대표기관이 법률행위를 했다고 해서 대표기관인 자연인에게 권리의무가 발생하지 않는 것처럼 대표기관의 업무집행 중의 불법행위로 인하여 대표기관에 불법행위책임이 발생할 수는 없는 것이라 하여 불법행위책임설을 비판한다.[84]

(ⅲ) 정리 및 사견 - 생각건대, 불법행위책임설이 타당하다고 본다. 그 결과 대표이사의 불법행위책임에 대해서도 민법상 불법행위에 관한 규정이 적용되고 소멸시효기간 내지 제척기간에 관한 민법규정이 적용된다고 본다. 그 이유는 다음과 같다.

① 대표이사의 직무수행상의 불법행위는 '회사'의 불법행위가 되는 측면과 '대표기관' 자신의 불법행위가 되는 측면을 동시에 가진다. 따라서 대표기관도 자신의 행위에 기하여 스스로 불법행위책임(민 750조)을 진다.

② 회사가 피해자에 대하여 손해의 전부 또는 일부를 배상한 때에는 회사는 당연히 그 대표기관 개인에 대하여 구상권을 행사할 수 있다. 이는 회사와 그 대표기관이 피해자에 대하여 (부진정)연대책임을 지는 결과이기도 하지만 불법행위를 실제 행한 대표기

81) 정찬형, 465면; 홍복기 외, 333면.
82) 대법원 2007. 5. 31. 선고 2005다55473 판결.
83) 이철송, 79면.
84) 송옥렬, 674면.

관에 대하여 종국적으로 불법행위책임을 묻는 측면도 있다.
③ 권리능력과 불법행위능력은 관점이 다른 것이므로 권리능력자가 될 수 없다고 하여 반드시 불법행위능력자가 될 수 없다는 것은 아니다. 대표기관이 회사의 대표자로서 행한 행위에 대하여 스스로 권리와 의무의 주체가 될 수 없는 것은 권리의 귀속점이 회사이기 때문으로, 이는 지극히 당연한 것이다. 그러나 불법행위책임은 위법행위를 한 피해자의 손해전보를 목적으로 하는 한편 행위자에 대한 민사적 제재로서의 성격을 아울러 지니는 것으로서 권리능력과는 본질적으로 다르다.
④ 상법 제210조 등에 기하여 회사와 별도로 대표이사가 책임을 지는 것과 민법 제756조에 기하여 회사가 책임을 지는 것과는 별도로 사용인이 지는 책임은 모두 피해자에 대한 직접적인 가해자로서 불법행위책임을 진다는 점에 있어서는 차이가 없다.

<도표 4> 대표이사와 피용자의 불법행위로 인한 회사의 책임

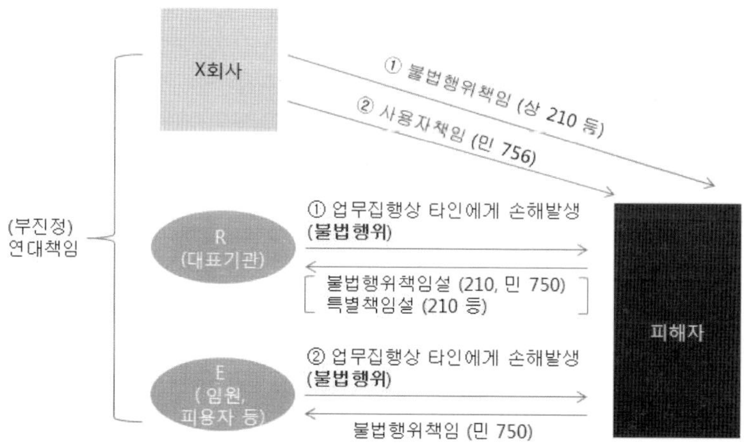

(2) 회사의 대표이사가 아닌 임원이나 피용자가 그 사무의 집행에 관하여 불법행위를 한 경우 실제 불법행위를 한 자는 민법 제750조에 의하여 불법행위책임을 지고, 그 회사 및 중간감독자는 민법 제756조에 의하여 사용자책임을 진다.

《관련문헌》

심우용, "주식회사 및 그 대표이사 이외의 다른 공동불법행위자 중 한 사람이 자신의 부담부분 이상을 변제하여 공동의 면책을 얻게 한 후 주식회사의 공동대표이사 중 한 사람을 상대로 구상권을 행사하는 경우, 그 공동대표", 「대법원판례해설」 제67호(2007).

정찬형, "설립중의 회사의 성립시기와 불법행위책임", 「고려법학」 제36집(2001).

윤영신, "대표이사의 불법행위에 대한 회사의 책임의 성질", 「법학연구」 제3호(1993).

제3장

출자의 주체(주주) 및 그 관리(주주명부)

8. 주주평등의 원칙

[대법원 2007. 6. 28. 선고 2006다38161, 38178 판결]

Facts

(1) A 등(원고; 14인)은 이 건의 유상증자 이전에 P은행에 입사하여 근무하다가 퇴사하였다. P은행은 2001. 12. 31. 은행업무 부분이 C은행에 분할합병된 후 D카드로 상호가 변경되었다가 2004. 4. 1. E(피고)에게 흡수합병되었다.
(2) P은행은 1998. 2. 26. 금융감독원으로부터 국제결제은행(BIS) 기준 자기자본 비율이 8% 미만이라는 이유로 경영개선명령을 받고, 같은 해 6월 말까지 자기자본 비율을 4% 이상으로 유지하기 위한 증자계획을 추진하면서, 1,000억원의 증자를 목표로 하되 그 중 150억원에 대하여는 임·직원을 참여시켜 유상증자를 한다는 계획을 세웠다. 위 계획에 의하면, 당시 P은행 주식의 실제거래가격은 주당 700원대이었음에도 불구하고, P은행의 모든 임·직원은 P은행 주식을 액면가인 주당 5,000원에 매입하도록 하였다.
(3) 그에 따라 1998. 6월 초순경 P은행은 모든 임·직원들에게 직급별로 출자금액을 할당하고, 출자방법을 제시하였으며(① 본인 자금으로 출자, ② 이미 납입한 개인연금신탁 해지 금액에 부족액을 본인이 충당하여 출자, ③ 퇴직금을 중간 정산하여 출자, ④ 이미 납입한 개인연금신탁 해지액과 퇴직금 중간 정산 금액을 합하여 출자), 임·직원으로부터 '자본금출자 확약서'를 징구하였다.

(4) P은행은 임직원들이 출자금을 조달할 수 있도록 하기 위하여 퇴직금 중간정산제를 시행하고, 증자 참여를 독려하기 위하여 퇴직금을 중간정산한 직원에 한하여 퇴직시 퇴직금 산정은 '입행일로부터 퇴직시까지의 기간으로 계산한 퇴직금 규정상 퇴직금에서 중간정산지급액을 차감한 금액을 최종 퇴직금으로 지급'하는 제도를 시행하였으며, 사원복지연금운용지침에 의하여 해지가 금지되어 있던 개인연금신탁 계좌도 해지할 수 있도록 조치하였다.
(5) P은행의 임·직원들은 1998. 6. 23. 위와 같은 유상증자에 따른 주식청약을 하면서, P은행에게 유상증자에 참여함으로써 입게 될 수도 있는 손실금을 보장하여 줄 것을 강력히 요구하였다. P은행이 이러한 요구를 받아들여 같은 달 26. P은행의 은행장 Pr과 P은행 노동조합 대표자인 위원장 Pl은 "1998. 6. 퇴직금 중간정산을 받은 자금으로 자본금 증자에 참여한 직원이 퇴직시 출자 손실액이 발생할 경우에는 이를 전액 보전한다."는 내용의 자본금증자 참여직원에 대한 퇴직금지급 합의서를 작성하였다(이하, '손실보전 합의'). P은행의 임직원들은 위 합의서가 발표된 다음 날인 6. 27. 주식대금의 납입을 완료하였다.
(6) A 등을 포함한 P은행의 임·직원 1,575명 중 1,512명이 퇴직금 중간정산을 하여 그 중간퇴직금으로 P은행의 주식을 액면가에 매수하여 위 유상증자에 참여하였고, 그 과정에서 A 등도 중간정산 퇴직금으로 출자하여 공모주식을 청약하여 인수하였다. 그 당시 P은행 주식의 시가는 1주당 780원에 불과하였다.
(7) 그 후 P은행은 1998. 8. 17. 상임이사회에서 자본금 증자에 참여한 직원(임원 제외)에 대하여 퇴직시 적용단가가 액면가액에 미달할 경우 퇴직금과 별도로 아래와 같은 기준으로 그 미달액을 보전하여 주는 내용의 '자본증자 참여직원에 대한 퇴직금 특례지급기준'('퇴직금 특례지급기준')의 제정을 의결하였다.

① 퇴직금 규정 제6조 4항(은행 발전에 지대한 공적이 있고 개인의 재산상의 피해가 발생하였다고 은행장이 인정하는 자에 대하여는 대상자 및 지급기준 등을 집

> 행위원회의 의결을 거쳐 별도로 퇴직금을 지급할 수 있다)에 근거하여, P은행의 경영정상화 일환으로 실시한 자본금 증자에 참여한 직원이 1998. 6. 23. 자 교부 주식을 퇴직시까지 보유하고 있는 경우에는 적용단가(퇴직시 퇴직전일로부터 최근 1개월간의 당행 주식 종가에 대한 평균단가)와 액면가(주당 5,000원)의 차액을 보전한다.
> ② 퇴직사유와 관계없이 출자자 전원에 대하여 퇴직시 본 기준을 적용하고, 자본금 감자시에도 감자비율에 불구하고 당초 교부주식의 액면가를 기준으로 보전한다.

(8) 그 후 금융감독위원회(현, 금융위원회)는 2000. 12. 18. P은행을 부실금융기관으로 선정하여 공적자금 출자를 요청하는 한편, P은행의 기존 주식 전부를 무상소각(완전감자)하는 자본금 감소명령을 내렸다. 다만 정부는 위 조치로 인한 파장을 염려하여 소액주주들에 대해서는 이로 인한 손실을 보전하기 위하여 사실상의 유상소각에 해당하는 주식매수청구권을 인정하였다. 이에 따라 A 등은 보유하고 있던 P은행 주식 전부에 대하여 주식매수청구권을 행사하였고, P은행은 위 주식에 대하여 주식매수청구가격 주당 166원을 적용하여 매수한 후 모두 무상 소각하였다.

(Q1) A와 E 각 당사자들은 아래와 같이 주장하고 있다. 이들 주장의 당부를 판단하시오.

① A(원고)의 주장 : P은행을 합병한 D카드 주식회사를 흡수합병한 E(피고)는 A 등에게, ① 퇴직금 특례지급기준에서 정한 바에 따라 A 등이 P은행의 유상증자에 출자하였다가 입은 손실금 상당액을 퇴직금으로 추가 지급하여야 하고, ② 그렇지 않더라도 손실보전 합의에 따라 위 출자 손실금 상당의 약정금을 지급할 의무가 있다.

② E(피고)의 주장 : 퇴직금 특례지급기준 및 손실보전 합의는 회사가 일부의 주주에 대하여만 손실보전 약정 및

수익보장 약정을 한 것으로서 상법상 주주평등의 원칙에 위배되어 무효이다.

(Q2) A 등은 위의 손실보전 약정이 사용자와 근로자의 관계를 규율하는 단체협약 또는 취업규칙의 성격을 띠고 있으며 체결시점이 A 등의 주주자격 취득 이전이므로 주주평등의 원칙의 적용대상이 아니라고 주장하고 있다. 이 주장의 당부를 판단하시오.

(Q3) 만일 E가 A를 포함한 그 밖의 모든 주주에 대하여 투자손실을 전보하는 약정을 하였다면 이는 유효한가?

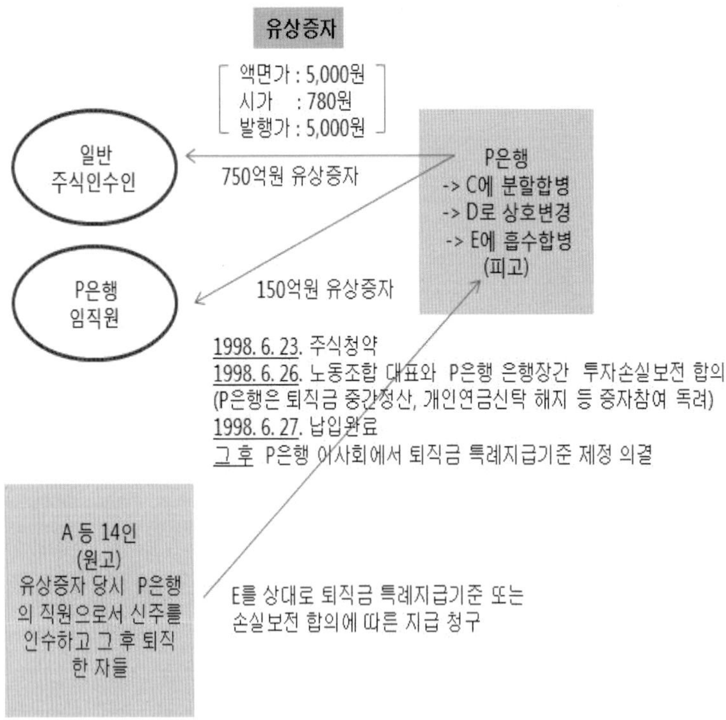

Issue & Rule

(1) 위 사건에서 쟁점이 되는 사항은 ① 회사가 직원들을 유상증자에 참여시키면서 퇴직시 출자 손실금을 보전해 주기로 한 약정이 주주평등의 원칙에 위배되어 무효인지 여부, ② 일부무효 법리의 적용범위 및 강행법규와의 관계, ③ 회사가 직원들을 유상증자에 참여시키면서 퇴직시 투자 손실금 전액을 보전해 주기로 약정한 경우, 위 손실보전약정이 무효라는 이유로 신주인수계약까지 무효가 되는지 여부, ④ 회사의 경영상의 목적 달성을 위하여(위 사건의 경우 은행이 단기간에 자기자본비율을 증대시키기 위하여) 주주평등의 원칙에 어긋나는 손실보전약정을 체결하면서까지 액면으로 발행되는 유상증자에 참여하도록 직원들을 유인한 행위는 위법한 것이어서 불법행위를 구성하는지 여부 등이다. 이 중에서 핵심쟁점은 ①이다.

(2) 위 쟁점사항에 관한 적용법조는 상법 제369조 제1항; 민법 제105조, 제137조, 제741조, 제750조 등이다.

Analysis & Conclusion

1. 주주평등원칙의 위반 여부

(1) 판례법리

① 출자 손실금을 전액 보전해 주는 것을 내용으로 하는 약정은 회사가 주주에 대하여 투하자본의 회수를 절대적으로 보장하는 셈이 되고 다른 주주들에게 인정되지 않는 우월한 권리를 부여하

는 것으로서 주주평등의 원칙에 위반되어 무효이다.
② 주주평등의 원칙은 회사에 대한 주주의 지위를 그 적용대상으로 한다.
③ 주주평등의 원칙은 강행법적 원칙이므로 법 소정의 예외사유를 제외하고는 예외가 인정되지 않는다.

(2) 사건에의 적용

① 이 사건 손실보전 합의 및 퇴직금 특례지급기준('이 사건 손실보전약정')은 유상증자에 참여하여 주주의 지위를 갖게 될 P은행의 직원들에게 퇴직시 그 출자 손실금 전액을 보전해 주는 것을 내용으로 하고 있으며 이는 다른 주주들에게 인정되지 않는 우월한 권리를 부여하는 것으로 주주평등의 원칙에 위반되어 무효이다.
② 비록 이 사건 손실보전약정이 사용자와 근로자의 관계를 규율하는 단체협약 또는 취업규칙의 성격을 겸하고 있다고 하더라도, 주주로서의 지위로부터 발생하는 손실에 대한 보상을 주된 목적으로 한다는 점을 부인할 수 없는 이상 주주평등의 원칙의 규율대상에서 벗어날 수 없다.
③ 그 체결시점이 A 등의 주주자격 취득 이전이라 할지라도 A 등이 신주를 인수함으로써 주주의 자격을 취득한 이후의 신주매각에 따른 손실을 전보하는 것을 내용으로 하는 것이므로 주주평등의 원칙에 위반되는 것으로 보아야 할 것이다. 이 사건 손실보전약정 당시 A 등이 P은행의 직원이었고 또한 시가가 액면에 현저히 미달되는 상황이었다는 사정을 들어 달리 볼 수는 없다.

2. 그 밖의 쟁점

(1) 일부무효의 법리의 적용여부

(가) 판례법리

(대법원 2007. 5. 10. 선고 2005다60147 판결의 법리와 내용이 동일함.)[85]

(나) 사건에의 적용

이 사건에서 A 등의 신주인수의 동기가 된 이 사건 '손실보전약정'이 주주평등의 원칙에 위반되어 무효라는 이유로 이 사건 '신주인수'까지 무효로 보아 A 등으로 하여금 그 주식인수대금을 부당이득으로서 반환받을 수 있도록 한다면 이는 사실상 다른 주주들과는 달리 A 등에게만 투하자본의 회수를 보장하는 결과가 되어 오히려 강행규정인 주주평등의 원칙에 반하는 결과를 초래하게 될 것이다. 그러므로 이 사건 신주인수계약까지 무효라고 보아서는 아니 된다.[86]

(2) 불법행위책임

P은행이 단기간에 자기자본비율을 증대시키기 위하여 주식의 시가가 액면에 현저히 미달하는 상황에서 퇴직금의 중간정산 등 구체적인 출자금 마련 방법을 제시하고 또한 주주평등의 원칙에 어긋나는 손실보전약정을 체결하면서까지 액면으로 발행되는 유상증자에 참여하도록 A 등을 유인한 행위가 위법하므로 민법 제750조의 불법행위책임을 진다.

---

85) 대법원 2004. 6. 11. 선고 2003다1601 판결.
86) 대법원 2005. 6. 10. 선고 2002다63671 판결 참조.

Comments

(1) 주주평등의 원칙이란 주주는 회사에 대하여 평등한 지위에 있다는 원칙이다. 이에는 (i) 출자의 정도에 상응하여 회사에 평등하다는 것으로 주식 수에 비례하는 '비례적 평등'(상대적 평등)은 물론이고,[87] (ii) 소유주식수에 관계없이 다른 주주와 차별대우를 받지 않는다는 '일반적 평등'(절대적 평등) 양자 모두를 포함한다.[88] 주주평등의 원칙에 있어서 상대적 평등은 주식회사의 자본단체적 성질에서 연유하는 것이고, 절대적 평등은 일반적인 평등원칙과 주식회사의 사단성(사원평등원칙)에서 비롯되는 것이다.[89] 주주평등의 원칙은 주식회사의 단체법적 규율을 위하여 필요하고, 이에 기하여 회사는 주주에 대하여 '평등대우의무'를 진다.[90] 회사는 주주평등원칙에 기하여 주주들에게 균등하게 기회를 주면 족한 것이지 결과의 평등까지 담보하여야 할 의무는 없다(기회의 평등).

(2) 주주평등의 원칙은 주주의 회사에 대한 지위를 그 적용대상으로 한다. 주주의 자격을 취득하기 이전이라 하더라도 그로 인하여 주주의 자격을 취득하게 되는 경우에는 이 원칙이 적용된다. 따라서 주주의 전신인 주식인수인에게도 이 원칙이 적용된다.[91] 주주 상호간이나 주주와 제3자간에는 이 원칙이 직접적으

87) 주식회의 경우 인적 회사와는 달리 지분복수주의를 취하고 있기 때문이다(홍복기 외, 141면). 이는 '주주'가 아닌 주주가 보유하고 있는 각 '주식'이 평등하다는 것이므로 주식평등의 원칙으로 불릴 수도 있다.

88) 주주권 중에서 非비례적 권리에 해당하는 것은 절대적 평등의 원칙에 의한 것이고, 비례적 권리에 해당하는 것은 상대적 평등의 원칙에 의한 것이다(이철송, 306면).

89) 이철송, 306면.

90) 김정호, 153면.

91) 주주평등의 원칙은 주주의 자격을 갖는 동안에만 적용되는 것이 원칙이므로 주식인수인에 대해서는 적용되지 않으나, 주식인수인에 대해서도 때로는 이

로 적용되지 않는다. 그런데 지배주주가 소수주주를 상대로 주식의 강제매도청구권을 행사하는 경우(360조의24 1항)에는 지배주주에게 평등대우의무(equal treatment rule)가 있다고 보아야 한다. 이러한 경우 지배주주의 주식매도청구의 요건으로 '회사의 경영상의 목적을 달성하기 위하여 필요한 경우'로 한정하고 지배주주는 회사는 아니지만 결과적으로 지배주주가 발행주식 전부를 가지는 1인 주주가 됨으로써 사실상 회사에 버금가는 위치에 있기 때문이다. 따라서 주식매도청구권을 행사함에 있어서 지배주주를 제외한 주주 전원을 상대로 하여야 하고 매수조건도 균등하여야 한다.

(3) 상법에서는 주주평등의 원칙을 명시적으로 규정하고 있지 않으나,[92] 이는 일반조항적인 최고의 기본원리라고 보는 것이 지배적인 견해이다.[93] 주주평등의 원칙은 주주의 재산권을 보장하고[94] 주식회사의 기본질서를 유지하기 위한 것이므로 강행법적 원칙이고, 주주평등의 원칙을 구체화한 개별 상법규정 역시 강행법규이다. 따라서 이에 반하는 정관이나 주주총회의 결의, 그 밖

원칙을 유추적용하는 것이 좋을 것이라는 견해가 있다(권기범, 375면). 회사와 주식청약자에 대한 관계에서는 주식배정자유의 원칙에 의하여 그 적용이 배제된다(김정호, 154면; 서헌제, 619면; 최기원, 279면).

92) 다만 상법 제464조(이익배당), 제538조(잔여재산분배), 제369조 제1항(의결권의 수), 제418조 제1항(신주인수권) 등은 주주평등의 정신을 구체화한 것으로, 이들 규정으로부터 주주평등의 원칙을 도출할 수 있다. 주주평등의 원칙은 법에 명시적으로 규정하고 있는 것에 한정되지 않고 주주와 회사간의 법률관계에 대하여 일반적으로 적용된다.

93) 주주평등의 원칙을 주식회사의 물적 단체성에 바탕으로 둔 근본원칙이라고 하고(김정호, 152면), 단체법의 조리에 해당하는 원칙이라고도 한다(이철송, 308면). 異說: 그러나 이에 대해서는 공개매수의 표적이 된 회사가 경영권방어와 관련하여 특정 주주에게만 불이익을 주는 신주예약권(poison pill)을 허용하는 정관변경을 실시한 일본의 불독소스 사건을 예로 들면서, 불평등한 취급이 주주에게 전체적으로 더 많은 이익을 가져다준다면 회사가 불평등한 취급을 하는 것도 가능하다고 보아야 할 경우가 있음을 용인하여야 할 것이라는 견해가 있다(송옥렬, 746~747면; 정동윤, 441면). 이에 관한 상세는 홍복기 외, 142면 참조.

94) 제주지법 2008. 6. 12. 선고 2007가합1636 판결.

의 약정은[95] 당사자의 선의·악의를 불문하고 무효가 된다.

(4) 다만, 주주평등의 원칙은 그 예외를 인정하는 법적 근거가 있거나(예컨대, 344조의 종류주식 등),[96] 주주평등의 원칙에 의하여 이익을 갖게 되는 주주가 스스로 그 이익을 포기하는 때에는 그 적용이 배제된다.[97]

(5) 위 사건에서처럼 회사가 특정 주주에 대하여 투자손실을 보전하기로 약정하는 것은 주주평등의 원칙에 배치된다. 그 이유는, 위 판례에서 밝히고 있는 바와 같이 출자 손실금 전액을 보전해 주는 것을 내용으로 하는 약정은 회사가 특정 주주에 대하여 투하자본의 회수를 절대적으로 보장하는 셈이 되어 다른 주주들에게 인정되지 않는 우월한 권리를 부여함으로써 차별대우를 하고 있기 때문이다. 주주에 대하여 투자손실을 보장한다는 약정은 주주평등의 원칙에 배치될 뿐만 아니라 이와는 별개로 민법 제750조의 불법행위를 구성할 수도 있다.[98] 이러한 약정을 체결하는 것은 주식의 위험자본적 성질과 '자기판단 자기책임'의 원칙을 부인하는 것이고 회사채권자 등 다른 이해당사자의 이익을 해칠 수 있는 위법행위이기 때문이다.

---

95) 회사가 일반주주에 대해서는 이익배당을 하지 않으면서도 대주주에 대해서는 추석 등의 명절 때에 일정한 금액을 주기로 하는 약정은 무배당에 따른 대주주의 손실을 전보하는 의미를 가지고 대주주에 대해서만 특별히 우대하는 것이므로 무효라고 판시한 사례가 있다(대법원 1980. 8. 26. 선고 80다1263 판결).

96) 예외에 해당하는 종류주식 상호간에는 주주평등의 원칙에 따라야 한다.

97) 권기범, 376면; 서헌제, 620면; 최기원, 276면.

98) 자본시장법에서는 금융투자업자에 대하여 금융투자상품의 거래와 관련하여 손실보전 또는 이익보장의 약정을 부당권유행위로 금지하고 있다(자금 49조). 이 같은 약정은 투자위험을 속성으로 하는 증권시장의 본질에 반하고 가격형성의 불공정을 야기할 우려가 있으며 증권투자에 있어 자기판단 자기책임의 원칙에 반하여 거래질서에 반하기 때문에 무효라고 보고 있다(대법원 1997. 2. 14. 선고 95다19140 판결). 한편, 투자수익약정이 무효이더라도 부당권유행위로 되어 불법행위(민 750조)가 될 수 있다.

《관련문헌》

강경기, “기업매수방어책과 주주평등의 원칙”, 「경영법률」 제21집 제4호 (2011).

정쾌영, “주주평등의 원칙에 대한 재고”, 「상사판례연구」 제23집 제4권 (2010).

장근영, “주주의 출자손실에 대한 회사의 보전약정의 효력”, 「법학논총」 제26집 제4호(2009).

김경환, “특정금전신탁에 있어서의 원본 내지 이익보장 약정”, 「민사판례연구」 제31권(2009).

9. 1주 1의결권 원칙

[대법원 2009. 11. 26. 선고 2009다51820 판결]

Facts

(1) X회사(피고)는 상장법인으로서 발행주식의 총수가 10,534,427주(보통주식 10,079,660주 + 우선주식 454,767주)이고, A(원고)는 X회사 발행주식 중 보통주식 428,584주를 소유한 주주이다.
(2) X회사의 정관 제21조 제4항('정관조항')은 "감사의 선임에 관하여 의결권을 행사할 '주주의 본인과 그 특수관계인 등'이 소유하는 의결권 있는 주식의 합계가 의결권 있는 발행주식총수의 100분의 3을 초과하는 경우, 그 주주는 그 초과하는 주식에 관하여는 의결권을 행사하지 못한다"고 규정하여 구 증권거래법(1997. 1. 13. 개정된 것, 자본시장법 제정으로 폐지, 이하 동일) 제191조의11과 같은 내용을 담고 있었다.
(3) X회사의 2008. 3. 27.자 정기주주총회에서 B를 감사로 선임하는 의안에 대하여, 최대주주 C(4,481,748주 보유) 및 그 특수관계인 D(3,474,738주 보유), E(155,000주 보유)와 93,933주를 보유한 소수주주들이 찬성하였고, A(428,584주 보유) 및 그 특수관계인 기타 구 증권거래법 시행령 제84조의18이 정하는 자(이하 '특수관계인 등')에 해당하는 F(622,950주 보유), 재단법인 ○○(60,648주 보유), 학교법인 △△(153,260주 보유), G(14,198주 보유), H(14,247주 보유), I(21,988주 보유), J(17,449주 보유), K(10주 보유)는 반대하였다.
(4) X회사는 정관조항을 적용하여 C 및 그 특수관계인 등의 소

유주식 8,111,486주뿐만 아니라, A 및 그 특수관계인 등의 소유주식 1,333,334주에 대하여도 의결권 있는 발행주식 총수인 10,079,660주의 3%에 해당하는 각 302,389주로 한정하여 의결권 행사를 허용하였다. 그 결과 우호주식 93,933주를 확보한 최대주주 C의 의사대로 찬성 396,322주, 반대 302,389주로써 B를 감사로 선임하는 결의가 성립되었다.

B를 감사로 선임하는 의안에 대한 찬반 집계

	C측: 찬성	A측: 반대
의결권행사	① 최대주주 C(4,481,748주) ② 그 특수관계인 D(3,474,738주), E(155,000주 보유) ③ 소수주주(93,933주)	① 일반주주 A(428,584주) ② 그 특수관계인 등에 해당하는 F(622,950주), 재단법인 ○○(60,648주), 학교법인 △△(153,260주), G(14,198주), H(14,247주), I(21,988주), J(17,449주), K(10주)
의결권제한 (3% 룰 적용)	C 및 그 특수관계인 등의 소유주식 ①+② (8,111,486주)	A 및 그 특수관계인 등의 소유주식 ①+②(1,333,334주)에 대하여도 의결권 있는 발행주식 총수인 10,079,660주의 3%에 해당하는 각 302,389주로 한정하여 의결권 행사 허용
의결권행사의 수	우호주식 93,933주(③)을 확부한 최대주주 C의 의사대로 찬성 396,322주	반대 302,389
적용결과	B를 감사로 선임결의	

(5) 그런데 위 증권거래법 규정이 2000. 1. 21. 개정되어 의결권 제한의 대상이 일정 비율 이상의 주식을 보유하고 있는 '주주와 그 특수관계인 등'에서 '최대주주와 그 특수관계인 등'으로 변경되었다.[99]

---

99) 상법에서 이를 수용하여 제542조의12 제3항에서는 "최대주주, 최대주주의 특

(Q1) A와 X회사 주장의 당부를 판단하시오.

1) A(원고)의 주장 :

① 의결권은 주주의 가장 기본적이고 중요한 권리로서 법령에서 허용하지 않는 한 제한할 수 없다고 할 것인데, 상법 제409조에서는 제한의 대상을 '주주'로, 제한방법과 관련하여 '회사의 정관으로 3/100보다 낮은 비율을 정할 수 있다'고 명시적으로 규정하고 있고, 증권거래법 제191조의11 제1항에서는 제한의 대상을 개정 전 '본인과 그 특수관계인 기타 대통령령이 정하는 자'로 규정한 것과 달리 '최대주주와 그 특수관계인 기타 대통령령이 정하는 자'로, 제한방법과 관련하여 정관으로 그 비율을 낮게 정할 수 있음을 명시하고 있으므로, 위 규정의 성질 및 취지상 그 규정이 정한 대상, 방법의 한도 내에서만 의결권을 제한할 수 있다. 또한, 상법 제369조 제1항에서 정한 1주 1의결권 원칙은 주주평등원칙에서 비롯된 것으로, 법이 특별히 예외를 인정한 경우를 제외하고 정관으로 달리 정할 수 없다.

그런데 위 정관조항은 상법 제409조 및 증권거래법 제191조의11에서 예정하고 있는 의결권 제한의 대상 및 방법과는 전혀 다른 내용과 형식으로 주주의 의결권을 제한하고 있을 뿐만 아니라 오히려 증권거래법 개정으로 제외한 조항을 근거로 최대주주가 아닌 주주들에 대하여 아무런 법률의 근거 없이 의결권을 제한하고 있다. 위 정관조항이 법령의 근거 없이 위와 같은 방법으로 주주의 의결권을 제한하는 것은 주주평등의 원칙 및 1주 1의결권 원칙에 반하고, 정관자치원칙의 한계를 넘은 것으로 무효이다.

수관계인, 그 밖에 대통령령으로 정하는 자가 소유하는 상장회사의 의결권 있는 주식의 합계가 그 회사의 의결권 없는 주식을 제외한 발행주식총수의 100분의 3을 초과하는 경우 그 주주는 그 초과하는 주식에 관하여 감사 또는 사외이사가 아닌 감사위원회위원을 선임하거나 해임할 때에는 의결권을 행사하지 못한다. 다만, 정관에서 이보다 낮은 주식 보유비율을 정할 수 있다."고 규정하고 있다.

② 증권거래법이 의결권 제한의 대상을 최대주주와 그 특수관계인 등으로 축소한 2000. 1. 21. 개정 증권거래법 부칙에는 제191조의11 제1항과 관련하여 개정 이전 규정에 따른 정관의 효력을 지속시키고자 하는 조항이 전혀 포함되어 있지 않고, 오히려 부칙 제1조에서 다른 규정에 관하여는 2000. 4. 1.부터 시행하는 것으로 하면서도 위 제191조의11 제1항은 공포 당일부터 시행하는 것으로 명시함으로써 결국 개정 증권거래법의 입법자도 증권거래법 제191조의11 제1항이 법 개정 이전에 제정 또는 개정된 정관에 의하여 개정 이후에까지 적용되는 것을 허용하지 않으려 하였음을 보여준다. 따라서 기존 법령에 따른 위 정관 조항은 무효이다.

③ 증권거래법 제191조의11은 모든 주주와 그 특수관계인 등의 의결권을 제한함으로써 지배주주의 뜻대로 감사가 선임되는 결과가 초래되므로 최대주주에 한하여 의결권을 제한하고자 함이고, 감사 선임은 지배주주로부터의 독립이 핵심이므로, 최대주주가 다른 주주에 비해 차별된다고 하더라도 목적의 타당성, 수단의 적합성, 침해의 최소성, 법익의 균형성을 갖춘 것이므로, 헌법에 위반되는 것이 아니다.

④ 따라서, 상법 제409조 제2항에 따라 의결권 있는 주식의 합계가 의결권 있는 발행주식총수의 3%인 302,389주를 초과하는 A 및 F에 한하여만 의결권이 각 302,389주로 제한되어야 하므로, 이 사건 결의에 반대한 의결권의 수는 총 886,578주로 찬성한 주식 수가 출석 주식 수의 과반수에 미달되므로 이 사건 결의는 부결되었어야 함에도 가결되었다. 그러므로 이 사건 결의는 결의방법에 법령에 위반한 하자가 있는 경우에 해당하므로 취소되어야 한다.

2) X회사(피고)의 주장 :

X회사는 다음과 같은 이유로 정관조항이 무효라고 볼 수 없다고 주장한다.

① 상법 제409조 제2항·제3항, 증권거래법 제191조의11 제1항의 입법취지 및 3%보다 더 낮은 비율을 정관으로 정할 수 있도록 한 규정형식에 비추어 보면, 위 의결권제한 규정은 정관으로 그 제한을 완화하는 것은 금지하나 강화하는 것은 허용하는 이른바 편면적 강행규정이다.

법 제409조 제3항은 정관으로 제한을 강화하는 것은 허용한다는 취지를 선언한 것으로서 비율 이외의 기타 방법으로 제한하는 것을 허용하지 않겠다는 규정이 아니라, 다만 그 제한 강화의 방법에 있어서 제한비율의 강화만을 규정한 것일 뿐이다. 증권거래법 제191조의11은 상법의 감사선임권 제한을 일층 심화하여 '비율' 뿐만 아니라 '주식보유 계산의 방식'에 대하여도 특례를 인정한 것인바, 여기에 있어서도 제한을 완화할 수는 없으나 강화할 수는 있다는 취지는 상법에 있어서와 마찬가지이다. 법률로써 감사 선임에 있어 대주주의 의결권을 제한하면서 정관에 의하여 법률보다 대주주에게 더 불리한 내용을 규정하는 것을 불허할 이유가 없는 것이므로, 이 사건 정관조항은 상법과 증권거래법상 감사 선임의 의결권 제한을 더욱 강화하는 내용으로서 편면적 강행규정의 강행성에 위반되지 않는다.

② 2000. 1. 21. 개정 증권거래법의 부칙에 특별히 개정 전 조항에 따른 정관이 무효라는 점이 명백히 선언되지 않는 이상, 개정 증권거래법의 발효와 동시에 갑자기 개정 전 조항의 취지에 따른 정관 규정들이 무효가 된다고 볼 근거는 없다.

③ 증권거래법 제191조의11은 합리적 근거 없이 1대 주주

와 2대 주주를 차별하여 그 자체로 주주평등의 원칙상 문제점을 가지고 있는 규정이므로, 자치법규인 정관으로 다른 대주주의 의결권에 대하여 동일하게 제한할 수 없다고 한다면, 헌법상 평등원칙을 침해한 위헌법률이다.

Issue & Rule

(1) 위 사건에서 쟁점이 되는 사항은 ① 1주 1의결권의 원칙을 정한 상법 제369조 제1항이 강행규정인지 여부, ② '최대주주가 아닌 주주와 그 특수관계인 등'이 일정 비율을 초과하여 소유하는 주식에 관하여 감사의 선임 및 해임에 있어서 의결권을 제한하는 내용의 정관 규정이나 주주총회결의의 효력 등이다.
(2) 위 쟁점사항에 관한 적용법조는 구 증권거래법(폐지) 제191조의11 제1항; 상법 제369조 제1항, 제409조 제2항·제3항, 제542조의12 제3항 등이다.

Analysis & Conclusion

1. 제1심의 판단[100)]

대법원이 그대로 채택하고 있는 제1심의 판결("이 사건 주주총회의 결의는 취소되어야 한다")에서의 이유 설시가 보다 상세하므로 이하에서는 이를 살펴보기로 한다.

100) 서울중앙지법 2008. 9. 24. 선고 2008가합49481 판결.

(1) 판례법리

(가) 주주평등의 원칙 및 1주 1의결권 원칙과 그 예외를 정하는 방법

① 주주평등의 원칙은 형식적으로는 회사와 주주간 법률관계에 있어서 주주를 그 지위에 따라 평등하게 취급하여야 한다는 것이고, 실질적으로는 각 주주의 회사에 대한 권리의무가 그 보유주식의 수에 비례하여 정해져야 한다는 것이다. 상법은 주주평등의 원칙에 관한 일반적·원칙적 규정을 두고 있지 아니하나, 가장 중요한 주주의 권리인 의결권(369조 1항)을 비롯하여 이익배당청구권(464조), 신주인수권(418조) 등에서 주주평등의 원칙을 구현하고 있다.
② 주식회사의 주주는 주식을 통하여 자본적으로만 회사에 관여할 뿐 주주 상호간에 인적 신뢰관계가 없고, 주주총회 결의는 다수결의 원리에 의하기 때문에 그 남용에 의한 폐해가 생기기 쉬우며, 또한 근래에 이르러 주주총회의 권한이 이사회에 집중되고 기업의 소유와 경영이 분리되는 추세에 있어 이사의 자의적인 업무집행으로 인한 폐해가 생길 수 있으므로, 주주평등의 원칙은 다수결의 남용에 대하여 소수자를 보호함과 아울러 경영자의 전횡으로부터 일반주주를 보호하는 데도 그 목적이 있다. 따라서 주주평등의 원칙에 대한 예외는 법률이 특별히 인정하는 경우에만 가능하며 정관, 주주총회 또는 이사회의 결의로는 그 예외적인 취급이 인정되지 않는다. 주주평등의 원칙은 강행법규적 성격을 가진 주식회사법의 기본원칙이므로 이에 위반되는 정관의 규정은 무효이다.
③ 의결권은 주주의 가장 중요한 고유권 중 하나로 주주의 동의 없이는 정관의 규정이나 주주총회 또는 이사회 결의로 박탈할 수 없다. 그리고 상법 제369조 제1항에서 정한 1주 1의결권 원칙은 주주평등의 원칙에 기한 것으로서 주주들의 위험부담과 회사에 대한 영향력 행사 간에 비례적 균등을 실현하고자 하는 배려에서 나

온 강행법규이므로 법률이 특별히 인정한 예외의 경우를 제외하고는 정관 또는 주주총회 등의 결의로 달리 정할 수 없고, 법률에 근거 없는 1주 1의결권 원칙에 반하는 정관의 규정은 무효이다.

(나) 주식회사법의 강행법규성과 정관자치의 한계

① 일반적으로 주식회사법의 규정은 고도의 강행성을 갖고 있어 외부관계에 관한 규정뿐만 아니라 내부관계에 관한 대부분의 규정도 강행법규로 본다. 이는 주주들 사이에 서로 인적 신뢰관계 없이 자본적으로만 결합되어 있고 각자 추구하는 경제적 목적이 다르기 때문에 상호간 이해관계의 대립이 생기기 쉬운 주식회사의 경우에, 외부적으로는 회사채권자와 공공의 이익을 보호하고 내부적으로는 이사의 전횡이나 대주주의 권한남용 등으로부터 회사와 일반주주의 이익을 보호하기 위하여 법의 후견적 작용이 필요하다는 점에 근거를 두고 있다.
② 일반적으로 그 성격을 자치법규로 보고 있는 정관은 발기인, 주주, 회사기관 등에게 모두 구속력이 미치나, 자치법규도 강행법규의 테두리 안에서만 효력이 인정되는 것이므로 강행법규에 위배된 정관의 규정은 구속력이 없다.

(다) 상법상 감사제도 및 감사 선임시 의결권 제한규정의 취지

① 감사제도는 출자자인 일반주주들이 경영자와 공간적으로 떨어져 있고, 기업경영에 대한 무지 내지는 무경험 등으로 인하여 경영자를 적절하게 감독할 수 없기 때문에 이를 극복하기 위하여 주주들을 대신하여 경영자를 감독할 기구를 설치할 필요에서 발전된 것이다. 상법상 감사제도의 운영에 있어 가장 중요한 문제는 업무집행기관으로부터의 감사의 신분보장 내지 독립성의 확보라고 할 것이다.

② 그런데 우리 상법은 주주총회로 하여금 감독기관과 업무집행기관의 구성원에 대한 인사권을 모두 행사하도록 하여 결과적으로 대주주의 영향력이 이사와 감사 모두에게 미치도록 하고 있다. 그래서 감사 선임에 있어 의결권을 제한하는 상법 제409조 제2항·제3항이 1962년 상법 제정 당시 도입된 것으로 이는 다른 입법례에 있어서는 유례를 찾을 수 없는 독창적인 제도이다. 위 규정의 입법취지는 감사 선임을 주주총회의 일반결의에 의할 경우 감사가 대주주 및 그가 신임하는 이사의 뜻을 거역할 수 없게 되어 감사제도가 유명무실해지는 것을 방지하기 위해 대주주의 뜻에 좌우되지 않는 공정한 감사를 선출하기 위함이다. 그런데 대주주가 주식을 분산함으로써 위 규정의 적용을 회피하는 문제가 발생하자 1997년 증권거래법 개정시 제191조의11 제1항이 신설되면서 이후 주권상장법인과 코스닥상장법인에 있어서는 특수관계인 등의 주식을 합산하여 의결권을 제한하게 되었다.

③ 감사선임에 있어 주주의 의결권을 제한하는 것도 다른 의결권 제한의 경우와 같이 주주평등의 원칙 또는 1주 1의결권 원칙의 예외에 해당하므로, 법률에 명시적으로 유보되어 있지 않은 경우에는 정관에 의하여 이를 제한할 수 없고, 이를 제한하는 정관은 무효가 된다. 그리고 법률에 의결권 제한에 관한 규정이 있더라도 의결권은 주주의 가장 중요한 고유권으로 주주의 동의 없이 함부로 박탈·제한할 수 없다는 점에서 그 규정은 엄격하게 해석되어야 한다.

④ 상법 제409조 제2항은 개별 주주를 기준으로 3%의 비율을 초과하는 주식의 의결권 행사를 제한하면서 제3항에서 정관에 의하여 위 비율보다 낮은 비율을 정할 수 있다고 규정하고 있다. 이 조항이 정관으로 제한을 완화하는 것은 금지하나 제한을 강화하는 것은 허용하는 편면적 강행규정임은 X회사가 주장하는 바와 같다. 그러나 위 제3항 문언의 해석상 제한을 강화하는 방식에 있어 단순히 비율뿐만이 아니라 이 사건 정관조항과 같이

주주와 일정한 관계에 있는 자의 주식을 합산하여 의결권을 제한하는 방식까지도 법이 허용한 취지라고는 볼 수 없다.
⑤ 증권거래법 제191조의11 제1항은 상법에서는 예정하지 않은 의결권 제한방식인 최대주주와 특수관계인 등의 주식을 합산하여 의결권을 3%로 제한하는 방식을 채택하면서 역시 정관으로 위 비율보다 낮은 비율을 정할 수 있다고 규정하고 있을 뿐이고, 특수관계인 등의 주식과 합산하여 의결권을 제한하여야 할 '주주의 범위'를 정관으로 달리 정할 수 있다는 유보조항은 두고 있지 않다. 그렇다면, 증권거래법 제191조의11 제1항은 그 문언의 해석상 특수관계인 등의 주식과 합산하여 의결권을 제한받는 주주는 '최대주주'에 한하는 것을 전제로 의결권이 제한되는 비율만을 정관으로 낮게 정할 수 있음을 규정한 것이고, 특수관계인 등의 주식과 합산하여 의결권을 제한받게 되는 주주의 범위를 정관으로 확대하는 것은 증권거래법 제191조의11 제1항에 의하여 허용되는 편면성의 범위에 속하지 않는다고 보인다. 그리고 구 증권거래법 제191조의11 제1항이 모든 주주에 대하여 특수관계인 등의 주식과 합산하여 의결권을 제한했던 바가 있더라도, 위 규정이 최대주주를 제외한 나머지 주주를 제한의 대상에서 제외하는 방향으로 개정되었다는 점에서 현행 규정이 구 증권거래법 규정과 동일한 방식으로 의결권을 제한하는 것을 당연히 허용하고 있다고 볼 근거가 되지도 않는다.
⑥ 주주평등의 원칙과 1주 1의결권 원칙의 목적, 주식회사법을 강행법규로 한 이유, 우리 상법상 감사제도 및 감사 선임시 의결권제한규정을 둔 취지는 모두 대주주 및 대주주의 지배를 받는 이사 등 경영자의 권한남용이나 자의적 업무집행으로부터 일반주주를 보호하거나 대주주 및 경영자를 감독하기 위한 것이므로, 감사 선임에 있어 의결권 제한에 관한 규정은 결국 이사 등 경영진을 통하여 회사경영을 지배하는 대주주를 감사로 하여금 효율적으로 견제할 수 있도록 해석되어야 할 것이다.
⑦ 개정 증권거래법이 부칙에서 개정 전 조항에 따른 정관이 무

효가 된다는 점을 선언하지 아니하였다고 하더라도, 증권거래법 제191조의11 제1항을 강행규정으로 보는 이상 이에 반하는 정관은 개정 증권거래법의 시행과 동시에 무효가 된다고 보아야 한다(개정 증권거래법 시행 전에 선임된 감사의 지위 등 이미 발생한 법률관계가 소급적으로 무효가 되는지는 별개의 문제이다). 또한, 감사 선임시 의결권제한규정의 취지 등에 비추어 현행 증권거래법 제191조의11 제1항이 헌법상 평등원칙을 침해할 정도로 1대 주주와 2대 주주를 합리적 근거 없이 차별한다고 보기는 어렵고, 위 규정이 1대 주주와 2대 주주 간의 감사선임 결정권 문제에 국한되는 것도 아니다.

(2) 사건에의 적용

① 이 사건 정관조항은 특수관계에 있는 사람들이 보유하고 있는 주식을 합하고, 더 나아가 단지 의결권을 위임한 주주의 주식까지 합하여 3%가 넘으면 의결권의 제한을 받도록 하는 것이므로, 상법 제409조 제2항·제3항에서 정하지 않은 방식으로 의결권을 제한한 것이다. 따라서 이 사건 정관조항은 명시적인 법률의 근거 없이 증권거래법 제191조의11 제1항에 반하여 의결권 제한의 대상을 확대한 것이다;

② 만일 X회사가 주장하는 바와 같이 정관으로 모든 주주에 대하여 특수관계인 등과 합산하여 의결권을 제한할 수 있도록 허용한다면, 극단적인 경우 정관변경의 의결정족수를 확보하고 있는 최대주주가 합산방식과 증권거래법에서 명시적으로 허용하고 있는 비율 축소방식을 묶어 정관을 변경함으로써 모든 주주의 의결권을 자신과 같은 수준으로 제한할 수 있게 되어 감사선임에 있어 의결권을 제한하는 규정을 둔 입법취지를 완전히 없애버릴 수 있기 때문이다. 따라서 이 사건 정관조항은 일반주주가 감사를 통해 회사경영을 지배하는 대주주를 견제하고자 하는 것을 곤란하게 할 수 있다는 점에서 일반주주의 의결권을 부당하게 제한한

것이다.

③ 이상과 같은 이유에서 이 사건 정관조항은 강행법규에 위배되고 주주의 의결권을 부당하게 제한하는 무효의 조항이므로, X회사가 이 사건 정관조항에 의하여 A 및 그 특수관계인 등의 주식 수를 모두 합하여 302,389주로 의결권을 제한한 것은 위법하여 이 사건 결의는 결의방법에 법령에 위반한 하자가 있는 경우에 해당한다.

2. 대법원의 판단[101)]

(* 대법원의 판단은 위 1심의 판단과 그 내용이 같다. 중요한 것만을 다시 언급하기로 한다.)

① 상법 제369조 제1항에서 주식회사의 주주는 1주마다 1개의 의결권을 가진다고 하는 1주 1의결권의 원칙을 규정하고 있는바, 위 규정은 강행규정이다. 그러므로 법률에서 위 원칙에 대한 예외를 인정하는 경우를 제외하고, 정관의 규정이나 주주총회의 결의 등으로 위 원칙에 반하여 의결권을 제한하더라도 그 효력이 없다.

② 상법 제409조 제2항 · 제3항은 '주주'가 일정 비율을 초과하여 소유하는 주식에 관하여 감사의 선임에 있어서 그 의결권을 제한하고 있고, 구 증권거래법 제191조의11은 '최대주주와 그 특수관계인 등'이 일정 비율을 초과하여 소유하는 주권상장법인의 주식에 관하여 감사의 선임 및 해임에 있어서 의결권을 제한하고 있을 뿐이므로, '최대주주가 아닌 주주와 그 특수관계인 등'에 대하여도 일정 비율을 초과하여 소유하는 주식에 관하여 감사의 선임 및 해임에 있어서 의결권을 제한하는 내용의 정관 규정이나 주주총회 결의 등은 무효라고 보아야 한다.

---

101) 대법원 2009. 11. 26. 선고 2009다51820 판결.

Comments

(1) 상법 제369조 제1항에서 규정하고 있는 1주 1의결권 원칙은 주주평등의 원칙을 주주의 의결권에 구현한 것으로서 강행규정이다. 따라서 법률에서 1주 1의결권 원칙에 대한 예외를 인정하는 경우를 제외하고는, 정관의 규정이나 주주총회의 결의 등으로 위 원칙에 반하여 의결권을 제한하더라도 그 효력이 없다. 주주평등원칙은 주주의 의결권행사 전반에 걸쳐 적용되는 것으로 감사선임에 있어 의결권을 제한하는 경우에도 원칙적으로 동일하게 적용된다.

(2) 감사를 선임하는 결의에 있어서 의결권 없는 주식을 제외한 발행주식총수의 3%(정관에 의하여 이보다 낮은 비율을 정할 수 있음)를 초과하는 수의 주식을 가진 주주는 그 초과주식에 관하여 의결권을 행사하지 못한다(409조 2항·3항).[102] 이는 감사선임에 있어서 대주주의 영향력을 제한함으로써 감사의 중립성을 확보하기 위한 것으로 1주 1의결권원칙의 예외를 법정한 것이다. 다만 이에 관하여 상장회사와 비상장회사에 차이가 있다. (i) 비상장회사의 경우 3% 비율요건은 1인이 단독으로 소유한 주식수를 기준으로 한다(단독기준). 그러나 (ii) 상장회사의 경우[103] ㉠ '최대주주'에 대해서는 최대주주 1인과 그 특수관계인, 기타 시행령으로 정하는 자가[104] 가진 주식 수를 합산하여 1인이 소유한 것으로 취급

102) 감사선임시에 대주주의 의결권을 제한하는 3%룰은 통상적인 감사선임의 경우에만 적용되고, 신설합병, 단순분할, 분할합병, 주식의 포괄적 이전의 경우에는 적용되지 않는다.

103) 여기서의 상장회사는 자산총액 2조원 이상의 대규모상장회사뿐만 아니라 이에 해당하지 않는 모든 상장회사를 그 대상으로 한다. 대규모상장회사는 반드시 감사위원회를 두어야 하고 감사를 선임할 수 없으나, 사외이사가 아닌 감사위원의 선임과 해임에 대해서 동일한 규정(542조의12 3항)이 적용된다.

104) 상법시행령에서는 최대주주 또는 그 특수관계인의 계산으로 주식을 보유하

하여 3% 초과 여부를 판단하고(합산기준), ㉡ '최대주주가 아닌 그 밖의 주주'에 대해서는 단순 1인의 소유주식수를 기준으로 한다(단독기준; 542조의12 3항). 감사선임에 있어서 의결권의 제한은 법에서 규정하는 내용과 방식이 제한의 상한선이므로, 상장회사의 경우 최대주주가 아닌 일반주주에 대해서까지 위 특례(합산기준)를 적용하는 정관조항을 둔다면 이는 강행법적 원칙에 해당하는 1주 1의결권 원칙에 반하는 것이 되어 무효로 된다는 것이 위 판례의 입장이다.

<도표 5> 감사의 선임 · 해임에 있어 대주주의 의결권 제한

	비상장회사	상장회사
감사선임	3%룰 적용 (1인 단독기준) §409②③	3%룰 적용 (㉠ 최대주주의 경우 합산기준, ㉡ 다른 일반주주의 경우 1인 단독기준) §542의12③
감사해임	(無)	(위와 동일) §542의12③

(3) 위의 판례에 의하면 상장회사에서 감사선임에 있어서 최대주주에 대한 의결권제한조항은 최대주주의 영향력을 한정하기 위하여 최소한의 합리적 제한을 가한 것이기 때문에 위헌법률이 아니라고 보고 있다. 그러나 이에 대해서는 그 결과, 2대 주주의 지분이 특수관계인 등에게 분산되어 있는 경우 합산기준이 아닌 단독기준이 적용되어 감사선임에 있어서 최대주주보다 더 큰 영향력을 행사할 수 있는 가능성이 생긴다. 이 때문에 1대 주주는 2대 주주 및 3대 주주에 비하여 역차별을 받게 된다는 비판이 가해지고 있다.[105] 상장회사의 감사선임에 있어서 최대주주가 아닌

는 자뿐만 아니라 타인으로부터 위임받은 주식까지 합산에 포함하도록 하고 있다(상령 38조 1항).

일반 주주에 대해서는 의결권을 제한하지 않음에도 불구하고 최대주주에 대해서만 특별히 의결권을 제한하는 위 규정은 헌법상 평등의 원칙(헌 11조 1항)에 반하는 위헌법률이라는 견해가 있다.[106] 이러한 비판에는 일리가 있다고 생각한다. 감사 선임에 있어서 중립성을 확보할 필요가 있다면 이는 비단 최대주주에 국한되는 것은 아니다. 위와 같은 제한은 규제의 목적에 비해 최대주주에게 다른 주주에게는 인정되지 않는 과도한 역차별을 주는 규제로서 규제수단의 합리성을 결하고 있다.

《관련문헌》

강정민, "개정상법의 감사위원회위원 선임에 따른 소수주주의 영향력 감소 효과", 경제개혁연구소(인터넷자료)(2010).

윤영신, "1주1의결권원칙과 차등의결권원칙에 대한 검토", 「상사법연구」 제28권 제1호(2009).

105) 송옥렬, 979면; 최준선, 520면.

106) 이철송, 818면. 한편, 감사선임에 관한 의결권제한이 소수주주에 의하여 악용되는 사례가 있어 그 존치여부를 둘러싸고 논란이 있다고 한다(정동윤, 667면).

10. 주주유한책임원칙

[대법원 1989. 9. 12. 선고 89다카890 판결]

Facts

(1) X상호신용금고(피고)는 대표이사이던 ○○와 지점장이었던 ◎◎의 부외거래로 인하여 합계 3,358,188,000원 상당의 손해를 입게 되었다.
(2) 이에 X금고의 전, 현직 이사이며 대주주이던 A(원고)와 B, C, D 등 4인이 위 사태의 수습을 위하여 금원을 X금고에 제공하기로 약정을 하고, 이에 따라 A가 360,000,000원을 지급하였다.
(3) 이후 A가 위 금원을 X금고에 내놓기로 한 약정은 피고의 형사고소로 A가 경찰국 소속 수사관들에 의하여 조사받는 과정에서 담당수사관과 위 피고의 협박 또는 강박에 의한 것이라고 A는 주장한다. (그러나 이를 뒷받침하는 증거는 없다.)

(Q1) A 등의 주주들이 X회사가 입은 손해금을 사재출연을 통하여 대신 지급하기로 한 약정은 유효한가? A 등은 이에 의하여 지급한 금액을 부당이득을 이유로 반환을 청구할 수 있는가?
(Q2) 만일 A의 사재출연약정이 강요에 의한 것임이 진실로 밝혀질 경우라면 A는 위 약정의 취소를 주장할 수 있는가?

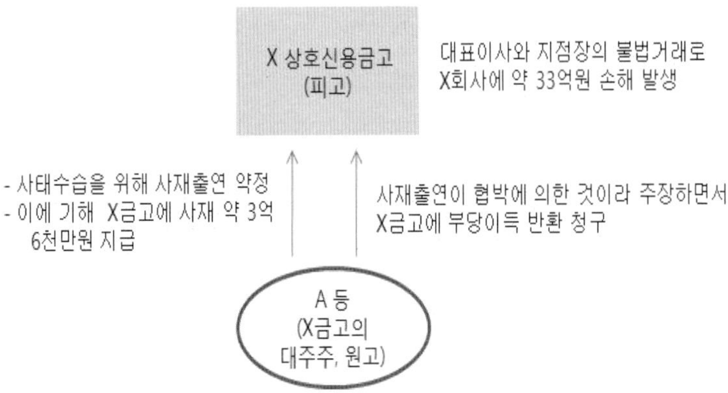

Issue & Rule

(1) 위 사건에서 핵심쟁점이 되는 사항은 주주가 개인적으로 회사의 채무를 부담하는 것이 주주유한책임 원칙에 반하는지 여부 등이다.
(2) 위 쟁점사항에 관한 적용법조는 상법 제331조 등이다.

Analysis & Conclusion

1. 주주유한책임 원칙과 그 배제

상법 제331조의 주주유한책임원칙은 주주의 의사에 반하여 주식의 인수가액을 초과하는 새로운 부담을 시킬 수 없다는 취지에 불과하다. 주주들의 동의 아래 회사채무를 주주들이 분담하는 것까지 금하는 취지는 아니다.[107]

---

107) 대법원 1983. 12. 13. 선고 82도735 판결 참조.

2. 관련판례 : 주주유한책임원칙의 예외 (대법원 2004. 10. 27. 선고 2003두1165, 판결)

① 주주유한책임의 원칙이란 주주는 회사의 내부관계에서는 물론 외부적으로도 회사의 채권자에 대하여 아무런 책임을 부담하지 않는다는 것으로서, 회사와 주주의 재산을 분리하여 주주를 보호함으로써 주식의 자유로운 거래를 통하여 거대자본의 형성을 가능케 하여 주식회사제도를 발전시키고자 하는 것이다. 이러한 주주유한책임의 원칙도 주식회사제도의 활성화를 위한 입법적 고려 아래 채택된 제도이므로, 입법자가 공공의 이익 등을 위하여 제한할 수 있다.

② 다만, 과점주주의 주식의 소유 정도 및 과점주주 소유의 주식에 대한 실질적인 권리의 행사 여부와 법인의 경영에 대한 사실상의 지배 여부 등 제2차 납세의무의 부과를 정당화시키는 실질적인 요소에 대한 고려 없이, 과점주주 전원에 대하여 일률적으로 법인의 체납액 전부에 대한 무제한의 납세의무를 인정한다면 과점주주에 대한 조세형평이나 재산권 보장은 도외시한 채 조세징수의 확보만을 지나치게 강조하여 실질적 조세법률주의에 위반되고 재산권을 과도하게 침해하며 또 과점주주들 간에 불합리한 차별을 하여 평등의 원칙과 그 조세분야에서의 실현형태인 조세평등주의에도 위반된다고 할 것이다. 그러므로 실질적 조세법률주의의 원칙에 비추어 제2차 납세의무를 부담하는 과점주주의 범위를 적절하게 제한하거나 과점주주의 책임의 한도를 설정할 필요가 있는데, 제2차 납세의무를 부과함이 상당하다고 인정되는 과점주주의 범위는 그 입법 목적에 비추어 주식회사를 실질적으로 운영하면서 이를 조세회피의 수단으로 이용할 수 있는 지위에 있는 자, 즉 당해 법인의 발행주식총수의 100분의 51 이상의 주식에 관한 권리를 실질적으로 행사하는 자로 제한함이 상당하다.[108)]

---

108) 대법원 2003. 7. 8. 선고 2001두5354 판결; 대법원 2003. 9. 26. 선고

Comments

(1) 주주는 주주가 되기 이전에 주식인수인으로서 인수한 주식의 가액에 대하여 출자의무를 하는 것으로써 회사에 대한 의무를 모두 이행한 것이 된다. 주주가 된 이후에는 주주가 스스로 원하거나 동의하지 않는 한 회사에 대하여 더 이상의 추가적인 출자의무를 지지 않고, 회사채권자에 대하여 아무런 책임을 지지 않는 것이 원칙이다(331조). 이를 주주유한책임원칙이라 부른다. 여기서 유한책임이라는 것은 주주가 회사채무에 대하여 '아무런 책임을 지지 않는다'는 의미이지,[109] 책임의 범위가 일정액을 한도로 제한된다는 뜻이 아니다.

(2) 주주의 유한책임은 합자회사에서의 유한책임과 다르다. 합자회사의 유한책임사원은 출자미필 범위 내에서 직접 회사채권자에 대하여 책임을 진다(279조 1항). 그러나 주주는 회사채권자에 대하여 직접적으로 아무런 책임을 지지 않으며 오로지 회사재산으로써 그 책임을 지게 된다.[110] 그러므로 주식회사에서는 주주의 유한책임의 남용으로부터 회사채권자를 보호하는 제도가 필요하다.

2002두4723 판결 등 참조.

109) 이 때문에 주주유한책임의 원칙을 '株主無責任의 원칙'이라 표현하기도 하고(권기범, 282~283면; 손주찬, 541면; 최준선, 205면), 간접책임이라 하기도 한다(김정호, 84면; 채이식, 400면). 한편, 이에 대한 비판으로, 유한책임은 현대의 모든 투자의 속성에 해당하므로 이에 관한 한 주주와 채권자간에는 본질적으로 차이가 있는 것은 아니며, 회사의 행위로 인한 책임을 주주가 부담하지 않는다는 것을 강조하기 위한 것일 뿐이고, 소규모 공동기업에서 주주유한책임을 인정하는 것은 주주의 인센티브를 왜곡하는 문제만 야기할 따름이라는 견해가 있다(송옥렬, 684~685면, 688~689면).

110) 유한책임회사의 사원도 이와 동일하다(287조 7항). 유한책임회사의 사원은 주주와 마찬가지로 설립등기 이전에 출자를 완료하여야 하고(287조의4 2항), 납입을 완납해야 비로소 사원이 될 수 있다.

(3) 주주유한책임의 원칙은 주식회사제도가 출발하게 된 역사적 계기이자 그 근간을 이루므로,[111] 강행법적 원칙에 해당한다. 따라서 이에 배치되는 정관이나 주주총회의 결의는 무효가 된다. 한편, 주주유한책임원칙은 주주들의 사업실패의 위험을 외부화, 즉 사회에 전가하는 것을 용인하는 (법률에 의한) 사회적 합의에 기초하고 있다. 그러므로 주주유한책임의 원칙은 절대적인 것이 아니다. 법률에 의하여 주주유한책임의 예외규정을 둔 경우나,[112] 주주 스스로가 그 이익을 포기하는 경우, 그리고 법인격부인론을 적용하는 경우에는 주주유한책임원칙의 적용이 배제될 수 있다.

(4) 주주가 출자를 이행할 의무 외에 특히 지배주주가 회사 및 다른 주주에 대하여 충실의무를 지는가에 대해서는 논란이 있다. 국내에서는 이를 긍정하는 견해와 이를 부정하는 견해로 나뉘고 있다. (i) 긍정설은 회사 내 또는 종속회사의 소수주주를 보호하기 위한 법이론으로 이를 인정할 필요가 있다고 한다.[113] (ii) 부정설은 그 논거로, 우리 법에 이에 관한 일반규정이 없어 해석론의 범위를 넘어서고 있다는 점, 그 내용과 위반시의 효과가 불분명하다는 점을 들고 있다.[114] (iii) 생각건대, 현행법의 해석론으로는 부정설이 타당하다고 본다. 지배주주가 이사를 겸하거나 사실상의 이사인 경우에는 현행법상의 해당 조항(399조, 401조, 401조의2, 403조 등)에 의하여 문책하는 수밖에는 없다. 그러나 입

111) 손주찬, 541면.

112) 예컨대, 상법 제424조의2에 의하여 불공정한 발행가액으로 주식을 인수한 자에 대하여 부과하는 차액반환책임, 국세기본법 제39조 제1항에 의하여 비상장법인의 과점주주에 대하여 법인이 납부하여야 할 국세 및 지방세를 2차 납세의무자로 책임을 지우는 것 등이 이에 해당한다. 주주유한책임의 원칙에 대하여 예외를 인정하는 법률규정은 헌법상의 재산권보장규정(헌 23조 1항) 등에 반하지 않아야 한다.

113) 김정호, 166~182면; 안택식, 183면; 정동윤, 462면; 최기원, 287면. 지배주주뿐만 아니라 소수주주도 결의를 저지할 수 있는 경우에는 대주주와 같은 지위에 있다고 하여 대주주와 마찬가지로 충실의무를 진다는 견해가 있다(정동윤, 462면).

114) 송옥렬, 750면; 이철송, 311~312면.

법정책적으로는 긍정설의 입장도 고려되어야 할 것이고, 특히 지배주주에 대하여 충실의무를 부여할 필요가 있는 사항에 대해서는 개별 입법에 의하여 해결되어야 한다.

《관련문헌》

서성호 · 김진환, “주주의 유한책임과 채권자보호에 관한 고찰 : 주주의 세분화를 통한 주주유한책임의 원칙에 대한 예외법규 제정제안 ”, 「기업법연구」 제24권 제3호(2010).

서완석, “지배주주와 주주유한책임원칙”, 「상사법연구」 제23권 제3호(2004).

정대근, “주주유한책임의 원칙”, 「상사판례연구」 제4집(1991).

11. 주주명부의 대항력과 추정력

[대법원 1989. 10. 24. 선고 89다카14714 판결]

Facts

(1) A(원고)는 1975. 2. 당시 X회사(피고)의 주식 12,000주를 보유한 주주였다. B, C, D 등 X회사의 주주들이 1974. 말경부터 불경기로 인하여 회사가 운영난에 봉착하자 그 수습책을 논의하던 중 1975. 2. 중순경 임시주주총회에서 회사의 주식을 처분하고 사업을 정리하자는 데에 동의하였다. 그러나 A만은 자기 소유의 부동산을 X회사에 출자하였다면서 이에 반대하였다.

(2) X회사의 주주이자 대표이사이던 B는 1975. 2. 17. X회사를 인수하겠다고 나선 E, F와의 사이에 주식양도계약을 체결하였다. 그 약정의 내용은, 일응 X회사의 전 주식을 대금 20,000,000원에 위 E 등에게 양도하기로 하되 계약당일 5,000,000원을 지급받고 잔대금 15,000,000원은 같은 달 28. 주권의 인수와 동시에 지급하기로 하는 한편, 그 다음날인 1975. 3. 1. 이후의 주식비율은 E, F, A 등 3인이 각 1/3의 지분비율로 하기로 하되, 다만 A와 관련된 이 부분은 E 등과 A간의 별도 합의사항으로 하기로 하였다.

(3) A는 1975. 2. 28. B를 통하여 자기가 소지하고 있던 전 주식 12,000주 상당을 E에게 배서양도하고[115] 그로부터 이에 대

115) 1984년 상법개정 전에는 기명주식을 양도하는 방법으로 주권에 배서하여 교

한 주식인수증을 교부받았다.

(4) X회사는 1983. 12. 31. A의 주식을 양도받은 E의 명의개서 청구에 응하여 주주명부에 위 주식부분에 관한 주주명의를 E 명의로 등재하고 그 주권 이면에도 회사인을 찍어 주주명의 변경을 인증하였다.

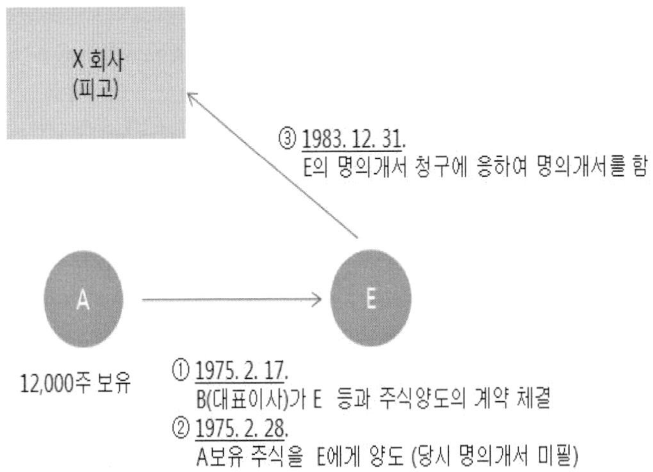

(Q1) 위 사례에서 주주명부상 주주로 기재되어 있는 자는 날짜별로 누구인가?

(Q2) A와 E의 주장 중 누구의 주장이 타당한가? 그 전제로 E의 주식양수가 적법하고 유효한지를 판단하라.

① A(원고)의 주장 : A는 위 주식 12,000주에 대한 주주는 자신이라 주장한다.

② E의 주장 : 이에 대하여 E는 1975. 2. 28. A의 기명주

부하거나 양도인의 기명날인 있는 양도증서를 첨부하여 주권을 양수인에게 교부하여야 했었다. 그러나 현행법상으로는 기명주식과 무기명주식 양자 모두 주식양도의 방법으로 주권을 교부하면 족하고 주권에 대한 배서양도는 그 요건이 아니다. 따라서 위 사안에서 현행법상 적법하고 유효한 주식양도가 되기 위해서는 주식양도의 합의 외에 주권의 교부를 요한다(336조 1항).

식 12,000주를 취득한 자신이 1983. 12. 31.까지 주주명부상에 명의개서를 하지 아니하였다 하더라도 X회사가 그 주식취득자인 자신을 주식취득 당시부터 주주로 인정하여 왔음이 기록상 명백한 이상 X회사에 대한 관계에서 이 사건 주식 12,000주의 주주는 자신이지 A가 아니라고 항변한다.

(Q3) E는 자신이 주주라는 점에 대하여 증명할 책임을 지는가?

Issue & Rule

(1) 위 사건에서 핵심쟁점이 되는 사항은 주주명부에 명의개서를 하지 않은 주식매수인에 대한 회사의 주주로서의 인정 가부 등이다.
(2) 위 쟁점사항에 관한 적용법조는 상법 제337조 제1항 등이다.

Analysis & Conclusion

1. 주주명부의 대항력과 회사가 명의개서 미필주주를 주주로 인정할 수 있는지 여부

① 상법 제337조 제1항의 "기명주식의 이전은 취득자의 성명과 주소를 주주명부에 기재하지 아니하면 회사에 대항하지 못한다"는 규정은 주주권 이전의 효력요건을 정한 것이 아니고 회사에 대한 관계에서 누가 주주로 인정되느냐 하는 주주의 자격을 정한 것으로서 기명주식의 취득자가 주주명부상의 주주명의를 개서하지 아니하면 스스로는 회사에 대하여 주주권을 주장할 수 없다는 의미에 그친다.
② 그러므로 명의개서를 하지 아니한 실질상의 주주를 회사측에서 주주로 인정하는 것은 무방하다고 해석하여야 할 것이다.

2. 관련판례

(1) 주주명부의 자격수여적 효력 (대법원 2010. 3. 11. 선고 2007다51505 판결)

① 주주명부에 주주로 등재되어 있는 자는 그 회사의 주주로 추정되며 이를 번복하기 위해서는 그 주주권을 부인하는 측에 입증책임이 있다. 주주명부에 주주로 등재되어 있는 자는 주주로서 주주총회에서 의결권을 행사할 자격이 있다고 추정되므로, 특별한 사정이 없는 한 주주명부상의 주주는 회사에 대한 관계에서 그 주식에 관한 의결권을 적법하게 행사할 수 있다.
② 주주명부상의 주주임에도 불구하고 회사에 대한 관계에서 그 주식에 관한 의결권을 적법하게 행사할 수 없다고 인정하기 위해서는, 주주명부상의 주주가 아닌 제3자가 주식인수대금을 납입하였다는 사정만으로는 부족하다. 그 제3자와 주주명부상의 주주 사이의 내부관계, 주식 인수와 주주명부 등재에 관한 경위 및 목적, 주주명부 등재 후 주주로서의 권리행사 내용 등에 비추어, 주주명부상의 주주는 순전히 당해 주식의 인수과정에서 명의만을 대여해 준 것일 뿐 회사에 대한 관계에서 주주명부상의 주주로서 의결권 등 주주로서의 권리를 행사할 권한이 주어지지 아니한 형식상의 주주에 지나지 않는다는 점이 증명되어야 한다.

(2) 주권점유의 적법성 추정, 주주명부의 창설적 효력의 인정 여부 (대법원 1989. 7. 11. 선고 89다카5345 판결)

① 상법상 주권의 점유자는 적법한 소지인으로 추정하고 있으나(336조 2항) 이는 주권을 점유하는 자는 반증이 없는 한 그 권리자로 인정된다는 것, 즉 주권의 점유에 자격수여적 효력을 부여한 것이므로 이를 다투는 자는 반대사실을 입증하여 반증할 수 있다.

② 기명주식의 이전은 취득자의 성격과 주소를 주주명부에 기재하여야만 회사에 대하여 대항할 수 있다(337조 1항). 이 역시 주주명부에 기재된 명의상의 주주는 실질적 권리를 증명하지 않아도 주주의 권리를 행사할 수 있게 한 자격수여적 효력만을 인정한 것뿐이지 주주명부의 기재에 창설적 효력을 인정하는 것이 아니다. 따라서 반증에 의하여 실질상 주식을 취득하지 못하였다고 인정되는 자가 명의개서를 받았다 하여 주주의 권리를 행사할 수 있는 것은 아니다.

Comments

(1) 주식의 양도는 양도인과 양수인 사이에 양도에 관한 의사의 합치와 주권의 교부만으로 이루어지지만, 주권발행회사는 주식양도계약의 당사자가 아닌 제3자이기 때문에 양수의 사실을 반드시 알고 있다고 할 수 없다. 이 때문에 주권발행회사에 대하여 주식양수의 사실을 확정하기 위한 매개적·수단적 장치로서 주주명부와 명의개서제도가 생겨나게 되었다. 이에 의하여 주식의 양도를 제3자(주권발행회사 포함)에게 대항하기 위해서는 주주명부에 명의개서할 것을 요한다(337조 1항).

(2) 주주명부에 주주로 기재(명의개서)된 자는 회사에 대하여 더 이상 실질적인 권리를 입증할 필요 없이 그 기재만으로 주주임을 주장할 수 있다(337조 1항). 이는 주주명부에 주주로 기재된 자는 '적법한 주주로 추정'되어 주주로서의 '형식적 자격'을 가진다는 뜻이다. 그러나 이는 어디까지나 증명책임의 분배와 관련하여 추정적 효력에 그친다는 것을 의미할 뿐 그 이상은 아니다. 주주명부의 기재로 인하여 주주로서의 실질적 권리가 창설되는 것은 아니므로, 설령 명의개서되어 있는 자라 하더라도 회사는 무권리를

증명함으로써 주주권을 부인할 수 있다.[116)]

(3) 명의개서를 미필한 주주를 회사가 주주로 인정할 수 있는가에 대해서는 견해가 나뉜다.

(ⅰ) 긍정설(편면적 구속설; 판례, 다수설) - 판례와 다수설은[117)] 긍정설을 취하고 있다. 그 논거로, 주주명부의 기재는 추정적 효력에 그치는 것이므로 진실한 권리관계가 우선하고, 상법 제337조 제1항은 회사의 사단법적 사무처리의 편의를 위한 것이므로 회사가 그 편익을 포기하고 스스로 감수하는 것은 무방하다는 것을 들고 있다.

(ii) 부정설(쌍방적 구속설; 소수설) - 위의 편면적 구속설에 대해서는 회사의 자의적인 선택이 가능하고 주주명부를 기초로 주주를 단체적·정형적으로 확정하려는 주주명부제도의 취지에 반한다는 이유로 비판한다.[118)]

(iii) 정리 및 사견 - 생각건대, 누가 진정한 '주주'인가(실질적 관점)와 누가 '주주로서의 권리를 행사할 자'인가(형식적 관점)는 구분되어야 한다. 예컨대, 실질적으로 주주인 자(甲)와 주주명부상의 주주(乙)가 불일치하는 경우, 일응 주주명부상의 주주인 乙을 주주 내지 주주권을 행사할 자로 추정하되, 반증에 의하여 진정한 권리자인 甲을 주주로 인정할 수 있다. 또한 주주명부상의 주주가 무권리자임을 회사가 알았거나 알 수 있었었던 때에는 주주명부상의 주주인 乙을 주주로 취급하더라도 회사는 면책을 주장할 수 없다는 것이 판례의 입장이다.[119)] 명의개서의 면책력과 대항력은 별개

116) 비록 명의개서를 하였더라도 무권리자로 밝혀지면 그 동안의 주주권 행사는 소급하여 무효로 된다(이철송, 351면).

117) 권기범, 455면; 손주찬, 673면; 안택식, 233면; 정동윤, 512면; 정찬형, 757~758면; 채이식, 659면; 최준선, 271면; 홍복기 외, 149~150면. 다만 회사가 자의로 어떤 양수인에 대해서는 권리를 인정하면서 다른 양수인에 대해서는 권리행사를 거절하는 것은 주주평등의 원칙에 반하므로 회사가 획일적으로 명의개서미필 주주에게 권리행사를 허용하는 경우에만 가능하다(권기범, 455~456면).

118) 김정호, 236면; 서헌제, 652면; 이철송, 352~353면; 최기원, 398면 등.

의 것이기는 하지만, 이러한 경우 회사는 형식주주를 주주로 인정할 수 없고, 그렇다고 해서 형식주주와 실질주주 모두를 주주가 아니라고 할 수도 없는 것이므로, 결국 실질주주를 주주로 인정하는 것이 무난하다.[120] 종국적으로는 실체적 법률관계가 무엇인가와 그에 대한 증명의 문제로 귀착한다. 그러나 주주명부(자본시장법상의 실질주주명부 포함)와 명의개서제도는 단순히 회사의 편의를 위한 규정이라기보다는 회사와 주주에 대한 법률관계에서 누가 주주인지를 단체적·정형적·획일적으로 정하기 위한 제도이다. 즉, 주주명부제도와 이에 대한 명의개서를 매개로 하여 주식양도에 있어서 양도인과 양수인간의 '개인법적 법률관계'가 '단체법적 법률관계'로 전이된다. 따라서 회사라고 해서 함부로 명의개서미필 주주를 주주로 볼 수 있는 권한을 갖는 것은 아니다.

그러나 다른 한편, 주주명부의 기재는 추정력에 그칠 뿐이므로, 명의개서를 할 수 없는 또는 명의개서가 부당하게 거절되는 등의 특수한 사정이 있는 경우에는 반증에 의하여 명의개서 미필 주주를 주주로 볼 수 있는 가능성이 열려져있다고 보아야 한다. 다만, 회사가 명의개서 미필 주주의 주주권행사를 인정할 수 있는 것은 명의개서를 적법하게 청구할 수 있는 지위에 있는 자에 한정된다. 따라서 예컨대, 주주명부폐쇄기간 중 주식을 취득하였으나 아직 폐쇄기간 중에 있는 자에 대해서 회사가 명의개서를 할 수 없을 뿐만 아니라 이 자에 대하여 주주로서의 권리행사를 허용할 수도 없다. 만일 그렇게 하지 않으면 주주명부폐쇄에 의하여 특정한 시점의 주주권행사자를 획일적으로 정하기 위한 이 제도의 취지에 반하기 때문이다.

(4) 정관으로 정하는 바에 따라 회사는 전자주주명부를 작성할 수 있다(352조의2 1항). 전자주주명부는 종이주주명부를 갈음하는

119) 대법원 1998. 9. 8. 선고 96다45818 판결.

120) 이러한 경우 회사가 명의개서 미필의 실질주주를 주주로 인정해야 할 법적 의무가 있는 것은 물론 아니다(송옥렬, 760면).

것이므로 양자간에는 그 효력에 차이가 없다.[121] 회사가 정관에 의하여 전자주주명부를 작성하는 경우에는 그것이 유일한 주주명부로서의 효력을 가진다. 따라서 전자주주명부와 병행하여 별도로 회사가 주주에 관한 사항을 문서로 작성하였는데 양자의 내용이 상이한 경우에는 전자주주명부의 기재가 우선한다.[122]

(5) 상장회사의 경우 실질주주명부에 주주로 기재되면 주주명부에 주주로 기재된 것과 동일한 효력이 인정된다(자금 316조 2항). 이에 의하여 주식양수인은 명의개서를 하는 노력을 기울이지 않고서도 주주권을 행사할 수 있게 되므로 상법상 명의개서제도(337조 1항)에 대한 중대한 예외가 된다.

(6) 2011년 개정상법에서는 주식의 전자등록제도를 도입하였다. 이에 의하여 회사가 유가증권 등의 전자등록업무를 취급하는 것으로 지정된 전자등록기관의 전자등록부에 주식을 등록함으로써 주권 발행을 갈음할 수 있다(356조의2 1항).[123] 전자등록부에 등록된 주식의 양도와 입질은 전자등록부에 등록하는 방식에 의하도록 법정되어 있다(356조의2 2항). 전자등록부에 주주 또는 질권자로 등록된 자는 등록된 주식에 대하여 권리를 적법하게 보유한 것으로 추정된다(356조의2 3항). 주식의 전자등록은 주권의 발행과 이전(336조 1항)을 갈음하는 것에 그친다. 이에 주주명부와 명의개서를 갈음하는 효력(337조 1항)까지 부여된 것은 아니므로,[124] 주식양도를 회사에 대항

121) 권기범, 516면.

122) 이철송, 341면.

123) 이 점에서 보면 주식의 전자등록에 의하여 전자주권이 발행되는 것은 아니지만(이철송, 331면), 주권이 사실상 전자화(즉, 전자적 형태로 존재)하는 셈이 된다. 이에 의하여 주식의 발행시부터 양도 및 소각시까지 완전한 무주권주식(uncertificated share) 제도를 도입한 셈이 된다(정동윤, 478면).

124) 전자등록기관이 명의개서업무까지 하는 것은 아니고, 명의개서업무는 여전히 회사 자신 또는 그 명의개서대리인이 관리한다(이철송, 332면). 주식을 전자등록하면서 전자등록부의 기재내용을 전자주주명부의 기재내용으로 이용하는 경우에는(352조의2), 전자등록부의 기재는 주권의 기능과 주주명부

하려면 그와는 별도로 명의개서를 하여야 한다.

《관련문헌》

최승재, "주주명부 기재의 추정력과 복멸", 「판례연구」 제24집 제1호(2010).

정진세, "주주명부제도 : 회사의 실질주주 인정 가능성 ", 「비교사법」 제8권 제2호(2001).

정진세, "명의개서미필주주의 의결권행사", 「상사법연구」 정진세교수 정년기념(2001).

최한준, "상법 제337조 제1항의 해석상의 문제점과 입법론적 제언 : 명의개서미필 실질주주 문제의 입법론적 해결", 「안암법학」 제3호(1995).

의 기능을 동시에 갖게 된다는 견해가 있다(정찬형, 709면). 그러나 전자등록의 효력과 전자주주명부의 효력은 개념상으로나 제도상으로 구분된다.

12. 주주명부의 면책력

[대법원 1998. 9. 8. 선고 96다45818 판결]

Facts

(1) X회사(피고)는 발행주식 200,000주 중 실질적으로 A(원고)가 100,000주를, B(서○○)가 100,000주를 각 소유하여 A와 B만이 실질주주이고, 주주명부상에 기재된 나머지 주주 17인은 세무상의 편의를 위하여 A와 B의 합의 아래 그들의 명의를 차용하여 형식상 기재해 놓은 형식주주에 불과하였다. A와 B는 1976. 8. 31. 및 1990. 3. 6. X회사가 발행한 총 주식을 50%씩 나누어 소유하기로 합의하여 각 약정서를 작성하였다.

(2) X회사는 설립된 1971년부터 A와 B 사이에 분쟁이 발생한 1990년경까지 형식주주들에게 소집통지를 하여 주주총회를 개최한 일이 없고, A와 B가 그때그때 합의한 내용으로 주주총회결의서(주주총회의사록)를 작성하여 주주총회 개최에 갈음하여 왔다.

(3) X회사의 대표이사인 B는 1991. 3. 6. 및 같은 해 6. 17. 형식주주들에게 소집통지를 하여 임시주주총회를 개최하려고 하였으나, A는 50%의 실질주주임을 주장하며 형식주주들로 하여금 의결권을 행사하게 하여서는 아니 되고 A로 하여금 의결권을 행사하게 하여야 한다는 가처분신청을 하였고, 그 신청이 받아들여짐으로써 위 각 주주총회가 유회된 바 있었다. 그동안 형식주주들이 주주총회에서 의결권을 주장한 일이 없고, 오히려 B가 그

들로 하여금 의결권을 행사하게 한 것일 뿐이었다.

(4) A는 X회사 주식의 50% 소유자임을 주장하며 주식에 대한 명의개서청구의 소를 제기하여 1992. 10. 23. 제1심에서 승소판결을 선고받았고, 1994. 2. 16. 항소심에서 일부승소로 변경되었으나 그 항소심판결도 X회사의 발행주식은 A와 B 두 사람만이 50%씩 소유하고 있음을 인정하였다.

(5) B는 X회사의 대표이사로서 1994. 3. 30.에 이 사건 주주총회를 소집함에 있어 위 형식주주들에게 소집통지를 하여 그들 중 일부를 참여시키고 일부로부터는 의결권을 위임받아 A의 참여 없이 이사 등 임원을 선임하고 증자하는 결의를 하였다.

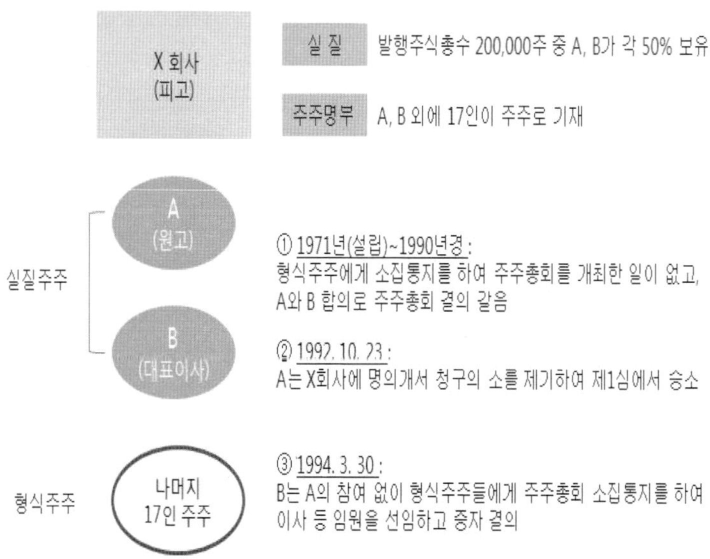

(Q1) 위 사건 (5)의 1994. 3. 30. 주주총회 결의는 적법하게 이루어진 것인가?

(Q2) A가 위 주주총회 결의의 효력을 다투어 주주총회 결의 취소의 소를 제기하는 경우 청구의 이유로 어떤 것들을

제시하여야 할까? 이에 대하여 X회사측으로부터 예상되는 항변은?

Issue & Rule

(1) 위 사건에서 쟁점이 되는 사항은 ① 주식회사가 실질주주가 아닌 주주명부상의 주주에게 소집통지를 하고 의결권을 행사하도록 한 경우 그 주주총회결의의 효력, ② 주주명부상의 주주가 실질주주가 아님을 회사가 알고 있었고 이를 용이하게 증명할 수 있었는데도 형식주주에게 소집통지를 하고 의결권을 행사하게 한 잘못이 인정된다는 이유로 주주총회결의를 취소할 수 있는지 여부 등이다.
(2) 위 쟁점사항에 관한 적용법조는 상법 제353조 제1항, 제376조 등이다.

Analysis & Conclusion

1. 실질주주가 아닌 주주명부상의 주주에게 소집통지를 하고 의결권을 행사하도록 한 경우 그 주주총회 결의의 효력

(1) 원심의 판단[125)]

(가) 판례법리

① 주식회사가 주주명부상의 주주에게 주주총회의 소집을 통지하고 그 주주로 하여금 의결권을 행사하게 하면, 그 주주가 단순히

125) 서울고법 1996. 9. 13. 선고 95나38730 판결.

명의만을 대여한 이른바 형식주주에 불과하여도 그 의결권 행사는 적법하다.
② 주식회사가 주주명부상의 주주가 형식주주에 불과하다는 것을 알았거나 중대한 과실로 알지 못하였고 또한 이를 용이하게 증명하여 의결권 행사를 거절할 수 있었음에도 의결권 행사를 용인하거나 의결권을 행사하게 한 경우에는 그 의결권 행사는 위법하게 된다.

(나) 사건에의 적용

실질주주가 아닌 형식주주에게 소집통지를 하고 의결권을 행사하게 한 이 사건 주주총회의 결의는 소집절차 및 결의방법에 있어서 법령 또는 정관을 위배한 잘못이 있다. 그러나 X회사로서는 주주명부에 기재된 주주들에게 소집통지를 하여 의결권을 행사하게 한 것이고, 그들 중 A와 B를 제외한 나머지 사람들이 진정한 주주가 아닌 사실은 알고 있었으나 이를 용이하게 증명할 수 있었다고 인정할 만한 증거가 없으므로, 주주명부의 면책적 효력에 의하여, 위와 같은 잘못을 이유로 이 사건 주주총회의 결의를 취소할 수 없다.

(2) 대법원의 판단[126)]

(가) 판례법리

(위 원심과 같음.)

(나) 사건에의 적용

위의 사실관계를 종합하면 X회사로서는 이 사건 주주총회의 소

---

126) 대법원 1998. 9. 8. 선고 96다45818 판결.

집통지시나 결의시에 주주명부상에 기재된 형식주주들에 대하여 그들이 진정한 주주가 아님을 쉽게 증명할 수 있었다고 보인다. 따라서 이와 달리 본 원심판결에는 채증법칙을 위배하여 사실을 오인함으로써 판결에 영향을 미친 위법이 있다.

Comments

(1) 주주명부의 기재는 일응 진실한 것으로 추정되므로(추정력 내지 자격수여적 효력), 이를 기초로 회사가 업무를 처리하면 주주명부상의 기재가 사실과 다르더라도 회사는 책임을 면하는 것이 원칙이다. 주주명부의 면책력은 주주명부가 갖는 자격수여적 효력에 기하여 회사측에 인정되는 반사적 효과이다.[127] 주주명부 기재의 잘못이 회사의 실책이 아닌 주주 등의 게으름(예컨대, 주식양수인이 명의개서를 청구하지 않은 경우) 또는 실수(예컨대, 주주의 주소를 착오로 잘못 알려준 경우)에 기인한 경우에는 주주 자신의 잘못을 회사에 탓할 수 없음은 지극히 당연하다. 이에 의한 면책적 효력은 주주의 확정에 관해서뿐만 아니라 주주의 주소 등 주주명부상의 기재사항 일체에 대해서 미친다(353조 1항). 주주명부의 기재에 의하여 회사에 면책력이 인정되는 결과로, 명의주주가 회사로부터 이익배당이나 신주인수권 등을 받게 되는 경우, 이는 실기주의 문제로서 명의주주와 실질주주간의 개인법적 법률문제로 처리된다.

(2) 그러나 회사가 주주명부상의 주주를 주주로 취급하였다고 하여 항상 면책되는 것은 아니다. 주주명부상 기재의 잘못이 회사의 실책에 기인한 때에는 회사가 면책되지 않음은 물론이다. 또한 주주명부의 기재는 추정적 효력에 그치므로 실체법상 주식을 취득하지 못한 자가 설령 명의개서를 하였더라도 주주권을 취득

127) 송옥렬, 759면; 이철송, 335면; 채이식, 615면.

하는 것은 아니다. 따라서 주주명부상의 주주가 진정한 주주가 아님을 회사가 알았거나 중대한 과실로 알지 못하고 만연히 주주명부상의 주주를 주주로 취급하였다면 회사는 면책을 주장할 수 없다.[128] 이는 명의와 실질이 불일치하는 경우에 궁극적으로 누구를 주주로 볼 것인가의 문제 있어서 궁극적으로는 '실질적 법률관계'에 따르는 것과 같은 맥락에서 이해할 수 있다.[129] 결국 이는 구체적 사안에서 주주명부상에 기재된 형식주주들에 대하여 그들이 진정한 주주가 아님을 회사가 쉽게 증명할 수 있었는가의 문제가 된다. 위 사건에서 원심은 이에 대한 증명이 용이하지 않다고 판단한 반면, 대법원은 용이하다고 서로 엇갈리게 판단하였다.

(3) 전자주주명부를 작성하는 경우에는 주주의 주소 외에 전자우편주소를 기재할 것을 요한다(352조의2 2항). 전자우편주소가 주소를 완전히 대체하는 것은 아니다.[130] 따라서 회사가 전자우편주소에 주주총회의 소집통지를 하였다고 하여 반드시 면책되는 것은 아니다. 그러나 주주가 회사에 알려준 전자우편주소로 회사가 통지하였다면 그것이 사실과 다르더라도 회사에 책임을 돌릴 수는 없다.

《관련문헌》

이충상, "주주총회결의의 하자 : 주주명부의 면책적 효력과 실질주주 아님의 용이한 증명", 「법조」 518호(1999).

---

128) 지급인의 면책을 규정한 어음법 제40조 제3항 참조.

129) 타인 명의로 주식을 보유하고 있는 경우 누가 주주인가에 대하여 판례는 실질설에 입각하고 있다(대법원 2011. 5. 26. 선고 2010다22552 판결 등).

130) 이철송, 342면.

13. 차명주식의 법률관계

[대법원 1998. 4. 10. 선고 97다50619 판결]

Facts

(1) X회사(피고)는 A와 B의 공동투자로 설립된 회사이다. 설립 당시 자본금은 300,000,000원이고, 발행주식은 액면가 10,000원의 보통주식 30,000주이며, 주식보유비율은 A측에서 47%에 상당하는 14,100주를, C(원고)를 포함한 B측에서 53%에 상당하는 15,900주를 가지고 있었다.

(2) 1993. 5.경 보세구역 안에 영업용 보세장치장을 설치하기 위한 자본금 조건을 충족시키기 위하여 신주 20,000주(1주의 금액 10,000원)를 발행하게 되었다.

(3) 신주인수의 방법은 D회사가 X회사 발행의 신주 전부를 인수하되, 인수 대금은 C가 조달하기로 하였다. 이에 따라 C는 신주인수 대금을 D에게 제공하였고 D는 위 금원으로 X회사 발행의 신주를 인수하였다. 또한 신주 발행 당시 A측이나 B측에서 X회사의 주식보유비율을 변동하여야 할 만한 사정이 존재하지 않았다.

(4) 그 후 C는 D 명의로 되어 있던 위 신주 중 B측의 지분비율(53%)에 상응하는 10,600주를 E, F 앞으로 명의개서를 마쳤다. E, F 앞으로 명의개서된 10,600주는 C를 포함한 B측에서 처음부터 인수한 것이었는데, 이를 잠시 D에게 그 명의를 신탁한 것이다.

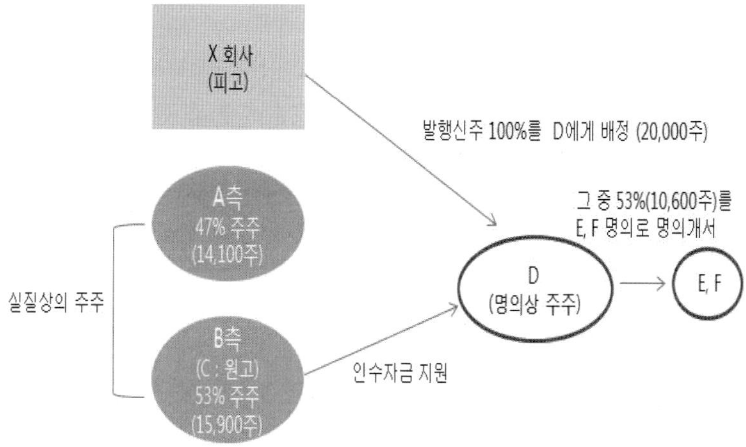

(Q1) C는 E, F 앞으로 명의개서된 10,600주에 대하여 자신이 진정한 주주라고 주장하면서 명의상의 주주인 E, F를 상대로 의결권의 행사를 금지하는 가처분을 구하고 있다. C의 이러한 청구는 정당한가?

Issue & Rule

(1) 위 사건에서 핵심쟁점이 되는 사항은 타인 명의를 차용하여 주식을 인수하고 대금을 납부한 경우에 주주권의 귀속 주체로 되는 자가 누구인가 등이다.
(2) 위 쟁점사항에 관한 적용법조는 상법 제332조, 제337조 제1항 등이다.

Analysis & Conclusion

1. 타인 명의를 차용하여 주식을 인수하고 대금을 납부한 경우 주주권의 귀속 주체

실제로 주식을 인수하여 그 대금을 납입한 명의차용인만이 실질상의 주식인수인으로 주주가 된다고 할 것이다. 따라서 단순한 명의대여자에 불과한 자는 주주로 볼 수 없다.[131)]

2. 관련판례 : 단순히 회사의 사업자금을 지원한 것만으로는 주주로 인정될 수 없다고 한 사례 (대법원 2011. 5. 26. 선고 2010다22552 판결)

① 주주명부에 기재된 명의상 주주는 회사에 대한 관계에서 자신의 실질적 권리를 증명하지 않아도 주주 권리를 행사할 수 있는 자격수여적 효력을 인정받을 뿐이지 주주명부 기재에 의하여 창설적 효력을 인정받는 것은 아니므로, 주식을 인수하면서 타인의 승낙을 얻어 그 명의로 출자하여 주식대금을 납입한 경우에는 실제로 주식을 인수하여 대금을 납입한 명의차용인만이 실질상 주식인수인으로서 주주가 되고 단순한 명의대여인은 주주가 될 수 없으며, 이는 회사를 설립하면서 타인 명의를 차용하여 주식을 인수한 경우에도 마찬가지이다.
② 상법 제403조 제1항은 '발행주식의 총수의 100분의 1 이상에 해당하는 주식을 가진 주주'가 주주대표소송을 제기할 수 있다고 규정하고 있을 뿐, 주주의 자격에 관하여 별도 요건을 규정하고 있지 않으므로, 주주대표소송을 제기할 수 있는 주주에 해당하는지는 위 법리에 따라 판단하여야 한다.
③ 전직 대통령인 甲이 대통령 재직 당시 동생 乙에게 알아서 관

131) 대법원 1985. 12. 10. 선고 84다카319 판결 참조.

리해 보라고 하면서 돈을 교부하였고, 乙이 그 돈과 은행 대출금 등으로 회사를 설립하였는데, 甲이 회사 주식 50%의 실질주주라고 주장하면서 주주대표소송을 제기한 사안에서, 위 돈의 조성 경위, 돈을 교부할 당시 甲과 乙의 언동, 甲과 乙의 관계, 돈의 교부가 이루어진 동기 및 경위, 당사자가 돈의 교부에 의하여 달성하려고 하는 목적과 진정한 의사, 돈의 사용처, 돈의 관리·사용에 관한 甲의 관여 여부 등 돈 교부 후의 정황 등 여러 사정 및 甲이 乙에게 공동소유 회사 설립을 위임하는 계약의 본질적 사항이나 중요한 사항에 관하여 구체적으로 의사 합치가 있었다거나 적어도 장래 구체적으로 특정할 수 있는 기준과 방법 등에 관하여 합의가 있었다고 보기 어려운 점이나 관련 민사소송 확정판결에서 인정된 사실관계 등에 비추어 보면, 위 돈 교부 당시 甲과 乙의 의사는 노모와 자녀들 장래를 위하여 乙이 위 돈을 어떤 형태로든지 유지·보전하고 있다가 甲의 요구가 있으면 반환하라는 것으로 해석될 수 있을 뿐, 甲이 乙에게 위 돈으로 회사 설립·운영을 위임하되 甲과 乙이 회사 지분을 공유하기로 하는 위임에 유사한 계약이 체결된 것으로 해석하여 甲이 회사 주식 50%의 실질주주라고 인정하기에는 여러 정황상 무리가 있다.

Comments

(1) 주주명부상의 주주와 실질상의 주주가 불일치하는 경우로는 (i) 적극적으로 명의대여와 명의차용에 의하는 경우, (ii) 주식양수인이 소극적으로 명의개서를 하지 않은 경우, (iii) 자본시장법상 명의주주와 실질주주의 관계에 해당하는 경우 등이 있다. 이 중에서 (ii)의 경우는 실기주의 문제로 처리되고(337조 1항), (iii)의 경우에는 실질주주가 직접 자신의 명의로 명의개서를 할 수도 있지만 명의개서를 하지 않더라도 자본시장법상의 실질주주명부에 의하여 주주명부에 명의개서한 것과 동일한 효과를 인정

받는다(자금 316조 2항).

(2) 위의 (ⅰ)와 같이 타인 명의로 주식을 인수하고 납입한 경우 누가 주주로 되는가? 가설인의 명의나 타인의 명의를 무단으로 도용하여 주식인수의 청약을 한 경우에는 금융실명제법 위반은 별론으로 하고 대립하는 이해당사자가 존재하지 않으므로 누구를 주주로 보아야 할 것인가는 현실적으로 그다지 문제되지 않는다. 이에 관한 문제는 주로 타인의 승낙을 얻어 그 타인의 명의로 주식을 인수하였는데 명의대여자와 명의차용자가 서로 자신이 주주라고 주장하는 경우에 생긴다. 이에 관해서는 견해가 나뉜다.

(ⅰ) 실질설(판례, 다수설) - 타인 명의로 주식을 인수한 경우에는 실제로 주식을 인수하여 주금을 납입한 명의차용인만이 실질상의 주식인수인으로 주주가 되고(332조), 단순한 명의대여자에 불과한 자는 주주로 볼 수 없다고 한다. 실질설에 따라 실질주주를 주주로 보더라도 그 자가 회사에 대하여 주주권을 행사하기 위해서는 어차피 주주명부에 명의개서를 하여야 하므로(337조 1항), 이에 의하여 회사법관계의 안정을 기하고 단체법적 처리를 할 수 있다고 한다.[132]

(ⅱ) 형식설(소수설) - 주주관계의 안정적 처리와 명의주주로부터 주식을 양수한 제3자 보호 등을 위하여 획일적으로 주주명부의 기재를 기준으로 하여 명의주주를 주주로 보아야 한다는 입장이다.[133]

(ⅲ) 절충설 - 회사규모에 따라 대규모회사에서는 주주의 개성이 크게 문제되지 않고 대량적 주식거래의 편의라는 측면에서 형식설이 타당하지만, 주식양도를 제한하는 소규모회사에서는 인적요소가 중시되고 서면상의 명의인을 신뢰하는 정도가 약하므로 실질설에 의하는 것이 타당하다고 한다.[134]

---

132) 송옥렬, 743면. 권기범, 358면; 정찬형, 698면; 최준선, 146면. 입법론으로는 형식설이 우수하지만 해석론으로는 실질설을 취할 수밖에 없다는 견해도 있다(권기범, 358면).

133) 이철송, 317면; 채이식, 593면; 홍복기 외, 148면.

(ⅳ) 정리 및 사견 – 형식설과 실질설의 차이는 다음과 같다. ① 주주명부상의 명의주주(甲)가 실제 주주가 아니고 실질주주(乙)가 따로 있음을 회사가 알았거나 중대한 과실로 이를 알지 못한 경우, 실질설에 의하면 회사가 甲을 주주로 처리하면 면책되지 않으나, 형식설에 의하면 이러한 경우 회사는 甲을 주주로 처리하여야 한다. ② 주주명부에 명의개서를 하지 않은 자(乙)를 회사가 주주로 처리할 수 있는가에 대하여, 실질설에 의하면 가능하나, 형식설에 의하면 허용되지 않는다. 생각건대, 상법은 주주명부 기재에 대항력과 자격수여적 효력을 부여하는 데 그쳐 반증에 의하여 뒤집을 수 있는 가능성을 열어두고 있으므로, 그 가능성을 원천적으로 봉쇄하고 있는 입법례와는[135] 달라서 실질설에 의할 수밖에 없다고 본다.

(3) 그러나 실질설을 취하더라도 단순히 주식인수의 자금을 제공하였다고 하여 그 자가 언제나 진정한 주주로 되는 것이 아니다. 돈의 교부가 이루어진 동기 및 경위, 당사자가 돈의 교부에 의하여 달성하려고 하는 목적과 진정한 의사, 돈 교부 후의 정황 등 여러 사정 등을 구체적으로 따져보아야 한다.[136]

《관련문헌》

김지평, “주식의 실질소유에 대한 소고”, 「인권과 정의」 제380호(2008).

정진세, “주식인수명의 대여자의 체당납입주금의 상환의무”, 「Jurist」 제408호(2004).

김승휘, “타인의 명의로 한 법률행위의 처리”, 「재판실무연구」 광주지법(2004).

134) 서헌제, 623면.

135) 참조 입법례: 독일 주식법에서는 주주명부의·기재에 번복 불가능한 추정력을 부여하고 있다(67조 2항).

136) 대법원 2011. 5. 26. 선고 2010다22552 판결 참조.

14. 이사회의사록 · 회계장부 열람청구권

[대법원 2004. 12. 24. 자 2003마1575 결정]

Facts

(1) 주식회사 M과 D주조회사는 모두 부산 · 경남 지역에 영업기반을 두고 오랜 기간 경쟁관계를 유지해 오고 있는 주류제조업체이다.
(2) M은 D주조가 139억원 남짓의 자본금을 33억원 남짓으로 대폭 자본금감소를 한 후 비로소 D주조의 주식을 매입하기 시작하였고, 더구나 D주조의 계속된 자본금 전액 잠식으로 인하여 대부분의 보통주가 상장폐지되었음에도 액면의 5배에 달하는 가격으로 그 주식을 매입하여 그 주주가 되었다.
(3) M은 D주조의 주식 취득과 때를 같이하여 공개적으로 상대방의 경영권 인수를 표방하면서 50% 이상의 주식 취득을 위한 주식 공개매수에 착수함과 아울러 M의 주식 취득 이전에 이미 드러난 D주조 전 대표이사 C의 부정행위, 미수금 채권관계, 상장폐지 건 등을 내세워 회계장부의 열람을 청구하였다.
(4) M은 그 외에도 임원해임 요구, 손해배상청구 등을 통하여 D주조의 경영진을 압박하는 한편, D주조의 주주 및 채권자들을 상대로 한 설득작업을 통하여 D주조에 대한 경영권 인수를 시도하고 있었다.

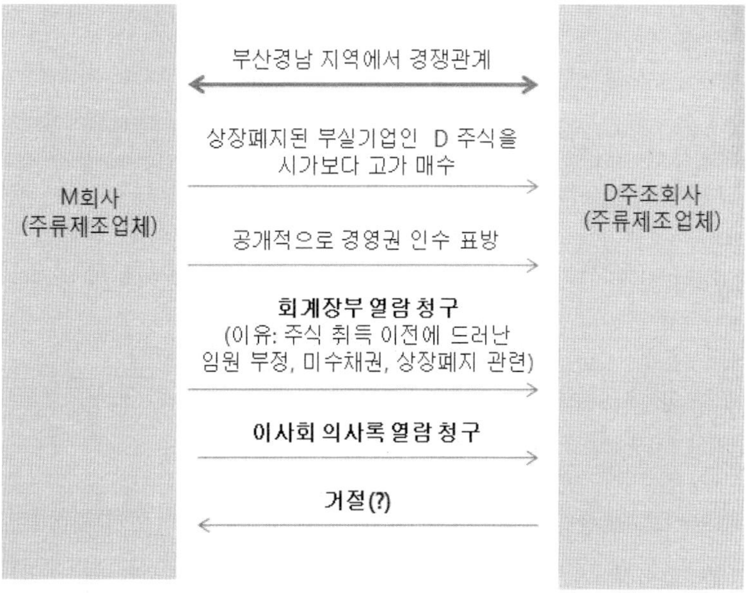

(Q1) M은 D주조의 주주인 지위에서 D주조의 이사회의사록 또는 회계의 장부와 서류의 열람을 청구하고 있다. 이에 대하여 D주조는 거절할 수 있는가?

Issue & Rule

(1) 위 사건에서 쟁점이 되는 사항은 주주의 이사회의사록 및 회계장부와 서류에 대한 열람·등사권의 행사가 부당한지 여부의 판단기준 등이다.
(2) 위 쟁점사항에 관한 적용법조는 상법 제391조의3 제3항·제4항, 제466조 제1항·제2항 등이다.

Analysis & Conclusion

1. 주주의 이사회의사록 및 회계장부와 서류에 대한 열람·등사권의 행사가 부당한지 여부의 판단기준

(1) 판례법리

상법 제391조의3 제3항, 제466조 제1항에서 규정하고 있는 주주의 이사회의 의사록 또는 회계의 장부와 서류 등에 대한 열람·등사청구가 있는 경우, 회사는 그 청구가 부당함을 증명하여 이를 거부할 수 있다. 주주의 열람·등사권 행사가 부당한 것인지 여부는 그 행사에 이르게 된 경위, 행사의 목적, 악의성 유무 등 제반 사정을 종합적으로 고려하여 판단하여야 할 것이다. 특히 주주의 이와 같은 열람·등사권의 행사가 회사업무의 운영 또는 주주 공동의 이익을 해치거나 주주가 회사의 경쟁자로서 그 취득한 정보를 경업에 이용할 우려가 있거나, 또는 회사에 지나치게 불리한 시기를 택하여 행사하는 경우 등에는 정당한 목적을 결하여 부당한 것이라고 보아야 할 것이다.

(2) 사건에의 적용

M과 D 두 회사의 관계, M이 상대방의 주식을 취득한 시기 및 경위, 주식 취득 이후에 취한 M의 행동, 상대방인 D주조의 현재 상황 등 제반 사정을 고려할 때, M의 주식 취득은 그 본래의 목적인 회사의 경영성과를 분배받고자 하는 데 있지 않음이 분명하다. M이 주주로서 부실경영에 책임이 있다는 D주조의 현 경영진에 대한 해임청구 내지는 손해배상청구의 대표소송을 위한 사실관계 확인 등 D주조의 경영감독을 위하여 이 사건 서류들에 대

한 열람·등사를 구하는 것이 아니라, 주주라는 지위를 내세워 상대방을 압박함으로써 궁극적으로는 자신의 목적인 경영권 인수(적대적 M&A)를 용이하게 하기 위하여 위 서류들에 대한 열람·등사권을 행사하는 것이라고 보아야 할 것이다. 나아가 두 회사가 경업관계에 있기 때문에 이 사건 열람·등사 청구를 통하여 얻은 D주조의 영업상 비밀이 M의 구체적인 의도와는 무관하게 경업에 악용될 우려가 있다. 그러므로 결국 M의 이 사건 열람·등사 청구는 정당한 목적을 결한 것이다.

Comments

(1) 주식회사는 공개성을 특성으로 하므로 회사의 정보를 이해관계인에게 널리 공시(disclosure)하여야 한다. 그러나 회사의 정보를 누구에게나 차별 없이 공개하여야 한다면 회사의 영업비밀을 해치고 청구자에 의하여 남용 또는 악용될 소지도 있다. 그래서 상법에서는 회사정보의 내용(기밀도)과 이를 청구하는 자의 이해관계의 정도에 따라 차별화함으로써 공개의 이익과 비밀유지의 이익 양자에 조화를 기하고 있다. 한편, 주주 등 이해당사자의 직접적인 조사에 맡겨두는 것이 적절하지 않은 사항에 대해서는 중립적인 제3자를 통하여 간접적으로 조사하도록 하고 있다.[137)]

(2) 주주총회와 이사회의 의사에 관하여는 각각 의사록을 작성하여야 한다(373조 1항). 양자는 대외비적 성격과 정도에 차이가 있으므로 비치 및 열람·등사청구에 차이를 두고 있다.
① 주주총회의사록은 본점과 지점에 비치하고(396조 1항), 주주와 채권자는 영업시간 내에는 언제든지 그 열람 또는 등사를 청구할

137) 예컨대, 회사의 업무 및 재산상태를 조사하기 위해서는 법원이 선임한 검사인을 통하여 조사하도록 하는 것(467조) 등이 이에 해당한다.

수 있다(396조 2항). 이에 대한 열람·등사를 청구함에 있어서는 이유 제시를 요하지 않는다. 다만, 만약 정당한 권리행사의 목적에 의한 것이 아닌 경우에는 회사는 그 부당함을 적극적으로 증명함으로써 거절할 수 있다.

② 이사회의사록에는 의사의 안건, 경과요령, 그 결과, 반대하는 자와 그 반대이유를 기재하고 출석한 이사 및 감사가 기명날인 또는 서명하여야 한다(391조의3 2항). 이사회의사록은 주주총회의사록과는 달리 회사에 비치하여야 할 의무가 없고, 주주에 한하여(채권자는 제외)[138] 영업시간 내에 그 열람·등사를 청구할 수 있도록 하고 있다(391조의3 3항). 주주의 이사회의사록 열람청구에 대해 회사는 이유를 붙여 거절할 수 있다(391조의3 4항 전단).

③ 이처럼 비치의무와 열람청구권자에 있어서 양자에 차이를 둔 이유는 기밀도와 공개의 필요성에 있어 양자에 차이가 있기 때문이다.[139] 회계장부의 열람청구와 비교하면, 이사회의사록의 열람청구권은 단독주주권이고, 열람청구를 할 때에 이유 개시를 요하지 않는 점에서 보다 완화되어 있다.

(3) 회계의 장부와 서류의[140] 열람을 청구할 수 있는 자는 소수주주에 한하고, 이에 대하여 회사는 열람청구가 부당함을 증명함으로써 거부할 수 있다(466조 2항).

① 회계장부는 일반적으로 공시되는 재무제표와는 기밀도에 차이가 있기 때문에 청구권자를 단독주주로 하지 않고 소수주주권으

138) 채권자에 대하여 이사회의사록에 대한 열람청구권을 인정하지 않은 이유는 정보유출을 우려한 때문이다. 그러나 회사채권자도 이사에 대하여 상법 제401조의 책임을 추궁하기 위해서는 이사회의사록의 열람 등이 필요한데도 그 권리를 원천적으로 부정하는 것은 부당하다고 하고, 입법론으로 주주의 경우에도 이사회의사록의 대외비적 성격을 감안하여 원칙적으로 주주의 열람청구를 부정하되, 주주나 채권자가 자신의 권리를 행사하기 위하여 필요한 경우 그 이유를 소명하여 열람청구를 할 수 있도록 하는 것이 바람직할 것이라는 견해가 있다(이철송, 673면·674면).

139) 이사회의사록은 이사의 책임을 추궁하는 근거자료가 될 수도 있다(399조).

140) '회계의 장부'란 원장, 일기장, 분개장, 전표 등을, '서류'란 계약서, 영수증 등을 말한다. 이는 재무제표를 작성하는데 있어서 원천자료가 된다.

로 하고 있다.
② 회계장부의 열람을 청구하려면 '이유를 붙인 서면'으로 하여야 한다. 이 때 제시하여야 할 이유는 열람청구를 정당화할만한 사유를 구체적으로 기재하여야 한다. 그 구체성의 정도에 관하여, 판례는 "회계의 장부와 서류를 열람 또는 등사시키는 것은 회계운영상 중대한 일이므로 그 절차를 신중하게 함과 동시에 상대방인 회사에게 열람 및 등사에 응하여야 할 의무의 존부 또는 열람 및 등사를 허용하지 않으면 안 될 회계의 장부 및 서류의 범위 등의 판단을 손쉽게 하기 위하여 그 이유는 구체적으로 기재하여야 한다."고 하고 있다.[141]
③ 열람청구의 대상이 되는 것은 '회계의 장부와 서류'이다. 자회사가 작성한 서류라 하더라도 모회사가 보관하고 있고 회사의 회계상황을 파악하기 위하여 필요한 때에는 그 대상에 포함된다는 것이 판례의 입장이다.[142]

(4) 이사회의사록과 주주총회의사록 양자 모두 열람청구가 정당한 경우가 아니면 회사는 열람청구를 거절할 수 있다. 회계장부의 경우에는 열람청구자가 제시한 이유에 기하여 회사가 청구의 정당성 여부를 판단하므로, 이유제시 없는 열람청구에 대해서는 회사가 거절할 수 있다. 그러나 이사회의사록의 경우는 열람을 청구함에 있어서 이유 제시를 요하지 않으므로 단순히 이유개시가 없다는 것만으로는 거절사유가 되지 못한다. 그러나 양자간에 이러한 차이를 두는 이유가 뚜렷하지 않다. 입법론으로 이사회의사록 열람청구도 회계장부 열람청구와 마찬가지로 이유를 붙인 서면에 의하여 청구하도록 하는 것이 바람직하다. 회계장부 열람청구의 정당성 여부를 판단하는 기준에 대하여 위 판례는 "주주의 열람·등사권 행사가 부당한 것인지 여부는 그 행사에 이르게

---

141) 대법원 1999. 12. 21. 선고 99다137 판결.
142) 대법원 2001. 10. 26. 선고 99다58051 판결.

된 경위, 행사의 목적, 악의성 유무 등 제반 사정을 종합적으로 고려하여 판단하여야 할 것이고, 특히 주주의 이와 같은 열람·등사권의 행사가 회사업무의 운영 또는 주주 공동의 이익을 해치거나 주주가 회사의 경쟁자로서 그 취득한 정보를 경업에 이용할 우려가 있거나, 또는 회사에 지나치게 불리한 시기를 택하여 행사하는 경우 등에는 정당한 목적을 결하여 부당한 것이라고 보아야 한다."고 판시하고 있다.[143] 요컨대, 열람청구의 정당성 여부는 열람청구를 하는 주주의 이익(알 권리 내지 정보접근권)과 열람에 응하지 않을 회사의 이익(회사의 기밀이익)을 비교형량하여 개별 사안에서 구체적으로 판단하여야 한다.[144] 이 때 고려하여야 할 요소와 일반적 기준을 위 판례에서 예시하고 있다.

(5) 이사회의사록의 열람·등사 청구를 회사가 거절하는 경우 청구권자는 법원의 허가를 얻어 그 열람·등사를 청구할 수 있다(391조의3 4항 후단). 회계장부의 열람·등사청구를 회사가 거절하는 경우 청구권자는 열람·등사청구의 소를 제기하고 회계장부열람청구권을 피보전권리로 하여 열람·등사를 명하는 가처분을 신청할 수 있다.[145]

《관련문헌》

강동욱, 안영수, "회계의 장부와 서류의 범위에 관한 소고 : 경영권 분쟁 사례를 중심으로", 「인권과 정의」 제412호(2010).

최병규, "소수주주의 권리강화를 위한 제도 개선방안 : 회계장부열람청구권을 중심으로", 「경영법률」 제20집 제2호(2010).

전휴재, "회계장부 등 서류의 열람등사 가처분에 관한 실무상의 논점", 「저스티스」 제87호(2005).

143) 대법원 2004. 12. 24. 자 2003마1575 결정.

144) 공시거절의 정당화사유에 관해서는 홍복기 외, 679면 참조.

145) 대법원 1999. 12. 21. 선고 99다137 판결.

제4장

출자의 수단(주식) 및 그 징표(주권)

15. 주금의 가장납입

[대법원 1983. 5. 24. 선고 82누522 판결]

Facts

(1) X회사가 1978. 9. 30 자본금 70,000,000원을 증자함에 있어서 당시 X회사의 대표이사였던 K는 H로부터 70,000,000원을 차용하여 X회사의 신주 발행총수 70,000주(1주의 금액 1,000원)에 대한 주금으로 그 납입 취급은행인 주식회사 조◎은행 덕수지점에 납입하였고, 그에 관한 증자등기를 마치고 불과 3일 후인 같은 해 10. 2.에 위 은행으로부터 납입금액을 반환받아 H에게 변제하였다.
(2) X회사의 장부상 이에 대한 입금조치가 있었음에도 불구하고 실제 이 금액은 존재하지 아니한다.

(Q1) K는 위 주식에 대하여 X회사의 주주로서의 지위를 갖는가?
(Q2) X회사는 K가 인출한 금액에 대하여 어떤 민사상의 권리를 갖는가?
(Q3) K의 위 행위에 대하여 가해질 수 있는 형사벌칙은?

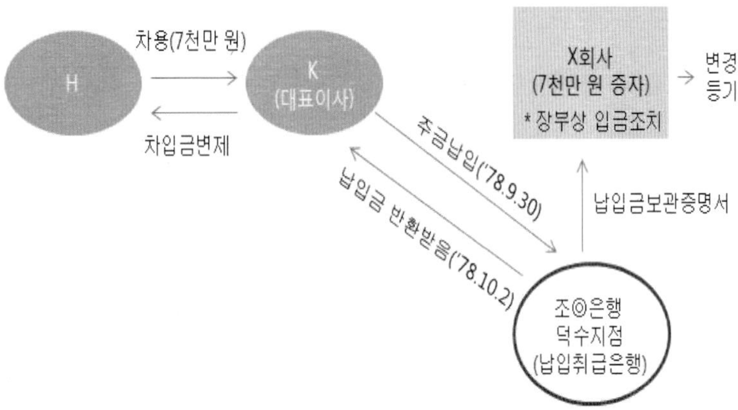

Issue & Rule

(1) 위 사건에서 쟁점이 되는 사항은 소위 견금(見金)에 의한 주금납입의 유효 여부와 이에 대한 형사책임 등이다.
(2) 위 쟁점사항에 관한 적용법조는 상법 제295조, 제628조 제1항; 형법 제228조, 제356조 등이다.

Analysis & Conclusion

1. 가장납입의 효력

(1) 판례법리

회사의 설립이나 증자의 경우에 당초부터 진정한 주금의 납입으로서 회사자금을 확보할 의도 없이 일시적인 차입금으로 단지 주금납입의 외형을 갖추고 회사설립이나 증자절차 후 곧바로 그 납입금을 인출하여 차입금을 변제하는 주금의 가장납입 소위 견금(見金)의 경우에도 금원의 이동에 따른 현실의 불입이 있는 것이다. 설령 그것이 실제로는 납입의 가장수단으로 이용된 것이라 할지라도 이는 당해 납입을 하는 발기인 또는 이사들의 주관적 의도의 문제에 불과하고 회사가 관지(關知)할 바 아니므로 이러한 발기인 내지 이사들의 내심적 사정에 의하여 회사의 설립이나 증자와 같은 집단적 절차의 일환을 이루는 주금납입의 효력을 좌우함은 타당하지 아니하다.[146]

(2) 사건에의 적용

일시 타인으로부터 차입한 금원으로 납입한 것이라 하여도 증자로 인한 주금의 납입으로는 유효하다고 보아야 할 것이다. 이 납입금을 당시의 대표이사 K가 인출하여 차입금을 변제한 것에 대하여 그 금원을 K에 무상 대여하였다고 보아 이에 대한 소정 이자를 X회사의 익금으로 계상한 것은 정당하다.

2. 관련판례 : 가장납입의 형사책임

위 판례에서는 가장납입의 형사책임문제를 다루지 않고 있다. 이에 관한 다른 판례를 보기로 한다.

(1) 납입가장죄 등

주금으로 납입할 의사 없이 마치 주식인수인들이 그 인수주식의 주금으로 납입하는 양 돈을 은행에 예치하여 주금납입보관증을 교부받아 회사설립요건을 갖춘 듯이 등기신청을 하여 상업등기부의 원본에 그 기재를 하게 한 다음 그 예치한 돈을 바로 인출하였다면 이를 회사를 위하여 사용하였다는 등 특별한 사정이 없는

---

146) 대법원 1966. 10. 21. 선고 66다1482 판결 참조.

한 상법 제628조 제1항에 정한 이른바 납입가장죄가 성립되는 한편 공정증서원본부실기재와 동 행사죄가 성립된다.[147]

(2) 업무상배임죄 · 업무상횡령죄 등의 성부

① 비록 회사의 대표이사가 유상증자를 통한 신주발행을 함에 있어 납입을 가장하는 방법에 의하여 주금이 납입된 상태에서 자기 또는 제3자에게 신주를 발행해 주었고, 이후 그 주식인수인이 그 신주인수대금을 실제로 회사에 납부하지 아니하고 있다 하더라도 그로 인하여 회사에게 그 신주인수대금 상당의 자본이 감소하는 등의 재산상 손해가 발생한 것으로는 보기 어렵다고 할 것이므로, 그 행위가 업무상 배임죄에 해당한다고 할 수는 없다.[148]
② 주식회사의 설립업무 또는 증자업무를 담당한 자와 주식인수인이 사전 공모하여 주금납입취급은행 이외의 제3자로부터 납입금에 해당하는 금액을 차입하여 주금을 납입하고 납입취급은행으로부터 납입금보관증명서를 교부받아 회사의 설립등기절차 또는 증자등기절차를 마친 직후 이를 인출하여 위 차용금채무의 변제에 사용하는 경우, 위와 같은 행위는 실질적으로 회사의 자본을 증가시키는 것이 아니고 등기를 위하여 납입을 가장하는 편법에 불과하여 주금의 납입 및 인출의 전 과정에서 회사의 자본금에는 실제 아무런 변동이 없다고 보아야 한다. 따라서 그들에게 회사의 돈을 임의로 유용한다는 불법영득의 의사가 있다고 보기 어렵고, 회사 자본이 실질적으로 증가됨을 전제로 한 업무상횡령죄가 성립한다고 할 수 없다.[149] 그리고 납입된 주금이 회사에 일단 귀속되어 회사 자본이 실질적으로 증가한 것으로 볼 수 있는지 여부는 그 주금의 납입 경위, 납입된 주금의 보관 및 인출 형태와 경위 등 제반 사정을 종합하여 판단하여야 할 것이다.[150]

---

147) 대법원 1986. 9. 9. 선고 85도2297 판결.
148) 대법원 2007. 9. 6. 선고 2005도1847 판결.
149) 대법원 2004. 6. 17. 선고 2003도7645 전원합의체 판결; 대법원 2006. 9. 22. 선고 2004도3314 판결 등 참조.

Comments

(1) 주식을 인수한 자는 납입기일까지 주금 전액을 일시에 현실적으로 납입하여야 함이 원칙이다(295조 1항, 303조, 305조 1항, 421조). 납입금의 출처는 불문하므로, 타인으로부터 차용하여 납입하는 것도 상관없다. 주식발행회사가 출자금을 직접 납입받지 못하고 은행 기타 금융기관을 납입금보관기관으로 정하고 이를 통하여 납입받아야 한다(295조 1항 후단). 이는 은행 등의 금융기관이 현금출납업무를 전문적으로 하는 기관이기도 하고 출자의 이행을 보다 확실하게 하는 효과를 거두기 위함이다. 납입금보관자는 설립 또는 변경등기 이후 납입금을 회사에 반환하여야 하며, 회사는 반환받은 그 납입금을 회사의 자본으로 편성되어 자본의 용도로 사용되어야 한다.

(2) 주금납입을 현실적으로 하지 않는 것은 가장납입이라 한다. 가장납입의 형태는 매우 다양하다. 현물출자의 경우에도 가장납입이 있을 수 있으나 주로 금전출자의 경우가 문제되고, 그 대표적인 것이 예합(預合)과 견금(見金)이다. 예합에 의한 가장납입은 납입자와 주금보관은행이 서로 통모해서 실제 주금납입이 없음에도 불구하고 주금납입이 행해진 것처럼 납입금보관은행이 납입금보관증명서를 발급해주고 회사가 이에 의하여 자본금 변경의 등기를 하는 방식이다. 그러나 이는 실제로 찾아보기 어렵다. 왜냐하면 납입금보관은행은 주금으로 납입된 금액에 대하여 납입보관증명서를 발급한 경우(318조 1항), 증명서에 기재된 납입금액이 사실과 다르다는 항변할 수 없도록 하고 있기 때문이다(318조 2항). 이 때문에 실제 주로 이용되는 가장납입방식은 견금에 의한 가장납입이며, 위 사건은 전형적인 견금에 해당한다.

---

150) 대법원 2011. 9. 8. 선고 2011도7262 판결.

(3) 위 사건에서는 견금납입의 효력이 문제되고 있다. 이에 대해서는 견해가 나뉜다. (i) 무효설은[151] 견금의 경우 실질적인 출자가 실질적으로 없다는 것을 그 이유로 한다. (ii) 유효설은[152] 객관적으로 납입행위가 존재하는 한 가장납입의 의사라는 납입자의 주관적 의도에 의하여 납입의 효력이 좌우되지 않는다고 한다. (iii) 판례는 일관되게 유효설을 취하고 있다. 판례에 의하면, 반환받은 납입금은 회사로부터 일시 체당한 것으로 취급하여 회사는 주주에 대하여 납입금의 상환을 청구할 수 있는 지위에 있는 것으로 본다. (iv) 무효설을 실질주의라고 부를 수 있다면, 유효설은 형식주의라 부를 수 있다. 자본금이 갖는 규범적 기능과 이를 둘러싼 이해관계의 공중성을 고려할 때 가장납입행위에 대한 억제책이 필요한데, 가장납입행위는 가벌적인 반사회적 행위로 납입가장죄(628조 1항), 공정증서원본부실기재죄(형 228조) 및 동 행사죄(형 229조)와 같은 형사처벌의 대상이 된다. 다만 횡령죄가 성립할 수 있는지 문제된다. 납입가장죄는 납입의 부재를 전제로 하는 것이고 횡령죄는 납입이 있었음을 전제로 하는 것이므로 이들은 양립할 수 없다. 이 때문에 판례는 납입가장죄가 인정되는 한 횡령죄는 성립하지 않는 것으로 하여 종전의 입장을 변경하였다.[153]

(4) 주금의 납입이 주식발행회사의 자금지원에 의하여 이루어진 경우 이것이 가장납입인지, 자기주식의 취득인지가 문제된다. 이에 대해서는 다른 사건(대법원 2003. 5. 16. 선고 2001다44109 판결)에서 다루기로 한다.

(5) 납입이 형식적으로도 행해지지 않았으면서도 납입금증명서를

---

151) 권기범, 337면; 김정호, 120면; 손주찬, 577면; 안택식, 140면; 이철송, 255면; 정동윤, 402면; 최준선, 152면.

152) 정찬형, 648면; 채이식, 422~423면.

153) 대법원 2004. 6. 17. 선고 2003도7645 전원합의부판결.

위조하는 방식 등에 의하여 주식을 발행하는 이른바 '유령주식'의 경우에는 주금납입이 실질적으로는 물론이고 형식적인 견지에서도 이루어지지 않은 것이기 때문에 당연 무효가 된다.[154]

《관련문헌》

이량복, "일시 차입금에 의한 가장납입의 효력과 주주의 법적 지위에 관한 연구", 「기업법연구」 제24권 제1호(2010).

최한순, "주금의 가장납입과 형사책임", 「사법연수원교수논문집」 제7집(2010).

이민걸, "가장납입과 형사책임", 「형사재판의 제문제」 제5권(2005).

송종준, "허위납입주식 발행·유통의 법적 제문제", 「증권법연구」 제5권 제1호(2004).

154) 권기범, 337면; 이철송, 257면.

16. 자기주식 취득, 회사지원에 의한 주금납입

[대법원 2003. 5. 16. 선고 2001다44109 판결]

Facts

(1) X회사(종합금융회사)의 제안에 따라 A(원고)는 A 또는 그가 지정하는 자의 이름으로 X회사의 유상증자에 참여하기로 하였다.
(2) 이와 관련하여 A 등과 X 회사는 아래와 같은 내용의 계약을 체결하였다.
① A 등은 100억원을 X회사로부터 대출받아 이를 신주인수의 청약대금으로 X회사에 납입하고, 인수한 주식 전부를 X회사에 담보로 제공한다.
② X회사가 영업정지를 받는 등의 사유가 발생하는 경우에는 그 전 일자로 X회사에 대하여 A가 위 주식의 매수(환매)를 청구할 수 있는 권리가 발생한 것으로 간주하고, 그 매수가격을 발행가액으로 하여 A의 위 대출금채무와 상계된 것으로 보고 이자 등 일체의 채권에 대한 X회사의 권리가 상실된다.
(3) X회사는 이후 파산하였고 Y가 그 파산관재인(피고)으로 선임되었다.

(Q1) A는 X회사의 파산관재인 Y를 상대로 위 주식에 대한 주주로서의 권리를 주장할 수 있는가?

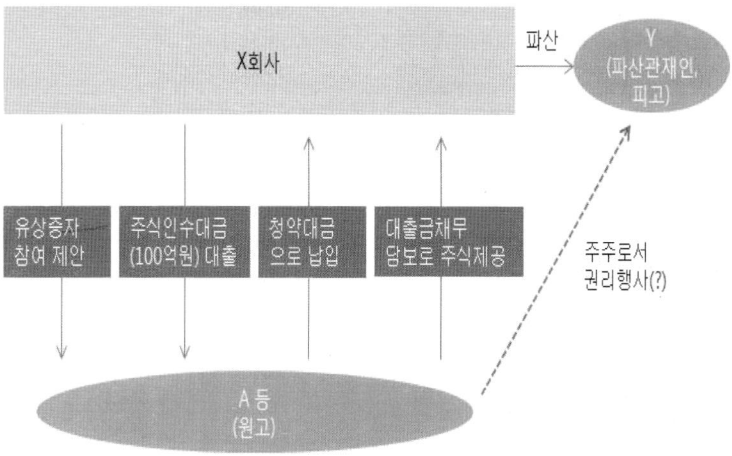

Issue & Rule

(1) 위 사건에서 쟁점이 되는 사항은 ① 회사의 자기주식 취득이 예외적으로 허용되는 경우 및 자기주식 취득의 금지규정에 위반한 자기주식 취득의 효력, ② 회사 아닌 제3자 명의의 주식취득이 상법이 금지하는 자기주식의 취득에 해당하는지 여부, ③ 회사가 대여금을 실질적으로 회수할 의사 없이 제3자에게 주식인수대금 상당을 대여하고 제3자는 그 대여금으로 주식인수대금을 납입한 경우 그에 따른 납입의 효력 등이다.

(2) 위 쟁점사항에 관한 적용법조는 상법 제341조, 제341조의2, 제342조의2, 제295조, 제421조 등이다.

Analysis & Conclusion

1. 자기주식의 취득을 제한하는 이유

자기주식의 취득을 제한하는 이유는 주식회사가 자기의 계산으로 자기의 주식을 취득하는 것은 회사의 자본적 기초를 위태롭게 하여 회사와 주주 및 채권자의 이익을 해하고 주주평등의 원칙을 해하며 대표이사 등에 의한 불공정한 회사지배를 초래하는 등의 여러 가지 폐해를 생기게 할 우려가 있기 때문이다.

2. 자기주식의 취득이 가능한 경우와 위반의 효력

(1) 판례법리

① 상법 제341조, 제341조의2, 제342조의2 또는 자본시장법 등에서 명시적으로 자기주식의 취득을 허용하는 경우 외에, 회사가 자기주식을 무상으로 취득하는 경우 또는 타인의 계산으로 자기주식을 취득하는 경우 등과 같이, 회사의 자본적 기초를 위태롭게 하거나 주주 등의 이익을 해한다고 할 수 없는 것이 유형적으로 명백한 경우 자기주식의 취득이 예외적으로 허용된다.[155] 그 밖의 경우에 있어서는, 설령 회사 또는 주주나 회사채권자 등에게 생길지도 모르는 중대한 손해를 회피하기 위하여 부득이 한 사정이 있다고 하더라도 자기주식의 취득은 허용되지 아니한다.
② 상법 제625조 제2호는 "누구의 명의로 하거나를 불문하고 회사의 계산으로 부정하게 그 주식을 취득하는 행위"를 형사처벌의 대상으로 규정하고 있다. 이들 규정을 아울러 고찰할 때, 비록 회사 아닌 제3자의 명의로 회사의 주식을 취득하더라도, 그 주식취

155) 대법원 1996. 6. 25. 선고 96다12726 판결 참조.

득을 위한 자금이 회사의 출연에 의한 것이고 그 주식취득에 따른 손익이 회사에 귀속되는 경우라면, 상법 기타의 법률에서 규정하는 예외사유에 해당하지 않는 한, 그러한 주식의 취득은 회사의 계산으로 이루어져 회사의 자본적 기초를 위태롭게 할 우려가 있는 것으로서 상법이 금지하는 자기주식의 취득에 해당한다.
③ 위와 같은 금지규정에 위반하여 회사가 자기주식을 취득하는 것은 당연히 무효이다.[156]
④ 다른 한편, 주식회사의 자본충실의 원칙상 주식의 인수대금은 그 전액을 현실적으로 납입하여야 하고 그 납입에 관하여 (회사의 동의가 없는 일방적) 상계로써 회사에 대항하지 못하는 것이므로(295조, 421조, 422조)[157] 회사가 제3자에게 주식인수대금 상당의 대여를 하고 제3자는 그 대여금으로 주식인수대금을 납입한 경우에, 회사가 처음부터 제3자에 대하여 대여금 채권을 행사하지 아니하기로 약정되어 있는 등으로 대여금을 실질적으로 회수할 의사가 없었고 제3자도 그러한 회사의 의사를 전제로 하여 주식인수 청약을 한 때에는, 그 제3자가 인수한 주식의 액면금액에 상당하는 회사의 자본이 증가되었다고 할 수 없다. 그러므로 위와 같은 주식인수대금의 납입은 단순히 납입을 가장한 것에 지나지 아니하여 무효이다.

(2) 사건에의 적용

A가 청약하는 신주인수대금을 X회사가 대출의 형식으로 제공하여 납입하게 하지만 A에게는 그 대여금 상환의 책임을 지우지 아니하고 그 주식인수에 따른 손익을 X회사에 귀속시키기로 하는 내용의 계약이라고 할 것이다. 따라서 이 계약의 실질은 X회사의

156) 대법원 1964. 11. 12. 자 64마719 결정 참조.
157) 상계에 의한 주금납입으로 회사에 대항할 수 없다는 종전 상법 제334조가 2011년 상법개정에 의하여 삭제되었다. 개정상법에서는 회사의 동의 없는 주금의 상계납입을 금지하고 있다(421조 2항).

계산 아래 X회사가 A 또는 A가 지정하는 자의 명의로 X회사 스스로 발행하는 신주를 인수하여 취득하는 것을 목적으로 하는 것이므로, 이는 위의 법리에 비추어 자기주식의 취득이 금지되는 유형에 해당한다. 그러므로 A와 X회사 사이에서 이루어진 100억원의 대출약정을 포함한 그 전부가 무효이고, 그 계약에 따라 A가 X회사의 대여금으로 신주대금을 납입한 것 역시 무효이다.

Comments

(1) 주식인수대금을 금전으로 납입함에 있어서 납입기일 이전에 인수금액 전액을 현실적으로 납입하면 족하고, 그 인수대금의 출처는 묻지 않는 것이 원칙이다. 타인으로부터 차용한 것을 가지고 주금을 납입하는 경우에도 그것만으로는 문제가 되지 않고, 가장납입의 의사로 주금을 납입하고 곧 바로 인출하여 자본용도 이외의 용도로 사용한 경우에 한하여 가장납입이 된다. 그러나 납입주금의 제공자가 주식을 발행하는 회사 그 자신인 때에는 이와는 사정이 다르다.

(2) 위 사건에서 주식인수인 A가 납입하여야 할 주금을 주식발행회사인 X회사가 대출의 형식으로 제공하여 납입하고 A에게는 그 대여금 상환의 책임을 지우지 아니하고 그 주식인수에 따른 손익을 전적으로 X회사에 귀속시키기로 하는 내용의 계약을 체결하고 있다. 이것이 자기주식의 취득에 해당하는지에 관한 문제가 제기되고, 판례도 이러한 관점에서 다루고 있다.

(3) 회사가 자기가 발행한 주식을 자기 계산으로 유상취득하면 결국 주식발행을 통하여 출자받은 돈을 다시 되돌려주는 것이 되어 신주발행을 통한 자금조달의 목적을 달성할 수 없고 자본충실

의 원칙에 반한다. 이 때문에 2011년 개정상법 이전에는 비상장회사에 대해 자기주식의 취득을 일반적으로 금지하는 것을 원칙으로 하면서, 예외적으로 자기주식의 취득이 허용되는 경우를 명시하고 있었다(개정전 상법 341조). 그러나 2011년 개정상법에서는 비상장회사에 대해서도 상장회사와 마찬가지로 배당가능한 이익을 재원으로 한 자기주식의 취득을 허용하고(개정상법 341조),[158] 또 특정목적에 의한 자기주식의 취득을 허용하고 있다(개정상법 341조의2). 그러나 자기주식의 취득이 갖는 출자환급이라는 문제점이 여전히 존재하는 한 개정상법에서도 자기주식의 취득을 원칙적으로 금지하는 기본입장에는 변화가 없고, 다만 규제의 엄격성을 완화한 것으로 이해하여야 한다. 또한 자기주식을 질권의 목적으로 받는 것도 이와 동일한 위험이 있기 때문에 원칙적으로 금지하고 있으며, 다만 발행주식총수의 5%를 초과하지 아니하는 범위 내에서 질취를 허용하고 있다(341조의3 본문).

(4) 회사가 자기가 발행하는 주식을 인수하는 자에게 납입금을 대여하는 경우, 이를 가장납입으로 볼 것인지, 자기주식의 취득으로 볼 것인지가 문제된다. 이에 대해서는 자기주식의 취득으로 볼 수 없고 가장납입으로 보아야 하겠지만, 위 사건에서와 같이 주식인수의 손익이 모두 회사에 귀속하는 경우에는 자기수식으로 보아야 한다는 견해가 있다.[159] 위의 판례도 위와 같은 계약은

---

158) 이익배당과 자기주식의 취득은 배당가능한 이익을 재원으로 하여 회사의 재산을 주주에게 반환하는 방법이라는 점에서는 동질적이다(송옥렬, 779면). 따라서 이익배당이 허용되는 이상 자기주식의 취득을 금지하여야 할 명분이 없다는 것이 자기주식의 취득을 허용하는 이유이다. 이러한 이유에서 상장회사에 대해서는 상법개정 이전부터 이러한 경우 특례를 자본시장법에 의하여 인정하여 왔었다(자금 165조의2). 다만 주주평등과 자본충실을 위하여 그 취득방법은 거래소에서의 매수 또는 그 밖에 모든 주주에게 공평한 기회가 주어질 수 있는 방법에 의하여야 하고, 취득가액은 배당가능이익을 한도로 한다(341조 1항).

159) 김정호, 208면; 이철송, 384면; 최준선, 236면. 신주를 인수하는 자에게 회사가 단순히 자금을 지원하는 것 자체는 회사의 계산으로 한 것으로 볼 수 없기 때문에 자기주식의 취득으로 처리할 수 없으나, 주식보유로 인한 경제

타인의 명의를 빌어 결국 회사의 계산으로 신주를 인수하여 자기주식을 취득하는 것이므로 자기주식취득이 금지되는 유형에 해당한다고 한다. 또한 위의 판례는 "위와 같은 주식인수대금의 납입은 단순히 납입을 가장한 것에 지나지 아니하여 무효이다"라고 하고 있는데, "납입을 가장한 것"이라는 표현을 사용함으로써 오해를 불러일으킬 소지가 있다. 원래 우리 판례는 가장납입에 대하여 유효라고 보는 입장을 일관되게 유지하고 있으므로, 만일 이를 이와 동일한 의미의 가장납입(견금)으로 보게 되면 앞뒤가 맞지 않는다. 우리 판례에서 통상적으로 사용하는 가장납입은 적어도 형식적으로는 주금의 납입이 있는 경우를 지칭하는 것인데, 위 사건에서와 같이 회사의 자금대여에 의한 주금납입의 경우에는 실질적으로는 물론이고 '형식적으로도' 주금이 회사에 납입되지 않아 무효라는 뜻으로 새겨야 할 것이고, 이는 통상적으로 사용되는 가장납입과는 다르다.

(5) 자기주식을 취득할 수 있는 경우는 법정 예외사유(341조, 341조의2 등)에 한하므로 이에 해당하지 않으면 자기주식을 취득할 수 없다.[160] 이를 위반하여 자기주식을 취득한 경우 그 취득행위의 효력에 대해서는 유효설,[161] 무효설,[162] 부분적 무효설,[163] 상대적 무효설[164] 등으로 견해가 나뉜다. 판례와 다수설은 무효설

적 손익이 회사에 귀속하는 경우에는 자금지원과 명의는 형식일 뿐 결국 회사의 계산으로 하는 것이므로 자기주식의 취득으로 취급하여야 한다는 견해도 이에 속한다(송옥렬, 781면).

160) 다만 예컨대, 무상취득의 경우와 같이 해석상 자기주식의 취득이 허용되는 경우도 있다.

161) 서헌제, 676면; 채이식, 639면.

162) 김정호, 213면; 송옥렬, 783면; 정찬형, 734면; 최준선, 237면; 최기원, 363면.

163) 강위두, 322면; 손주찬, 659면. 원칙적으로는 무효이지만 회사가 타인 명의로 취득한 경우에는 상대방이 선의이면 유효라는 견해이다.

164) 권기범, 477면(원칙적으로 무효이지만 주식거래의 안전을 보호하기 위하여 취득명의가 회사인지 제3자인지를 불문하고 선의의 양도인에게는 대항하지 못한다는 견해); 이철송, 396면(원칙적으로 무효이나, 양도인을 제외한 선의의 제3자(전득자, 압류채권자 등)에 대항하지 못한다는 견해).

을 취하고 있다. 무효설에 의하면 자기주식의 취득에 관한 상법 규정은 자본충실을 위한 강행규정이기 때문에 상대방의 선의·악의를 불문하고 절대적으로 무효라고 한다. 생각건대, 자기주식취득 금지규정의 강행법규성을 고려할 때 무효설이 타당하다. 법의 취지상 이러한 무효는 선의의 제3자에 양도하였다고 하여 치유될 수 있는 성질의 것이 아니라고 보아야 한다.

《관련문헌》

안성포, "자기주식 취득의 허용에 따른 법적 쟁점", 「상사법연구」 제30권 제2호(2011).

윤찬영, "자기주식 취득을 위한 재정지원행위와 상법 제341조의 적용 : 대법원 2007. 6. 28. 선고 2006다38161, 38178 판결", 「법조」 제58권 제10호(2009).

은성욱, "회사 자신에 의한 신주인수의 효력", 「Jurist」 제401(2004).

17. 신주인수권의 제3자 배정

[대법원 2009. 1. 30. 선고 2008다50776 판결]

Facts

(1) X회사(피고)는 1999. 6. 18. 공작기계 및 그 부품의 제조, 판매 등을 주목적으로 O주식회사로부터 분사하여 설립된 비상장법인으로서, 2007. 4. 21. 신주를 발행하기 이전에는 총 발행주식이 517,488주이고 그 중 X회사의 임직원이 52.05%, O주식회사가 18.04%, 기타 외부주주가 나머지를 각 보유하고 있었으며, A(원고)는 그 24.25%인 125,514주를 보유하여 단일 명의인으로는 최대주주의 지위에 있었다.
(2) A는 2007. 2. 9. 주주로서 X회사에게 정관, 주주총회의사록, 회계장부 및 서류 등의 열람·등사를 청구하였다가 이를 거절당하였다. 그러자 A는 법원(창원지방법원)에 회계장부 등 열람 및 등사의 가처분신청을 하여 2007. 4. 9. 인용결정을 받은 바 있다. 그리고 같은 해 1.경에 열린 정기주주총회에서는 A 및 A측 인사를 이사와 감사로 추가하는 안건이 상정되는 등 A와 X회사의 현 경영진측은 그간 회사 경영 및 주도권을 둘러싸고 다툼을 벌여왔다.
(3) 이에 X회사는 2007. 4. 19. 이사회를 개최하여 보통주식 155,246주(기 발행 주식의 약 30%)를 주당 7,500원(액면가 5,000원)에 발행하되 이를 광산용 기계 및 부품 제작, 판매 등을 주목적으로

하는 Y회사에 전부 배정하고, 그 납입기일을 2007. 4. 20.로 정하기로 의결하였다. 2007. 4. 20. Y회사가 그 인수대금 전액 1,164,345,000원을 납입함에 따라 X회사는 2007. 4. 21. 위 신주를 발행('이 사건 신주발행')하고 같은 달 23. 이에 따른 변경등기까지 마쳤다.

(4) 이 사건 신주발행으로 Y회사는 발행주식 총수 672,734주 중 155,246주(23.08%)를 보유한 최대주주가 되었고, A는 종전 지분율이 18.65%로 떨어졌다. 한편, X회사의 정관 제10조 제1항은, "본 회사의 주주는 소유주식수에 비례하여 신주인수권을 가지며 주주가 신주인수권을 포기 또는 상실하거나 신주 배정시 단수주가 발생하였을 경우에는 이사회 결의에 따라 이를 처리한다."고 규정하고, 그 제2항은, "제1항의 규정에도 불구하고 긴급한 자금의 조달을 위하여 국내외 금융기관 또는 기술도입을 필요로 그 제휴회사에게 이사회의 결의로 보통주식 또는 우선주식을 발행주식총수의 100분의 30을 초과하지 않는 범위에서 신주를 발행하는 경우(제4호)" 등에는 주주 외의 자에게 신주를 배정할 수 있다는 예외를 규정하고 있다.

(5) 이에 A는 이 사건 신주 발행과 관련하여 창원지방법원에 위 신주에 기한 의결권행사금지 가처분신청을 하여 2007. 6. 7. 그 인용결정을 받았는데, 2007. 6. 9. 열린 X회사의 임시주주총회에서 안건으로, ① 제3자 등에게 전환사채를 발행할 수 있게 하고, 이사의 수를 3인으로 제한하며 이사 선임에 있어 집중투표제를 배제하는 등을 내용으로 하는 정관변경의 건, ② A에게 우호적인 이사 B, 감사 C 등을 해임하는 건, ③ 대표이사 D를 해임하는 건, ④ A 등을 이사에 선임하는 건 등이 제안되었으나, Y회사의 의결권행사가 금지된 상태에서 특별결의를 요하는 ①, ②, ③안건은 특별결의 정족수 미달(①, ②안 찬성 61.32%, ③안 찬성 38.68%)로, ④안건도 보통결의 정족수 미달(반대 59.86%)로 각 부결되었다.

(6) X회사의 2007. 6. 9. 현재 지분율은 A 19.35%, Y회사 23.08%, X회사의 대표이사 D 2.33%, O주식회사 13.88% 등의 분포를 보이고 있다.

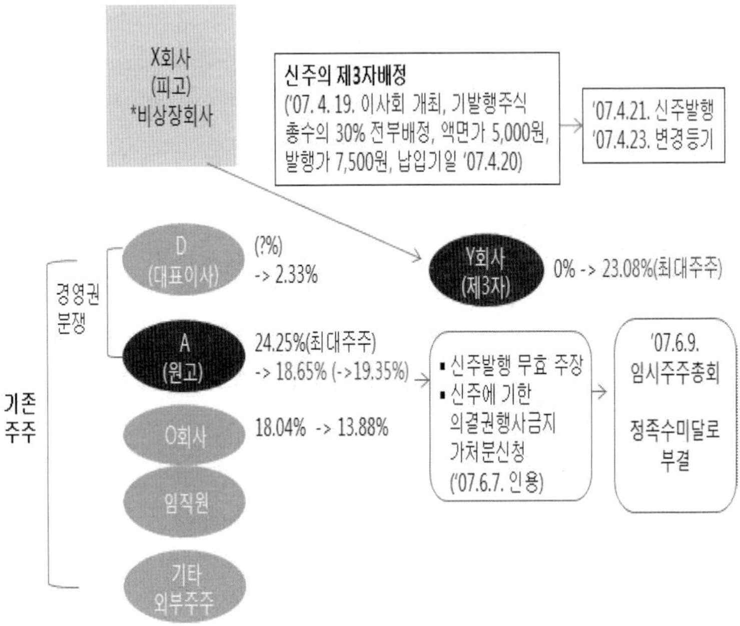

(Q1) A(원고)는 "이 사건 신주발행은 A와 X회사(피고)의 대표이사인 D 등의 현 경영진 사이에서 경영권 분쟁이 발생한 가운데 D가 경영권을 방어할 목적으로 현 경영진에 우호적인 Y회사에 기습적으로 신주를 배정하는 방식으로 이루어졌고 이로 인하여 A는 최대주주의 지위를 상실하였으므로, 이 사건 신주발행은 무효이다."라고 주장한다. 이러한 주장의 당부를 판단하시오.

Issue & Rule

(1) 위 사건에서 쟁점이 되는 사항은 ① 주식회사가 신주를 발행하면서 경영진의 경영권이나 지배권 방어의 목적으로 제3자에게 신주를 배정한 경우 기존 주주의 신주인수권을 침해하는지 여부, ② 신주발행무효의 소에서 무효 판단의 기준 등이다.
(2) 위 쟁점사항에 관한 적용법조는 상법 제418조 제1항·제2항, 제429조 등이다.

Analysis & Conclusion

1. 경영권방어 목적으로 신주를 제3자 배정하는 경우 그 적법성

(1) 판례법리

① 상법 제418조는 종래 주주의 신주인수권을 정관에 의하여 폭넓게 제한할 수 있도록 하다가 2001. 7. 24. 법률 개정을 통하여 제1항을 "주주는 그가 가진 주식 수에 따라서 신주의 배정을 받을 권리가 있다."라고, 제2항을 "회사는 제1항의 규정에 불구하고 정관에 정하는 바에 따라 주주 외의 자에게 신주를 배정할 수 있다. 다만, 이 경우에는 신기술의 도입, 재무구조의 개선 등 회사의 경영상 목적을 달성하기 위하여 필요한 경우에 한한다." 라고 각 개정하였다. 이는 주식회사가 신주를 발행하면서 주주 아닌 제3자에게 신주를 배정할 경우 기존 주주에게 보유 주식의 가치 하락이나 회사에 대한 지배권 상실 등 불이익을 끼칠 우려가 있다는 점을 감안하여, 신주를 발행할 경우 원칙적으로 기존

주주에게 이를 배정하고 제3자에 대한 신주배정은 정관이 정한 바에 따라서만 가능하도록 하면서, 그 사유도 신기술의 도입이나 재무구조 개선 등 기업 경영의 필요상 부득이한 예외적인 경우로 제한함으로써 기존 주주의 신주인수권에 대한 보호를 강화하고자 하는 데 그 취지가 있다.

② 주식회사가 신주를 발행함에 있어 신기술의 도입, 재무구조의 개선 등 회사의 경영상 목적을 달성하기 위하여 필요한 범위 안에서 정관이 정한 사유가 없는데도 회사의 경영권 분쟁이 현실화된 상황에서 경영진의 경영권이나 지배권 방어라는 목적을 달성하기 위하여 제3자에게 신주를 배정하는 것은 상법 제418조 제2항을 위반하여 주주의 신주인수권을 침해하는 것이다.

(2) 사건에의 적용

위 신주발행 당시 X회사에는 경영권 분쟁이 있었고, 이 사건 신주발행은 상법 제418조 제2항과 X회사의 정관이 정하고 있는 사유가 아니라 현 경영진의 경영권을 방어하기 위하여 제3자 배정방식으로 이루어진 것으로서 위 상법 조항과 X회사의 정관을 위반하여 A 등 기존 주주의 신주인수권을 침해한 것이다.

2. 신주발행 무효사유에 해당하는지 여부

(1) 판례법리

① 신주 발행을 사후에 무효로 하는 경우 거래의 안전과 법적 안정성을 해할 우려가 큰 점을 고려할 때 신주발행무효의 소에서 그 무효원인은 가급적 엄격하게 해석하여야 할 것이다.

② 그러나 신주 발행에 법령이나 정관의 위반이 있고 그것이 주식회사의 본질 또는 회사법의 기본원칙에 반하거나 기존 주주들

의 이익과 회사의 경영권 내지 지배권에 중대한 영향을 미치는 경우로서 주식의 관련된 거래의 안전, 주주 기타 이해관계인의 이익 등을 고려하더라도 도저히 묵과할 수 없는 정도라고 평가되는 경우에는 그 신주의 발행을 무효라고 보지 않을 수 없다.

(2) 사건에의 적용

기존 주주의 신주인수권을 침해함으로 인하여 X회사의 지배구조에 심대한 변화가 초래되어 A의 X회사에 대한 종래의 지배권이 현저하게 약화되는 중대한 영향을 받게 되었으니 이러한 신주발행은 도저히 허용될 수 없어 무효라고 보아야 한다.

Comments

(1) 신주인수권이란 회사가 신주를 발행할 때에 그 신주를 우선순위로 인수할 수 있는 권리이다. 특수한 신주발행의 경우에는 신주인수권자가 법정되어 있는 것이 보통이므로 그에 따르면 된다.[165] 그러나 자금조달을 목적으로 하는 통상의 신주발행(416조 이하)의 경우 신주인수권은 주주에 있으며 주주는 보유주식수에 비례하여 우선적으로 신주인수권을 갖는 것이 원칙이다(418조 1항). 그렇게 하지 않으면 신주발행으로 주식가치가 희석화(watered stock)되어 기존 주식의 비례적 가치를 유지시킬 수 없기 때문이다. 따라서 부득이 예외적으로 주주가 아닌 제3자에게 신주인수권을 배정하기 위해서는 주주배정의 당위성을 압도하는 필요성(회사의 경영상의 목적 달성을 위해 필요할 것)이 인정되어야 하고, 법령 또는 정관에[166] 제3자배정의 근거가 있어야 하며, 이를 주주에

165) 예컨대, 신주인수권부사채의 경우는 신주인수권부사채 또는 신주인수권증권을 보유하고 있는 자에게 신주인수권이 있다(516조의2)

게 사전에 공시하여야 하고(418조 2항·4항), 발행가가 공정하여야 한다.

즉, 신주인수권을 제3자에게 배정하려면, 이에 관한 정관의 근거규정과 같은 형식적 요건, 목적의 정당성과 절차적 정당성을 모두 갖추어야 한다. 이 중에서 특히 목적의 정당성이 문제된다. 이에 관하여 상법 제418조 제2항에서는 "신기술의 도입, 재무구조의 개선 등 회사의 경영상의 목적을 달성하기 위하여 필요한 경우"이어야 할 것을 명시적으로 규정하고 있다. 여기서 신기술의 도입이나 재무구조의 개선 등은 '회사의 경영상의 목적 달성을 위하여 필요한 경우'의 예시일 뿐이다. 회사의 이익과 기존 경영진이나 지배주주의 이익은 별개의 것이므로, 위 사건에서와 같이 단순히 기존 경영진의 경영권 안정이나 경영권 방어를 위한 신주의 제3자배정은 상법 제418조 제2항의 '회사의 경영상의 목적에 필요한 경우'에 해당되지 않는다.[167] 위 사건처럼 제3자배정으로 인하여 기존 주주의 지배구조에 중대한 변화를 초래한 경우에는 주주의 신주인수권에 대한 중대한 침해가 된다.

(2) 신주발행무효의 소는 신주발행에 중대한 하자가 있는 경우 그 효력을 단체법적으로 해결하기 위하여 인정하는 회사법상의 소송이다(429조 등). 신주발행무효의 소에 의하여 원고가 승소하면 대세적 효력이 생기고 발행 신주 전체가 무효로 되어 주식거래의

166) 정관에 규정이 없더라도 정관변경과 동일한 요건인 주주총회의 특별결의에 의하여 갈음할 수 있는가에 대해서는 이를 긍정하는 견해(권기범, 844면; 김정호, 575면; 이기수 외, 556면; 이철송, 860면; 정동윤, 698면; 최준선, 562면)와 상법 제418조 제2항의 문언에 반한다고 하여 이를 부정하는 견해(송옥렬, 995면; 최기원, 776면)로 나뉘어져 있다. 전환사채나 신주인수권부사채의 경우에는 주주총회의 특별결의에 의하여 정관의 근거규정을 대체할 수 있음을 명시적으로 규정하고 있다(513조 3항, 516조 4항). 이에 관하여 전환사채나 신주인수권부사채와 신주에 차이를 둘 이유가 없으므로 전자의 견해가 타당하다고 본다.

167) 대법원 2009. 1. 20. 선고 2008다50776 판결.

안정성을 심히 해하게 된다. 따라서 신주발행무효의 소는 신주발행에 관하여 중대한 하자가 있고 이사에 대한 손해배상책임 추궁 등과 같은 다른 구제수단이 없는 때에 한하여 제한적으로 허용된다(보충성). 신주발행무효의 소를 제기할 수 있는 사유는 수권자본주의, 자본충실의 원칙, 기존 주식의 비례적 가치 유지의 원칙 등 신주발행과 관련하여 요구되는 기본원칙들을 심각하게 해친 경우에 한하며(하자의 중대성), 무효로 했을 때의 주식거래의 안정성, 다른 유효한 구제수단의 존부 등을 종합적으로 고려하여 결정하여야 한다. 위 판례는 이를 "주식회사의 본질 또는 회사법의 기본원칙에 반하거나 기존 주주들의 이익과 회사의 경영권 내지 지배권에 중대한 영향을 미치는 경우로서 주식의 관련된 거래의 안전, 주주 기타 이해관계인의 이익 등을 고려하더라도 도저히 묵과할 수 없는 정도라고 평가되는 경우"라고 표현하고 있다. 위 사건에서는 신주의 제3자배정으로 인하여 최대주주의 순위가 뒤바뀌었다. 이는 주주의 신주인수권을 침해함으로써 단순히 기존 주식의 경제적 비례가치가 훼손되는 정도를 넘어 기존 지배주주의 지배권에 변경을 초래하는 정도에 이른 것이므로 중대한 하자에 해당한다. 따라서 신주발행 무효의 소의 사유가 된다고 보아야 한다.[168)]

《관련문헌》

김정호, "경영권 방어와 비례의 원칙 : 대판 2009. 1. 30. 2008다5076 판결의 평석을 겸하여", 「경영법률」 제21집 제3호(2011).

---

168) 신주발행의 내용 또는 절차상의 하자가 매우 중대하여 신주발행이 존재한다고 볼 수 없는 정도에 이른 경우에는 신주발행 부존재의 사유가 된다. 신주발행부존재는 신주발행의 실체가 전혀 뒷받침되지 않는 채 외관만 존재하는 경우 그 허위의 외관을 제거할 목적으로 학설과 판례에 의하여 인정되고 있다. 이에 대해서는 상법 제429조의 적용을 받지 않으므로 제소권자와 제소기간에 대한 제한이 없다. 즉, 일반 민사소송법상의 확인의 소로도 제기할 수 있고, 그 판결의 효력에는 대세적 효력이 없고, 소급효가 제한되지 않는다(대법원 1989. 7. 25. 선고 87다카2316 판결).

김이수, "현행 상법에 비추어 본 주주의 신주인수권 제도의 당위성에 관한 고찰", 「상사판례연구」 제23집 제4권(2010).

신우진, "경영권 방어를 위한 자기주식의 제3자에 대한 처분의 법적 문제점", 「기업법연구」 제21권 제1호(2007).

18. 전환사채의 제3자 배정

[대법원 2009. 5. 29. 선고 2007도4949 전원합의체 판결][169]

Facts

(1) D1(피고인 1)은 1993. 9.경부터 2002. 6.경까지 관광객 이용시설업 등을 목적으로 설립된 E주식회사(1997. 10. 1. E회사로 상호변경)의 대표이사로 근무하면서 E의 경영 전반을 총괄하는 업무에 종사하던 자이다. D2(피고인 2)는 1993. 11.경부터 E회사의 경영지원실장(상무이사)으로 근무하며 E의 자금조달 계획을 수립·집행하는 등의 업무에 종사하다가 1997. 2.경 전무이사, 2001. 1.경 부사장을 각 거쳐 2002. 6.경부터 현재까지 대표이사로 근무하는 자이다.

(2) 1996. 1.경부터 정부가 신종 금융상품인 전환사채 등을 이용한 변칙증여 등 정상적인 거래를 통하지 아니하고 특수관계에 있는 자와의 거래를 통하여 받은 이익을 증여로 보고 그에 대한 증여의제 과세제도를 새로 마련하는 방안으로 구 상속세법(1997. 1.

---

169) 이 사건은 업무상배임죄의 성립여부에 관한 형사사건으로 다루어졌다. 대법원은 원심판결(서울고법 2007. 5. 29. 선고 2005노2371 판결)을 파기하고, 사건을 서울고등법원에 환송하였다. 원심판결의 주문: "원심판결(서울중앙지법 2005. 10. 4. 선고 2003고합1300 판결)을 파기한다. 피고인들을 각 징역 3년 및 벌금 3,000,000,000원에 각 처한다. 피고인들이 위 각 벌금을 납입하지 아니하는 경우 각 금 3,000,000원을 1일로 환산한 기간 피고인들을 노역장에 각 유치한다. 다만, 피고인들에 대하여 이 판결 확정일로부터 각 5년간 위 각 징역형의 집행을 유예한다."

1. '상속세 및 증여세법'으로 명칭 변경)의 개정을 추진하였다. 이러한 사실이 언론 등을 통해 알려짐에 따라, 위 법이 개정·발효되기 전에 전환사채 발행 방식을 이용하여 당시 자산총액이 8,000억원을 상회하고, 세계적인 테마파크로의 육성을 위한 장기계획하에 5,800억원 가량의 대규모 시설투자가 이루어져 내재가치 및 성장 가능성이 매우 큰 반면, 자본금 규모가 35억 3,600만원에 불과하여 지배지분의 확보가 용이한 S그룹 계열의 비상장회사인 E의 지배권을 아무런 세금부담 없이 적은 자금으로 L1, L2, L3, L4(이하 'L1 등')에게 넘겨주기로 마음먹고, 공모하였다.

(3) 1996. 10. 초순경 E회사의 전환사채를 주주배정방식으로 발행할 것을 이사회에서 형식적으로 의결하여 E의 법인주주 및 개인주주들이 L1 등에게 E의 지배권을 넘겨주기 위하여 전환사채의 인수를 의도적으로 포기하게 하여 실권하도록 하거나, 대부분의 법인주주 및 개인주주 등이 특별한 사정 등으로 인하여 전환사채 인수를 거절하여 실권하면, 그 실권 전환사채를 제3자인 L1 등에게 배정, 인수 후 주식으로 전환하게 함으로써 E의 지배권을 L1 등에게 넘겨주기로 하였다.

(4) 1996. 10. 30. 용인시에 있는 E회사의 회의실에서 전환사채 발행을 위한 이사회 결의를 함에 있어, 상법 및 E회사의 정관에 의하면 재적이사 과반수의 출석과 출석이사의 과반수로 이사회 결의를 하여야 하고 그 규정에 위반한 결의는 무효임에도 불구하고 17명의 이사 중 과반수에 미달하는 8명만이 참석한 상태에서 진행되었다. 이사회 개최 당시까지 E의 법인주주인 한○제지 주식회사 등이 E의 주식을 1주당 85,000원 내지 89,290원에 매도한 거래실례가 있었다. E의 법인주주인 J재단 등이 E의 1주당 가치를 최저 125,000원부터 최고 234,985원까지 평가한 전례가 있었을 뿐만 아니라, 그 당시 상속세법상 보충적 평가방법에 의하더라도 E회사 주식의 1주당 가치는 127,755원으로 산정되는 상황이었다. 그럼에도 불구하고 위와 같은 상황을 전혀 검토·고

려하지 않음은 물론 적정 전환가격 산정을 위한 그 어떠한 평가 절차도 거치지 아니한 채 E회사 주식의 거래실례가액으로서 최소한의 1주당 실질 주식가치인 85,000원보다 현저하게 낮은 가액인 7,700원으로 전환가액을 임의로 정하고, “표면이율: 연 1%, 만기보장수익률: 연 5%, 전환청구기간: 사채발행일 익일부터”로 발행조건을 정함으로써 실질적으로 주식과 다름이 없는 성격의 전환사채 99억 5,459만원 상당을 주주배정의 방식으로 발행하기로 하고 실권시 이사회 결의에 의하여 제3자 배정 방식으로 발행할 것을 결의하였다.

(5) 이어서 ○○○ 등 일부 주주에 대해서는 전환사채 배정기준일 통지 및 실권예고부 최고도 하지 아니하였다. 나머지 주주에 대하여도 1996. 11. 17. 또는 같은 달 18.경에 전환사채 배정기준일 통지서 및 실권예고부 최고서를 발송하였음에도 마치 1996. 10. 30.에 전환사채 배정기준일 통지서를, 1996. 11. 15.에 실권예고부 최고서를 각 발송한 것처럼 날짜를 소급하여 전환사채 배정기준일 통지 및 실권예고부 최고를 하였다. 그런 다음 실권예고부 최고시 “청약기일인 1996. 12. 3.까지 전환사채에 대한 청약을 하지 아니하면 그 인수권을 잃는다.”는 뜻을 통지하였다. 그 날까지는 주주들에 대하여 청약의 기회를 주고 그 날이 경과한 후 실권 전환사채를 제3자에게 배정하여야 함에도 1996. 12. 3. 16:00경까지 J제당을 제외한 J일보사 등의 법인주주들 및 L 등 개인주주들이 각 주식보유 비율에 따라 배정된 전환사채의 청약을 하지 않았다.

(6) 그러자 전환사채 청약기일이 경과하기 전인 1996. 12. 3. 16:00경 위 회의실에서 실권 전환사채 배정을 위한 이사회를 개최하여, 적정 전환가액 산정을 위한 아무런 평가절차도 거치지 않음은 물론, 실권전환사채를 인수함으로써 E의 지배권을 확보하게 되는 L1 등과의 사이에 E의 지배권을 획득함으로써 얻게 되는 프리미엄에 상응한 전환가격 및 그에 기초한 전환사채 발행

총액을 결정하기 위한 아무런 흥정과정도 거치지 아니한 채, 위와 같이 의결정족수 미달로 무효인 1996. 10. 30.의 이사회 결의로 정한 발행조건과 동일하게, E의 1주당 최소한의 실질주식가치인 85,000원보다 현저하게 낮은 가액인 7,700원으로 전환가액을 임의로 정하였고, "표면이율: 연 1%, 만기보장수익률: 연 5%, 전환청구기간: 사채발행일 익일부터"로 발행조건을 정함으로써 실질적으로 주식과 다름이 없는 성격의 실권 전환사채 합계 96억 6,181만원 상당 중 48억 3,091만원 상당을 L1에게, 각 16억 1,030만원 상당을 L2, L3, L4에게 각 배정한다는 내용의 결의를 하였다.

(7) 이에 의하여 결국 L1은 주주에 대한 전환사채 발행절차가 진행 중이던 1996. 11. 13.부터 같은 달 19.까지 사이에 자신이 보유하고 있던 주식회사 S의 주식을 매도하여 미리 준비하고 있던 자금으로 1996. 12. 3. 자신에게 배정된 실권 전환사채 인수대금 전액을 납입하였다. 또한 L2, L3, L4는 1996. 12. 3. L로부터 증여받은 자금으로 같은 날 자신들에게 배정된 실권 전환사채 인수대금전액을 납입한 후, L1 등이 1996. 12. 17. 그 전환사채를 1주당 7,700원의 전환가격에 주식으로 각 전환하여 E 주식의 약 64%에 해당하는 합계 1,254,777주(L1: 627,390주, L2, L3, L4: 각 209,129주)를 취득하게 하였다. 그렇게 함으로써 L1 등으로 하여금 최소한 969억 94,262,100원{(E주식의 거래실례가격으로서 최소한의 1주당 가액인 85,000원 - 전환가격인 7,700원) × L1 등이 취득한 주식 합계 1,254,777주} 상당의 재산상 이익을 취득하게 하고, E회사에 같은 금액 상당의 재산상 손해를 가하였다.

(8) 검사는 상고이유에서 이 사건 전환사채의 적정 전환가액을 주당 85,000원으로 보아야 함에도 원심이 주당 14,825원으로 인정하고 그 범위 내에서만 죄책을 인정한 것이 부당하다는 취지로 다투고 있다.

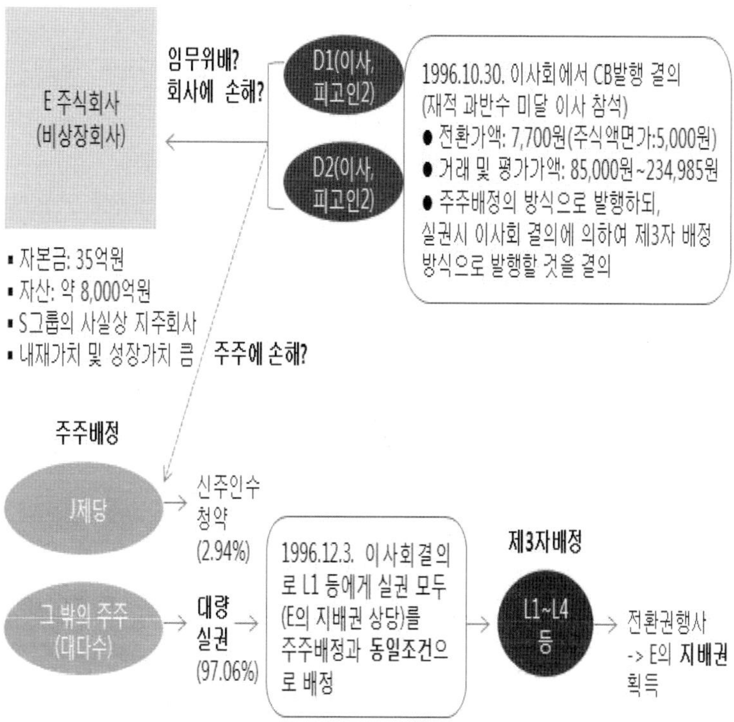

(Q1) 전환사채를 주주에게 배정하였으나 주주들이 인수하지 않음으로 해서 발생한 실권부분을 제3자에게 발행하는 경우 이사회는 주주에게 배정하는 경우와는 달리 발행가를 시가에 근접하는 가격으로 변경하여야 하는가?

(Q2) 전환사채를 주주가 아닌 제3자에게 시가보다 저렴한 가격으로 발행하면 그로 인하여 회사와 주주는 어떠한 손해를 입게 되는가?

(Q3) 위 사건이 실체적 진실의 발견을 목적으로 하는 형사사건이 아니라 형식적 진실의 발견으로도 만족하는 민사사건으로 제기되는 경우라면 누가, 누구에게, 어떤 책임을 물을

수 있는가? (아니면 이에 관하여 아무런 차이가 없는 것인가?)

Issue & Rule

(1) 위 사건에서 쟁점이 되는 사항은 ① 회사의 이사가 시가보다 현저하게 낮은 가액으로 신주 등을 발행한 경우 업무상배임죄가 성립하는지 여부, ② 신주 등의 발행에서 주주 배정방식과 제3자 배정방식을 구별하는 기준, ③ 회사가 기존 주주들에게 지분비율대로 신주 등을 인수할 기회를 부여하였다면 주주들이 그 인수를 포기함에 따라 발생한 실권주 등을 시가보다 현저히 낮은 가액으로 제3자에게 배정한 경우에도 주주 배정방식으로 볼 수 있는지 여부, ④ 주주 배정방식에 의한 전환사채 발행시 주주가 인수하지 아니하여 실권된 부분을 제3자에게 발행하는 경우 전환가액 등 발행조건을 변경하여야 하는지 여부, ⑤ 전환사채 발행을 위한 이사회 결의에는 하자가 있었다 하더라도 실권된 전환사채를 제3자에게 배정하기로 의결한 이사회 결의에는 하자가 없는 경우, 전환사채 발행절차를 진행한 것이 업무상배임죄의 임무위배에 해당하는지 여부, ⑥ 회사지배권 이전을 목적으로 한 전환사채의 발행이 이사의 임무위배에 해당하는지 여부 등이다.

(2) 위 쟁점사항에 관한 적용법조는 형법 제355조 제2항, 제356조; 상법 제330조, 제417조, 제424조의2 제1항, 제516조 제1항, 제516조의10, 제416조, 제513조, 제390조, 제391조; 상속세 및 증여세법 제63조 제1항 제1호 (다)목; 상속세 및 증여세법 시행령 제54조 등이다.

Analysis & Conclusion

1. 업무상 배임죄의 구성요건

업무상배임죄는 타인의 사무를 처리하는 자가 업무상의 임무에 위배하는 행위로써 재산상의 이익을 취득하거나 제3자로 하여금 이를 취득하게 하여 그 본인에게 손해를 가한 때에 성립하는 범죄이다(형 355조 2항, 356조).

① 여기에서 '임무에 위배하는 행위'라 함은 처리하는 사무의 내용, 성질 등에 비추어 법령의 규정, 계약의 내용 또는 신의칙상 당연히 하여야 할 것으로 기대되는 행위를 하지 않거나 당연히 하지 않아야 할 것으로 기대되는 행위를 함으로써 사무처리를 위임한 본인과의 신임관계를 저버리는 일체의 행위를 포함한다.[170]

② '재산상의 손해를 가한 때'라 함은 총체적으로 보아 본인의 재산상태에 손해를 가하는 경우를 말하고, 현실적인 손해를 가한 경우뿐 아니라 재산상 실해 발생의 위험을 초래한 경우를 포함한다. 이러한 재산상 손해의 유무에 관한 판단은 법률적 판단에 의하지 아니하고 경제적 관점에서 실질적으로 판단되어야 한다. 여기에는 재산의 처분 등 직접적인 재산의 감소, 보증이나 담보제공 등 채무부담으로 인한 재산의 감소와 같은 적극적 손해를 야기한 경우는 물론, 객관적으로 보아 취득할 것이 충분히 기대되는데도 임무위배행위로 말미암아 이익을 얻지 못한 경우, 즉 소극적 손해를 야기한 경우도 포함된다.[171] 이러한 소극적 손해는 재산증가를 객관적·개연적으로 기대할 수 있음에도 임무위배행위로 이러한 재산증가가 이루어지지 않은 경우를 의미하는 것이

170) 대법원 2004. 6. 24. 선고 2004도520 판결; 대법원 2008. 5. 29. 선고 2005도4640 판결 등 참조.

171) 대법원 1972. 5. 23. 선고 71도2334 판결; 대법원 2003. 10. 10. 선고 2003도3516 판결; 대법원 2008. 5. 15. 선고 2005도7911 판결 등 참조.

므로 임무위배행위가 없었다면 실현되었을 재산 상태와 임무위배행위로 말미암아 현실적으로 실현된 재산상태를 비교하여 그 유무 및 범위를 산정하여야 할 것이다.

2. 전환사채의 잠재주식성

① 주식회사는 상행위 기타 영리를 목적으로 하여 설립된 법인으로서(169조), 주식회사의 자본금은 사업을 영위하기 위한 물적 기초를 구축하기 위하여 주주들이 출연하는 금원이고, 주식은 주주들이 출자비율에 따라 주식회사에 대하여 가지는 지분이다. 주식회사가 회사운영을 위하여 필요한 자금을 조달하는 수단으로는 신주를 발행하여 자기자본을 증가시키는 방법과 사채의 발행이나 금융기관으로부터의 대출 등에 의하여 타인자본을 조달하는 방법 등이 있다.
② 전환사채나 신주인수권부사채는 타인자본의 조달수단인 사채의 일종이라는 점에서 주식과는 법적 성질을 달리하지만, 양자 모두 사채권자의 전환권 또는 신주인수권의 행사에 의하여 신주발행이 이루어지고 사채권자의 지위가 주주로 변경된다는 점에서 잠재적 주식으로서의 성질을 가지고 있다. 이러한 이유로 상법은 전환사채 등의 발행에 있어서는 신주발행에 관한 규정을 준용하도록 하고 있다(516조, 516조의10).

3. 유상신주발행의 법적 성질

회사가 주주들에게 지분비율에 따라 신주 등을 유상으로 발행하는 경우에, 회사로서는 그 인수대금만큼 자금이 유입됨으로써 자본금 및 자산의 증가가 이루어지는데 주주들로서는 신주 등을 인수하더라도 기존에 보유하던 지분비율에는 아무런 영향이 없고 단지 보유 주식수만 늘어나는 것이므로 실질적으로는 기존 주식의 분할과 주주들의 추가 출자가 동시에 이루어지는 셈이라고 할 것이다.

4. 신주의 발행가액의 결정에 관한 이사의 주의의무

(1) 주주배정의 경우

주주는 회사에 대하여 주식의 인수가액에 대한 납입의무를 부담할 뿐(331조) 인수가액 전액을 납입하여 주식을 취득한 후에는 주주유한책임의 원칙에 따라 회사에 대하여 추가 출자의무를 부담하지 아니하는 점, 회사가 준비금을 자본금으로 전입하거나 이익을 주식으로 배당할 경우에는 주주들에게 지분비율에 따라 무상으로 신주를 발행할 수 있는 점 등에 비추어 볼 때, 회사가 주주배정의 방법, 즉 주주가 가진 주식 수에 따라 신주 등의 배정을 하는 방법으로 신주 등을 발행하는 경우에는 발행가액 등을 반드시 시가에 의하여야 하는 것은 아니다. 그러므로 회사의 임원인 이사로서는 주주배정의 방법으로 신주를 발행함에 있어서 원칙적으로 액면가를 하회하여서는 아니 된다는 제약(330조, 417조)[172] 외에는 주주 전체의 이익과 회사의 자금조달의 필요성과 급박성 등을 감안하여 경영판단에 따라 자유로이 그 발행조건을 정할 수 있다고 보아야 할 것이다. 그러므로 시가보다 낮게 발행가액 등을 정함으로써 주주들로부터 가능한 최대한의 자금을 유치하지 못하였다고 하여 배임죄의 구성요건인 임무위배, 즉 회사의 재산보호의무를 위반하였다고 볼 것은 아니다.

(2) 제3자배정의 경우

① 그러나 주주배정의 방법이 아니라 제3자에게 인수권을 부여

---

172) 무액면주식의 경우는 발행가 중 1/2 이상의 금액으로 이사회가 정하는 금액을 자본금으로 전입하여야 한다는 제약만이 있을 뿐이다(451조 2항).

하는 제3자배정 방법의 경우, 제3자는 신주 등을 인수함으로써 회사의 지분을 새로 취득하게 되므로 그 제3자와 회사와의 관계를 주주의 경우와 동일하게 볼 수는 없다. 제3자에게 시가보다 현저하게 낮은 가액으로 신주 등을 발행하는 경우에는 시가를 적정하게 반영하여 발행조건을 정하거나 또는 주식의 실질가액을 고려한 적정한 가격에 의하여 발행하는 경우와 비교하여 그 차이에 상당한 만큼 회사의 자산을 증가시키지 못하게 되는 결과가 발생한다. 이 경우에는 회사법상 공정한 발행가액과 실제 발행가액과의 차액에 발행주식수를 곱하여 산출된 액수만큼 회사가 손해를 입은 것으로 보아야 한다.

② 이러한 회사의 손해는, 시가보다 낮은 가격으로 발행된 신주와 기존 주주들이 보유하고 있던 구주가 주주평등의 원칙에 따라 동등하게 취급됨으로 말미암아 구주의 실질가치가 희석됨으로써 기존 주주들이 입는 손해와는 그 성질과 귀속 주체를 달리하며 그 평가방법도 일치하지 아니한다. 따라서 신주 등의 저가발행으로 인한 회사의 손해와 주주의 손해는 마땅히 구별되어야 할 성질의 것이다. 그렇기 때문에 상법은 신주 등의 발행에 있어서 제3자가 이사와 통모하여 현저하게 불공정한 발행가액으로 주식을 인수한 경우 회사에 대하여 공정한 발행가액과의 차액에 상당한 금액을 지급할 책임을 인정하고(424조의2 1항, 516조 1항, 516조의10), 이러한 경우에 기존 주주는 회사에 대하여 제3자를 상대로 공정한 발행가액과의 차액에 상당한 금원의 지급을 구하는 소를 제기할 것을 청구할 수 있다. 만일 회사가 이러한 청구에 응하지 않을 경우에는 주주가 직접 제3자를 상대로 회사를 위하여 공정한 발행가액과의 차액에 상당하는 금원의 지급을 구하는 대표소송을 제기할 수 있을 뿐 아니라(424조의2 2항, 403조), 이와는 별도로 이사는 회사에 대하여 임무위배로 인한 손해배상책임을 부담하는 것이다(399조 1항).

③ 결국 이와 같이 현저하게 불공정한 가액으로 제3자배정방식

에 의하여 신주 등을 발행하는 행위는 이사의 임무위배행위에 해당하는 것으로서 그로 인해 회사에 공정한 발행가액과의 차액에 상당하는 자금을 취득하지 못하게 되는 손해를 입힌 이상 이사에 대하여 배임죄의 죄책을 물을 수 있다고 할 것이고, 그것이 종래 대법원의 판례이기도 하다.[173]

(3) 정리(다수의견[174] 및 반대의견[175])

① 이사는 회사에 대하여 법령과 정관의 규정에 따라 직무를 충실하게 수행하여야 할 선관주의의무 내지 충실의무를 부담하는 것이므로, 신주 등을 발행함에 있어서 이사로서의 임무에 위배하고 그로 인하여 회사에 손해를 입힌 경우에는 업무상배임의 죄책을 지게 된다. 그런데 회사가 주주배정의 방법으로 신주 등을 발행하는 경우에는 신주의 발행가액 등이 시가보다 현저히 낮다고 하더라도 특별한 사정이 없는 한 이사로서의 임무를 위배하여 회사에 손해를 입혔다고 볼 수 없다.

② 그러나 회사가 제3자배정의 방법으로 신주 등을 발행하는 경우에는 회사의 재무구조, 영업전망과 그에 대한 시장의 평가, 주식의 실질가액, 금융시장의 상황, 신주의 인수가능성 등 여러 사정을 종합적으로 고려하여, 이사가 그 임무에 위배하여 신주의 발행가액 등을 공정한 가액보다 현저히 낮추어 발행한 경우에 해당하는지를 살펴 이사의 업무상 배임죄의 성립 여부를 판단하여야 한다.[176]

---

173) 대법원 2001. 9. 28. 선고 2001도3191 판결; 대법원 2005. 5. 27. 선고 2003도5309 판결 등 참조.

174) 다수의견: 대법관 김지형, 이홍훈, 박일환, 차한성, 신영철(이하 동일).

175) 반대의견: 대법관 김영란, 박시환, 이홍훈, 김능환, 전수안(이하 동일).

176) 이 사건의 반대의견도 신주 등의 발행에 있어 주주배정방식의 경우와 제3자배정방식의 경우를 구별하여야 하고 그에 따라 이사의 임무도 그 내용을 달리 해야 한다는 점에서는 다수의견과 견해를 같이한다.

5. 주주배정과 제3자배정 중 어느 것에 해당하는지의 판단

(1) 판례법리

(가) 다수의견

① 신주 등의 발행에 있어서 주주배정방식과 제3자배정방식을 구별하는 기준은 회사가 신주 등을 발행함에 있어서 주주들에게 그들의 지분비율에 따라 신주 등을 우선적으로 인수할 기회를 부여하였는지 여부에 따라 객관적으로 결정되어야 할 성질의 것이지, 신주 등의 인수권을 부여받은 주주들이 실제로 인수권을 행사함으로써 신주 등을 배정받았는지 여부에 좌우되는 것은 아니다.
회사가 기존 주주들에게 지분비율대로 신주 등을 인수할 기회를 부여하였는데도 주주들이 그 인수를 포기함에 따라 발생한 실권주 등을 제3자에게 배정한 결과 회사 지분비율에 변화가 생기고, 이 경우 신주 등의 발행가액이 시가보다 현저하게 낮아 그 인수권을 행사하지 아니한 주주들이 보유한 주식의 가치가 희석되어 기존 주주들의 부(富)가 새로이 주주가 된 사람들에게 이전되는 효과가 발생하더라도, 그로 인한 불이익은 기존 주주들 자신의 선택에 의한 것일 뿐이다.
② 회사의 입장에서 보더라도 기존 주주들이 신주 등을 인수하여 이를 제3자에게 양도한 경우와 이사회가 기존 주주들이 인수하지 아니한 신주 등을 제3자에게 배정한 경우를 비교하여 보면 회사에 유입되는 자금의 규모에 아무런 차이가 없을 것이므로, 이사가 회사에 대한 관계에서 어떠한 임무에 위배하여 손해를 끼쳤다고 볼 수는 없다.

(나) 반대의견

주주배정방식에 의한 신주 등의 발행과 제3자배정방식에 의한 발행이 구별되어야 하는 이유 및 근거에 관한 다수의견은 기본적으로 일치하지만, 다음과 같이 다수의견을 보충하거나 달리하고 있다.

① 주식회사는 주식을 기본단위로 하여 자본적으로 결합된 사단이다.[177] 상법은 주식회사의 자본은 주식으로 분할하여야 하고(329조 2항), 주식회사의 설립에 있어 회사가 발행할 주식의 총수와 1주의 금액은 반드시 정관에 기재하여야 하며(289조 1항), 발행주식의 총수, 그 종류와 각종 주식의 내용과 수를 자본의 총액과 함께 회사설립등기시에 등기하여야 하고(317조 1항), 회사의 성립 후에 회사가 주식을 발행함에 있어서는 그 신주의 종류와 수뿐만 아니라 신주의 발행가액을 결정하도록 규정하고 있다(416조). 그러므로 회사설립에 있어서는 물론, 신주의 발행에 있어서도 발행할 주식의 총수뿐만 아니라 1주의 금액 내지 발행가액이 동시에 결정되어야 한다. 신주 등의 발행에 있어 1주의 발행가액의 적정성을 도외시한 채 발행총액의 적정성만을 따지는 것은 올바른 접근방법이 아니다.

② 주식회사의 설립에 있어 발기인은 주식을 인수하여야 하고(293조), 회사설립시에 발행한 주식으로서 회사성립 후에 아직 인수되지 아니하거나 주식인수의 청약이 취소된 주식은 발기인이 공동으로 인수하여야 하고, 인수가액의 납입이 완료되지 아니한 주식에 대하여는 발기인이 연대하여 납입하여야 한다(321조). 주식회사를 설립함에는 발기인이 정관을 작성하여야 하고(288조), 회사설립시에 발행하는 주식의 종류와 수 및 액면 이상의 주식을 발행하는 때에 있어서의 그 수와 금액은 정관에 정함이 없으면

177) 2011년 개정상법에서는 제169조의 개정을 통해 종래에 규정되어 있던 '사단'의 문구를 삭제하였지만 그렇다고 회사가 사단이라는 본질적 속성이 폐기된 것은 아니다.

발기인 전원의 동의로 이를 정한다(291조). 그러므로 1주의 금액이나 발행주식의 총수 및 자본금액은 기본적으로 주주들이 결정할 문제이다. 이는 회사설립시에 발행하는 모든 주식이 발기인을 포함한 주주들에 의하여 인수되고 납입되는 것을 전제로 하는 것이다. 이러한 법리는 신주의 발행이나 전환사채 또는 신주인수권부사채의 발행에 있어서도 마찬가지이어서, 신주 등의 종류와 수 및 발행가액은 기본적으로 주주들이 결정할 문제이다. 회사의 자본 및 자산가치가 주식의 액면가 및 시가로 반영되는 것이므로 회사에 얼마를 더 출자하고 회사의 자본과 자산을 몇 주의 주식으로 분할할 것인지는 주주들에게 달려 있기 때문이다. 그리하여 상법은 이에 관하여 정관의 규정에 따르는 것이 원칙이고 그 정관에서 주주총회에서 이를 결정하도록 정한 경우 외에는 이사회가 결정한다고 규정하고 있을 뿐, 그 발행가액에 관하여는 액면가 이상이어야 한다는 것 외에는 특별한 제한은 두고 있지 않다(330조, 416조, 417조 1항, 513조 2항, 516조의2 2항). 따라서 신주 등의 발행에 있어서도, 주주배정방식으로 발행하여 모든 신주가 주주에게 인수되고 납입되는 것을 전제로 하는 한에 있어서는, 이사회가 그 발행가액을 액면가 이상의 가액으로 적절히 정할 수 있고, 이를 시가로 정해야만 하는 것은 아니다.

③ 그러나 제3자배정방식에 의한 신주 등의 발행에 있어서는 이와 동일하게 볼 수 없다. 상법은 이를 직접적으로 규율하는 규정을 두고 있지 않다. 그렇지만 이사가 적정가액, 즉 시가로 발행할 의무가 있음을 당연한 전제로 하여, 이사와 통모하여 현저하게 불공정한 가액으로 주식을 인수한 자는 회사에 대하여 공정한 발행가액과의 차액에 상당한 금액을 지급할 의무가 있다고 규정하고(424조의2 1항; 주주배정방식에서는 모든 주주가 평등하게 취급되므로 어느 주주가 다른 주주에 대하여 회사에 대한 차액 지급을 청구할 여지가 없고 따라서 주주배정방식에는 위 규정이 적용되지 않는다고 보아야 할 것이다. 주주 중 일부에게만 신주를 배정, 발행하거나 주주들 사이의 발행조건에 차등을 두어 발행하는 것은 여기에서의 주주배정방식에 해당되지 않는다고 할 것이다), 이 경

우 이사는 기존 주주 및 회사에 대하여 손해배상책임을 지는 것으로 규정하고 있다(399조, 401조). 전환사채 등을 제3자배정방식으로 발행함에 있어서는, 주주배정방식인 경우와는 달리, 그 사채의 발행에 관한 사항은 정관에 규정이 없으면 주주총회의 특별결의로써 이를 정하여야 한다. 여기에는 상법 제424조의2의 규정이 준용되므로(513조 3항, 516조의2 4항, 516조 1항, 516조의10), 전환사채 등의 제3자배정방식에 의한 발행에 있어서도 전환의 조건 등의 발행에 관한 사항은 공정한 가액, 즉 시가에 따라 정해져야 한다.

④ 이와 같이 신주 등의 발행에 있어 주주배정방식과 제3자배정방식이 구별되고 달리 취급되어야 하는 이유는 그 본질 내지 성질이 다르기 때문이다. 주식회사는 그 주식을 소유한 주주들에 의하여 자본적으로 결합된 사단이고, 주주는 그가 가진 주식의 인수가액을 한도로 하여 책임을 질 뿐(331조) 추가출자의무를 지지 아니한다. 따라서 모든 신주를 주주들이 그 가진 주식 수에 비례하여 인수하고 납입하는 것을 전제로 하는 한에 있어서는, 자본충실의 원칙상 그 발행가액을 액면가 이상으로 정하기만 하면 그것으로 충분하고, 액면가보다 훨씬 고가인 시가로 정함으로써 그 차액만큼을 추가로 출자하도록 요구할 수 없고 이를 요구할 의무도 없으며, 그 결과 신주를 저가로 발행함으로써 이를 시가로 발행했을 경우에 비하여 적은 자금이 회사에 유입되었다고 하더라도 이를 회사의 손해로 평가할 수 없다. 시가로 발행할 의무가 없으므로 임무위반을 논할 수 없고 따라서 그 차액 상당을 회사가 얻을 수 있었던 것으로 볼 수 없는 것이다. 그러나 제3자가 신주 등을 인수하여 그 인수가액을 납입하는 경우에는, 그 제3자는 새로이 주주가 되어 기존 주주와 동등한 권리와 지위를 취득하게 되는 것이므로 그 제3자에 대한 신주 등의 발행가액은 곧 기존 주주와 동등한 권리를 취득하는 데 대한 대가로서의 의미를 가진다. 따라서 회사로서는, 법률에 다른 정함이 있는 등의

특별한 사정이 없는 한, 그 제3자로부터 정당한 대가를 받을 권리와 의무가 있다고 할 것이다. 신주 등을 저가로 제3자에게 배정·발행하면 기존 주식의 가치가 하락하여 희석화 되며 기존 주주의 주식보유 비율에 변동을 초래하여 회사의 지배권이 이전되기도 한다. 그러나 주식의 가치는 회사의 자산가치가 반영된 것이므로, 주식가치의 희석화는 신주 등이 제3자에게 저가로 발행됨에 따라 시가로 발행되었을 경우와의 차액만큼의 자금이 회사에 덜 유입된 결과가 주식가치에 반영된 것일 뿐이고 기존의 주주들이 어떤 출연을 한 결과가 아니며, 회사의 지배권 변동은 회사의 이해관계와는 직접적인 관련이 없다. 그러므로 신주 등의 발행에 있어 주주배정방식과 제3자배정방식이 구별되어 달리 취급되어야 하는 이유를 주주보호의 필요성에서 찾을 것은 아니다.

(다) 별개의견[178]

다수의견이 위 결론의 전제로서, 이사가 신주를 발행함에 있어 주주배정의 방식에 의하는 경우와 제3자배정 방식에 의하는 경우를 구분하여, 전자의 경우에는 1주당 전환가액을 시가를 적정하게 반영한 적정한 가격보다 현저히 낮게 발행(이하 저가발행)하여도 배임죄가 성립되지 아니하고, 후자의 경우에는 회사가 위 적정한 발행가액과 실제발행가액의 차액에 발행주식수를 곱한 액수 상당의 손해를 입은 것으로 보아 배임죄가 성립된다고 보고 있는데(소수의견도 이 점에 관해서는 다수의견과 견해를 같이하고 있으므로, 결국 이 쟁점에 관한 한 별개의견이 유일한 반대의견이라 할 수 있다), 이는 회사의 이익과 주주의 이익을 혼동하고 이사의 임무 범위를 부당히 확대하는 것으로서 찬동할 수 없고, 결론적으로 제3자배정 방식이라는 사유만으로 배임죄가 성립되는 것은 아니라고 본다.

① 배임죄는 타인의 사무를 처리하는 자가 그 임무에 위배하는

178) 별개의견: 대법관 양승태(이하 동일).

행위를 한 경우에 성립된다(형 355조 2항). 그러므로 전환사채나 신주의 발행과 관련하여 이사의 배임죄가 성립하기 위해서는 무엇보다 먼저 회사에 대한 관계에서 이사에게 어떤 임무가 있는지를 규명하여야 할 것이다.

ⓐ 신주의 발행은 무상주와 같은 예외적인 경우를 제외하고는 사채의 발행이나 금전의 차입 등과 같이 회사의 자금조달의 한 수단으로 행해진다. 회사에 자금이 필요한 때에는 이사는 가능한 방법을 동원하여 그 자금을 형성할 의무가 있다 할 것이다. 그러나 이사는 회사에게 필요한 만큼의 자금을 형성하면 될 뿐 그 이상 가능한 한 많은 자금을 형성하여야 할 의무를 지는 것은 아니다. 또 회사에 어느 정도 규모의 자금이 필요한지, 어떠한 방법으로 이를 형성할 것인지는 원칙적으로 이사의 경영판단에 속하는 사항이라 할 것이다.

따라서 회사 경영상 자금이 긴급히 필요하고 신주나 사채의 발행을 통하여 충분히 자금을 형성할 수 있음에도 이사가 어떠한 이익을 얻기 위하여 그 자금을 형성하지 아니함으로 말미암아 회사의 경영에 타격을 주었다면 이는 회사에 대한 임무에 위배하여 손해를 미쳤다 할 것이다. 그러나 회사에 경영상 자금이 필요하지 아니한데도 굳이 새로운 자금을 형성하여야 할 임무가 있다거나 일정한 규모의 자금을 형성하면 충분한 경우에 그 이상의 자금을 형성하여야 할 임무가 있다고 할 수는 없으므로 신주 또는 사채발행의 기회가 있었는데도 그와 같은 자금을 형성하지 않았다 하여 이를 임무위배라고 할 수는 없는 것이다.

ⓑ 그런데 신주발행에 의한 자금형성의 과정에서 신주를 저가 발행하여 제3자에게 배정하게 되면 기존 주주의 지분율이 떨어지고 이른바 주식가치의 희석화로 말미암아 구 주식의 가치도 하락하게 되어 구 주식을 통한 기존 주주의 회사에 대한 지배력이 그만큼 약화되므로 기존 주주에게 손해가 발생한다. 그러나 상법상 회사와 주주는 서로 독립되어 있어 회사의 이익과 주주의 이익은

엄격히 구별되는 것이므로, 회사의 이사는 주주에 대한 관계에서 직접 그들의 사무를 처리하는 자의 지위에 있지 않다. 따라서 이사의 행위로 인하여 주주에게 손해가 발생하더라도 배임죄가 성립되지 아니하고,[179] 반면 주주의 이익에 부합하는 행위라 하더라도 회사에 손해를 발생케 하였다면 이는 회사에 대한 관계에서 임무위배에 해당하므로 배임행위가 된다.[180] 그러므로 신주의 저가발행으로 인하여 주주에게 위와 같은 손해가 발생한다 하여 그 때문에 회사에 대한 관계에서 이사에게 신주를 시가에 의하여 발행하여야 할 의무가 있다고 할 수는 없다. 회사에 필요한 자금의 규모에 상응하는 수량의 주식이 발행되어 그 필요 자금이 조달되었다면 회사에 대해 이사는 그 임무를 다하는 것이다. 그로 인해 주주에게 불이익이나 손해가 발생하더라도 회사에 대한 임무위배가 없는 한 이사를 배임죄로 처벌할 수는 없다.

ⓒ 상법은 원칙으로 기존 주주에게 우선적으로 신주 배정을 받을 수 있는 신주인수권을 인정하고 있고, 또 제3자배정의 방식으로 신주를 발행하는 때에는 종전 주식가치의 하락을 방지하기 위해 신주 가격을 적정한 가격으로 정할 필요가 있다. 그러나 이는 모두 주주의 이익을 보호하기 위한 장치일 뿐 회사 자체의 이익을 보호하기 위한 것은 아니다. 또 1주의 가격은 회사의 실질적 자산가치를 발행주식의 총수로 나눈 가치를 표상한다 할 것이므로 신주의 발행으로 회사의 자산가치가 증가하는 경우에도 주식수가 증가하여 1주의 가격은 하락할 수 있다. 그러나 이로 인하여 그 주식을 통해 행사되는 기존 주주의 회사에 대한 지배력이 약화될 뿐 회사 자체의 자산가치가 감소되는 것은 아니다.

ⓓ 결국, 신주발행을 통하여 회사에 필요한 자금을 형성하였다면 회사에 대한 관계에서는 임무를 위배하였다고 할 수 없고, 신주발행으로 인해 종전 주식의 가격이 하락한다 하여 회사에게 손해

---

179) 대법원 2004. 6. 17. 선고 2003도7645 전원합의체 판결 등 참조.

180) 대법원 1983. 12. 13. 선고 83도2330 전원합의체 판결; 대법원 1996. 8. 23. 선고 96도1525 판결 등 참조.

가 있다고 볼 수도 없다. 그 자금을 형성하는 과정에서 제3자에게 배정을 하거나 신주 발행 가액을 저가로 정함으로써 기존 주주에게 불이익을 주었다고 하더라도 주주의 이익과 회사의 이익을 분리하여 평가하는 배임죄의 원칙상 이를 회사에 대한 임무위배로 볼 수 없어, 배임죄가 성립한다고 볼 수 없다.

ⓔ 위와 같은 법리는 특수한 신주 발행인 전환사채의 전환의 경우에는 더욱 명확하다. 일단 전환사채가 발행되면 그에 의해 먼저 회사에 자금이 형성되고, 그 후에 발행된 전환사채의 총액 범위 내에서 전환이 이루어져 신주가 발행되지만 그 신주발행에 의해 새로운 자금이 형성되는 것은 아니다. 따라서 사채를 주식으로 전환함으로써 이미 형성된 자금을 부채에서 자본으로 변경하는 것 자체는 회사의 이자 부담을 줄이는 것이어서 회사에게는 이익이 될 수 있을 뿐 전혀 불리할 것이 없다. 또한 그 과정에서 제3자가 신주를 인수함으로 말미암아 발생하는 기존 주주의 지분율 감소 및 저가발행으로 인한 주식가치의 희석화는 기존 주주가 입는 불이익일 뿐이므로, 주식 전환 조건을 기존 주주에게 불리하게 정하였다 하여 회사에 대한 임무위배가 될 수는 없다.

② 다수의견은 제3자배정방식에 의해 전환사채를 발행하는 경우에는 이를 저가발행하면 시가를 적정하게 반영하여 발행조건을 정하거나 주식의 실질가액을 고려한 적정한 가격에 의하여 발행하는 경우와 비교하여 그 차액에 상당하는 만큼 회사의 자산을 증가시키지 못하게 되는 결과가 되어 회사에 그 금액 상당의 손해가 발생하므로 배임죄가 성립한다고 설명한다.

ⓐ 그러나 신주의 발행에 의해 회사에는 그만큼 새로운 자금이 형성될 뿐이므로 회사에 손해가 있다고 할 수 없다. 그럼에도 다수의견은 저가발행으로 인하여 시가에 의해 발행함으로써 얻을 수 있었던 자금이 유입되지 못하는 소극적 손해가 있다는 것이다. 그렇지만 배임죄가 성립되려면 회사에 대한 임무위배가 있고 그 임무위배에 의하여 회사에 대한 손해가 발생하여야 하는데,

위 견해는 이사가 그의 임무에 따라 회사에 필요한 자금의 형성을 마쳤음에도 불구하고 주주 보호의 요청에 따라 시가발행을 하였을 때에는 회사에게 필요한 자금의 범위를 넘는 가외의 자금이 형성될 가능성이 있었음을 이유로 거꾸로 이사의 회사에 대한 임무위배가 있었다고 인정하는 것이 되어 배임죄의 논리에 맞지 않는다. 또한 1주의 전환가액과 전환될 주식 수는 필요한 자금의 규모에 따라 서로 연계되어 결정되는 것이므로 전환가액만 높게 책정한다 하여 언제나 자금이 더 많이 형성되는 것도 아니다.

ⓑ 다수의견은, 저가발행으로 인한 회사의 손해는 구주의 실질가치가 희석됨으로써 기존 주주가 입는 손해와는 그 성질과 귀속주체를 달리하며 그 평가방법도 일치하지 아니하므로 주주의 손해와 마땅히 구별되어야 할 성질이라고 설시하고 있다. 그러나 이는 저가발행으로 인한 손해가 주주와 회사 양쪽에 중복하여 발생한다는 것이 되어 두 개의 손해를 인정하는 것이어서 매우 부당하다.

ⓒ 상법 제424조의2 제1항은 제3자가 이사와 통모하여 현저하게 불공정한 발행가액으로 신주를 인수한 경우에는 회사에 대하여 공정한 발행가액과의 차액에 상당한 금액을 지급할 책임을 인정하고 있다. 이 경우에 기존 주주는 회사에 대하여 제3자를 상대로 공정한 발행가액과의 차액에 상당한 금원의 지급을 구하는 소를 제기할 것을 청구하고 만일 회사가 응하지 않을 경우에는 주주가 직접 제3자를 상대로 대표소송을 제기할 수도 있는데(같은 조 2항), 다수의견은 이 조항들이 제3자배정의 경우에는 시가발행의 의무가 있다는 근거라고 설명하고 있다. 그러나 위 각 조항은 기업자금조달의 원활화를 도모하기 위해 상법을 개정하여 신주발행의 기회를 확대하는 등 기동성 있는 자금조달방식을 도입하면서 그로 인해 기존 주주에게 불이익이 미치지 않도록 하기 위한 일련의 장치로 동시에 도입된 것임은 연혁적인 관찰에 의해서도 분명히 드러난다. 따라서 위 규정은 주주보호의 차원에서 신

주 발행에 있어 기존 주주가 손해를 입는 경우 그 손해를 회복시키기 위한 조항이지(그러므로 기존 주주에게 신주가 배정되는 주주배정의 경우에는 적용되지 않는 것으로 이해된다) 회사의 이익을 보호하기 위하여 둔 규정이 아니고 제3자배정에 관한 일반적인 시가발행의무를 정하고 있는 것도 아니다. 그러므로 위 규정을 근거로 회사에 대하여 시가발행의무를 진다거나 이를 전제로 회사에 대한 임무위배 내지는 손해가 성립된다고 보는 것은 지나친 비약이다. 위 규정이 신주 인수인의 회사에 대한 손해배상의무라고 규정하고 있지 않고 차액을 지급할 의무라고 표현하고 있는 점도 유의하여 보아야 한다.

한편 상법 제399조 제1항은 이사는 회사에 대하여 임무위배로 인한 손해배상책임을 부담한다고 규정하고 있는바, 이는 이사의 일반적인 책임을 규정한 것이므로 다수의견이 이 조항을 들어 시가발행의 임무가 있다고 설명하는 것도 적절치 아니하다.

ⓓ 다수의견은 제3자배정에 있어서는 위와 같은 견해를 취하면서도 주주배정의 경우에는 이와 구별하여 저가발행에 대하여 배임죄가 성립되지 않는다고 하고 있다. 그러나 저가발행에 의하여 적정가액과 발행가액과의 차이에 상당하는 만큼 회사의 자산이 증가되지 못하는 결과는 어느 경우에나 동일하기 때문에 만일 제3자배정의 경우에 회사에 위와 같은 손해가 발생한다면 주주배정의 경우에도 마찬가지의 손해가 발생한다고 보아야 할 것인데도 다수의견이 굳이 양자를 구별하여 주주배정의 경우에는 배임죄가 성립하지 않고 제3자배정의 경우에만 배임죄가 성립한다고 함은 논리에 맞지 않는다고 본다.

다수의견은 주주는 회사에 대해 추가출자의무를 부담하지 아니하는 점, 준비금의 자본전입이나 이익을 주식으로 배당할 경우에는 지분비율에 따라 무상으로 신주를 발행할 수 있는 점 등을 그 구별의 근거로 들고 있다. 그러나 주주가 추가출자의무를 부담하지 아니한다 함은 신주인수가 강요되지 않는다는 의미일 뿐이고 무상주는 실질상 주식의 분할에 해당하는 것이므로 모두 신주발행에 있어 그 발행가액과는 관계가 없는 것이다. 더구나, 상법상 회사의 이익과 주주의 이익은 엄격히 구별되는 것이다. 그러므로 주주의 이익에 부합하는 행위라도 회사에 손해를 발생케 하였다면 이는 회사에 대한 관계에서 임무위배에 해당되므로 배임행위가 된다는 확립된 판례에 비추어 설혹 저가발행이 주주에게 이익이 된다 하여도 회사에 손해가 있는 한 회사에 대한 임무위배로서 배임죄가 성립된다고 보아야 할 것이다. 따라서 다수의견이 내세우는 사유는 하필 주주배정의 경우에만 배임죄가 성립되지 않는다는 근거가 될 수는 없는 것이다. 결국 다수의견은 회사의 손해와 주주의 손해를 혼동함으로써 이 점에서 논리의 일관성을 상실하고 있다.

물론 주주배정의 경우 신주를 저가 발행하였다 하여 이사의 배임죄가 성립한다고 볼 수 없다 할 것이다. 그러나 이는 다수의견이 제시하는 이유 때문이 아니라 회사에 대한 관계에서 이사의 임무위배가 없고 회사에게 그로 인한 손해도 없다는 이유 때문이고, 이 점은 주주배정의 경우나 제3자배정의 경우나 다를 바가 없다. 다만 주주배정의 경우에는 저가발행으로 인하여 1주의 가치가 하락하나 각 주주의 소유 주식수의 증가로 그 지분율, 즉 회사에 대한 지배력에는 아무 변화가 없어 주주 자신에게도 손해가 생기지 않는다는 점이 제3자배정의 경우와 다를 뿐이다.

ⓔ 한편 이 쟁점에 관해 다수의견과 견해를 같이하는 반대의견은, 제3자배정의 경우와 주주배정의 경우를 달리 보아 후자의 경우에는 저가발행을 하여도 배임죄가 성립하지 않고 전자의 경우에 한하여 배임죄가 성립한다고 본다. 그 근거로서, 제3자가 신주 등을 인수하여 그 인수가액을 납입하는 경우 그 인수가액은 제3자가 새로이 주주가 되어 기존 주주와 동등한 권리와 지위를 취득하는 것에 대한 대가로서의 의미를 가지므로 회사로서는 그 제3자로부터 정당한 대가를 받을 권리와 의무가 있기 때문이라고 설명한다.

그러나 신주의 발행은 투자의 수단으로 제공되는 것이고 그 발행가격은 상품이나 용역의 대가와는 다른 것이므로 회사의 입장에서 볼 때 정당한 대가라는 개념이 성립되기 어렵다. 결국은 신·구 주주간의 형평의 문제로서 제3자의 저가발행에 의한 투자의 결과가 상대적으로 기존 주주의 손해로 귀착되는 현상에 지나지 않는 것이다. 반대의견이 논거로 삼는 위 사유는 오히려 주주에게 손해가 있을 뿐 회사 자체로서는 손해가 없다는 것에 대한 근거가 될지언정 그 반대논리의 근거가 될 수는 없으리라고 본다.

ⓕ 반대의견은 다수의견과 달리 신주배정 방식의 외형만을 기준으로 이사의 임무를 구별하는 것이 적절하지 않다는 입장에서, 주주배정 방식을 취하는 경우라도 실권주의 제3자배정이 가지는 실질이 당초부터 제3자배정 방식으로 발행하는 경우와 같은 때에는 제3자배정 방식을 취한 경우와 마찬가지로 회사에 대한 관계에서 실권주를 적정하게 처리할 의무를 진다고 설명한다.

그러나 반대의견과 같이 배정의 결과에 따른 실질을 따져야 한다면, 주주배정 방식과의 실질적인 동일성 여부, 즉 실권주의 제3자배정이나 신주의 제3자배정 방식이 기존 주주의 의사에 의한 것이어서 기존 주주가 신주를 인수한 것과 마찬가지인 경우에 해당하는지 여부를 함께 판단하여, 그 결과가 주주배정에 의한 기존 주주의 신주인수와 실질적으로 동일하다면 회사에 대한 임무위배가 문제되지 않는다고 보아야 함에도, 이에 관하여는 전혀 고려하지 않고 있다.

따라서 반대의견이 제시하고 있는 배정방식의 실질에 관한 논의 역시 형평에 어긋나므로 찬성할 수 없다. 결국 이러한 문제는 신주배정에 관한 방식을 구분하여 회사에 대한 임무위배를 논의하는 것 자체가 합리적이지 아니한 데에서 비롯된다는 점을 지적하여 둔다.

ⓖ 배임죄에 있어서의 소극적 손해는 객관적으로 보아 취득할 것이 충분히 기대되는 이익을 기초로 이를 평가하여야 한다. 그런

데 전환사채를 시가로 발행하는 경우에도 저가 발행시에 전환되는 신주의 주식 수(이하 '저가발행에 의한 전환 주식 수'라고 한다)에 해당하는 만큼의 채권인수가 가능할는지는 매우 의문이다. 전환사채의 인수인은 그가 출연할 수 있는 자금을 한도로 하여 전환사채를 인수할 것인데, 시가발행에 의해 저가발행의 경우보다 전환될 수 있는 주식수가 현저히 줄어들게 된다면 제3자로서는 이를 인수할 이익이나 필요성이 감소되고, 경우에 따라서는 이를 인수하기보다는 오히려 기존 주식을 매수하는 쪽이 더 유리하다고 판단할 수도 있을 것이다. 따라서 형사소송법 제307조에서 정한 증거재판주의에 의한 형사사법의 원칙상 전환사채 인수의 자금능력 및 실제의 인수 가능성에 관한 합리적인 의심이 없는 정도의 증명이 없는 상태에서, 시가 발생시에도 저가발행에 의한 전환 주식 수만큼 신주가 발행될 수 있다고 단정할 수는 없다. 그러므로 위와 같은 사정들에 대하여 고려하지 아니하고 시가발행을 하였을 경우에도 그 주식이 어느 정도나 인수될 것이라는 점에 관한 확실한 증명이 없는 상태에서, 시가와 전환가액의 차액에 위 주식수를 곱한 금액을 회사에 대한 손해로 보아야 한다는 견해에는 이 점에서도 찬성할 수 없다.

다수의견은 이 점을 고려한 때문인지 '시가' 발행이라는 용어 대신에 '시가를 적정하게 반영하여 발행조건을 정하거나 또는 주식의 실질가액을 고려한 적정한 가격' 또는 '공정한 가액'이라는 용어를 사용하고, 나아가 반대의견은 회사의 재무구조 외에도 기업 외적인 금융시장의 상황, 신주의 인수가능성 등 여러 사정을 종합적으로 고려한 경영판단에 따라 합리적이라고 인정되는 범위 내에서 시가보다 상당한 정도로 감액하여 전환가액을 정할 수도 있다고 보고 있으므로, 오히려 손해액, 즉 실제 전환가액과의 차액을 산정함에 새로운 문제를 야기할 수 있을 것이다.

③ 전환사채의 저가발행이 회사의 손해가 아니라 주주의 손해일 뿐이라는 것은 우리 실정법에서도 그 근거를 찾을 수 있다. 이

사건 전환사채 발행 후이지만 1997. 11. 10. 대통령령 제15509호로 개정된 구 상속세 및 증여세법(이하 '상증세법') 시행령 제31조의3은 신종사채 등에 의한 증여의제 규정을 신설하여, '당해 법인의 주주가 아닌 자로서 지배주주 등에 해당하거나 지배주주 등과 특수관계에 있는 자'가 전환사채와 같은 신종사채를 발행하는 법인으로부터 신종사채를 직접 인수·취득하는 경우(가.목)와 '당해 법인의 주주로서 지배주주 등에 해당하거나 지배주주 등과 특수관계에 있는 자'가 그 소유주식에 비례하여 배정받을 수 있는 신종사채의 수를 초과하여 인수·취득하는 경우(나.목)에는 위 상증세법 제40조의 경우와 유사하게 전환사채 등을 낮은 가격으로 인수하거나 신주의 가액이 전환가액을 초과함으로써 얻는 이익에 해당하는 금액을 '신종사채를 발행한 법인의 지배주주 등 또는 특수관계에 있는 자로부터 증여받은 것'으로 본다고 규정하여 증여의제 규정을 두었다. 그리고 2000. 12. 29. 법률 제6301호로 개정된 상증세법은 제40조를 개정하여 위 시행령 제31조의3과 같은 취지의 증여의제 규정을 법률로 정하였고, 나아가 2003. 12. 30. 법률 제7010호로 개정된 상증세법 제40조는 위 행위의 실질을 증여로 인정하여 위 행위에 관한 증여추정이나 증여의제 규정을 두지 않고 바로 증여재산가액에 관하여 규정하고 있다.

상증세법령에서 정한 위와 같은 규정들은, 저가 발행된 전환사채를 제3자가 배정받아 신주로 전환함에 따라 종전의 지배주주 등이 가져야 할 실질적인 자산가치가 지배주주 등으로부터 제3자에게 이전된다는 것을 전제로 그 이익에 대해 증여세를 부과하는 취지로 해석된다. 만약 다수의견과 같이 제3자배정방식에 의한 저가의 신주발행으로 회사에게 손해가 발생한다면 그에 대해 배상을 하여야 하므로 이를 자산가치의 이전이라고 취급하거나 의제하여 증여세 부과대상으로 삼을 수 없을 것이다. 따라서 위와 같은 입법조치는 전환사채의 저가발행으로 인하여 기존의 주주가 입는 손해 상당의 이익이 새로운 주주에게 귀속된다는 일반적인 법리를 전제로 하는 것이라고 보아야 할 것이고, 이를 단지 조세법 목적을 위한 특별한 기술적 취급이라고 볼 수는 없는 것이다.
④ 과거 대법원에서는 이사가 주식전환으로 인한 시세차익을 얻을 의도로 전환사채를 저가 발행한 경우 주식 시가와 전환가액의 차액 상당의 재산상의 이익을 취득하고 회사에게 손해를 가한 행위로서 배임죄가 성립할 수 있다는 취지로 판시한 바 있다.[181] 그러나 이는 위 법리에 배치되는 범위 내에서 변경하여야 할 것이다.
⑤ 이 사건에서 원심이 인정한 사실관계에 의하면, 이 사건 전환사채의 발행 당시 E회사에는 회사자금을 형성하기 위하여 전환사채를 발행할 긴급한 필요성은 없었다고 보인다. 이와 같은 상태에서 전환사채를 발행하여 타인자본을 조달하는 것은 그 이자율이 적정한지 여부에 의하여 배임죄의 여부가 문제될 수 있을 뿐, 그에 의해 회사에 신규 자본이 형성된 이상 회사에게 손해가 발생한다고 할 수 없다. 또한 J제당 이외의 주주가 스스로 인수권을 포기한 후 저가 발행되는 전환사채를 L1 등에게 배정함에 따라 발생되는 불이익은 기존 주주의 주식가치의 하락으로서, 전환사채를 인수하지 아니한 기존 주주에게 불이익을 주었다거나 경우에 따라서는 기존 주주가 이를 용인하였다고 볼 수 있음은 별론으로하고 회사에 대하여 불이익을 입게 하는 임무위배행위를 하였다고 볼 수 없다.
그뿐 아니라, 검사가 이 사건 상고이유로 주장하고 있는 이 사건 전환사채 발행 당시의 1주당 주식가액은 85,000원이라는 것인바 이를 기초로 하면, 주식가치의 총액은 601억 1,200만원(기존 주식수 707,200주 × 85,000원)으로서, L1 등이 이 사건 전환사채 인수를 통하여 형성한 지분율 약 62.75%를 얻기 위하여 기존 주주로부터 주식을 매수할 경우에 지급하여야 하는 대금은 약 377억원

181) 대법원 2001. 9. 28. 선고 2001도3191 판결; 대법원 2005. 5. 27. 선고 2003도5309 판결 등.

(601억 1,200만원 × 62.75%)인 반면, 공소사실과 같이 1주당 85,000원을 전환가액으로 하여 전환사채를 발행할 경우에 L1 등이 위 지분율을 얻기 위하여 지급하여야 할 대금은 약 1,066억원(이 사건 전환 주식수 1,254,777주 × 85,000원)이 되는데, 이와 같이 매수대금의 약 2.8배에 이르는 금액을 지급하고 전환사채를 인수할 것인지는 의문이며, 오히려 전환사채의 인수를 포기하고 L1 등의 지분인수에 호의적으로 보이는 기존 주주로부터 주식을 매수하는 것이 통상적이라 할 것이다. 따라서 그와 같은 상황과 이 사건 전환사채발행 결과를 비교하면, J제당을 제외한 기존 주주는 주식매수 대금을 지급받지 못한 상태에서 시가보다 낮은 가격으로 전환사채가 신주로 전환됨에 따라 주식가치가 하락하는 손해를 입은 반면, E회사로서는 전환사채의 발행 및 신주 전환을 기대할 수 없었으므로 어떠한 손해를 입었다 할 수 없고 오히려 이 사건 전환사채의 발행 및 신주 전환에 의하여 그 전환가액의 총액인 96억 6,181만원 상당의 자금이 형성되는 이익을 보았다고 볼 수 있다. 따라서 이 사건 전환사채 발행으로 인하여 E에 위 1,066억원과 이 사건 전환사채의 전환가액 총액의 차액에 해당하는 손해가 발생하였다는 공소사실은 받아들이기 어렵다.

⑥ 결론적으로, 회사에 긴급한 자금조달의 필요성이 없는 상태에서 전환사채를 저가발행하면서 기존 주주들에게 전환사채를 배정하는 형식을 취하였다가 주주 1인을 제외한 나머지 주주가 실권하자 제3자인 L1 등에게 그 실권된 전환사채를 배정한 이 사건에서, 기존 주주가 용인한 범위 내에서는 기존 주주에게 손해가 있다고 할 수 없다. 기존 주주가 용인하지 아니한 경우라 하더라도 그로 인한 불이익은 주주에게 미칠 뿐이어서 회사에 대한 배임죄가 성립되지 아니한다고 보아야 한다. 그 실질이 주주배정인지 아니면 제3자배정인지에 따라서 결론이 달라진다고 할 수 없다.

(2) 사건에의 적용

(가) 다수의견

① 이 사건 전환사채의 발행은 주주배정방식에 의한 것임이 분명하고, E회사의 이사회가 실권한 전환사채를 L1 등에게 배정한 것은 기존 주주들 스스로가 인수청약을 하지 않기로 선택한 데 기인한 것이므로 이 사건 전환사채의 발행이 제3자배정방식에 의한 것이라고 선뜻 단정해서는 안 된다.
② 이러한 실권주의 발생은 주주가 신주인수권을 포기한 결과이므로 그 실권주를 제3자에게 배정하는 것은 주주배정방식에 의한 신주발행의 후속조치에 불과하다. 따라서 그 실권주에 대하여 당초에 현저히 저가로 정한 발행가액을 그대로 유지하여도 무방하다.

(나) 반대의견

이와 같이 대량으로 발생한 실권주를 제3자에게 배정하는 것은, 비록 그것이 주주배정방식으로 발행한 결과라고 하더라도, 그 실질에 있어 당초부터 제3자배정방식으로 발행하는 것과 다를 바 없고, 이를 구별할 이유도 없다.

(다) 별개의견

이 사건 전환사채의 발행이 주주배정의 방식에 의해 발행된 것으로 볼 것이지 제3자배정방식에 의한 발행이 아니라고 본 다수의견의 결론에는 찬성한다.

6. 실권주의 처리에 관한 이사의 주의의무 (발행가 변경의무의 존부)

(1) 판례법리

(가) 다수의견

① 상법상 전환사채를 주주배정방식에 의하여 발행하는 경우에도 주주가 그 인수권을 잃은 때에는 회사는 이사회의 결의에 의하여 그 인수가 없는 부분에 대하여 자유로이 이를 제3자에게 처분할 수 있는 것인데(513조의3, 419조 4항, 469조), 단일한 기회에 발행되는 전환사채의 발행조건은 동일하여야 한다. 그러므로 주주배정으로 전환사채를 발행하는 경우에 주주가 인수하지 아니하여 실권된 부분에 관하여 이를 주주가 인수한 부분과 별도로 취급하여 전환가액 등 발행조건을 변경하여 발행할 여지가 없다.
② 사채는 債券 발행의 방법에 의한 起債로서 유통성, 공중성, 집단성 등의 성질을 가지고 있으므로, 채권에 법에 정한 사항을 기재하여 발행하여야 한다(478조 2항). 전환사채의 경우 회사는 전환사채의 총액, 전환의 조건, 전환으로 인하여 발행할 주식의 내용, 전환을 청구할 수 있는 기간 등을 결정한 뒤 이러한 사항 등을 사채청약서, 채권, 사채원부에 기재하여야 하고(513조 2항, 514조),[182] 전환사채의 납입이 완료된 때에는 위 각 사항 등을 등기하도록 규정하고 있다(514조의2). 이는 같은 기회에 발행하는 전환사채의 발행조건 등이 동일한 것을 전제로 하는 것이다.
③ 그러므로 주주배정의 방법으로 주주에게 전환사채인수권을 부여하였지만 주주들이 인수청약하지 아니하여 실권된 부분을 제3자에게 발행하더라도 주주의 경우와 같은 조건으로 발행할 수밖에 없다. 이러한 법리는 주주들이 전환사채의 인수청약을

182) 동일 종류의 사채에서는 각 사채의 금액은 균일하거나 최저액으로 정제(整除)할 수 있는 것이어야 한다는 제한(종전 상법 472조 2항)은 2011년 개정 상법에 의하여 폐지되었다.

하지 아니함으로써 발생하는 실권의 규모에 따라 달라지는 것은 아니다.

(나) 반대의견

① 주식회사의 이사는 주주총회에서 선임되고, 회사와 이사의 관계에는 위임에 관한 규정이 준용되므로(382조), 이사는 회사에 대한 관계에서 위임의 본지에 따라 선량한 관리자로서의 주의의무와 책임을 진다. 회사 성립 후에 이루어지는 신주의 발행은 회사의 업무이고 그 업무는 이사에게 위임되어 수행되는 것이므로, 이사는 위임의 본지에 따라 신주를 발행함에 있어 발행주식의 수뿐만 아니라 1주의 발행가액도 적정하게 결정할 의무를 진다. 그 발행주식의 수와 1주의 발행가액에 의하여 신주발행의 총액이 정해진다. 따라서 이사로서는 당연히, 주주배정방식의 발행에 있어서는 정관이나 주주총회의 결의로써 정한 경우 외에는 신주 등의 발행가액 등에 관하여 액면가 이상이어야 한다는 외에는 특별한 제한이 없어 경영판단의 원칙에 따라 적절히 정하는 것으로 충분하다. 그러나 제3자배정방식의 발행에 있어서는 증자규모 또는 사채규모, 즉 신주 등의 발행을 통하여 조달할 자본 내지 자금의 총액뿐만 아니라 1주의 발행가액까지도 적정하게 결정할 선관의무가 있다고 할 것이다. 이 때 신주 등의 1주의 적정한 발행가액은 이를 인수하는 제3자가 기존 주주와 동등한 권리와 지위를 취득하는 데 대한 대가로서의 성질을 가지는 것이라는 점에 비추어 기존 주식의 시가 상당액이어야 함이 원칙이다. 다만 회사의 재무구조, 영업전망과 그에 대한 시장의 평가, 금융시장의 상황, 신주의 인수가능성 등 여러 사정을 종합적으로 고려한 경영판단에 따라 합리적이라고 인정되는 범위 내에서 상당한 정도로 감액하여 정할 수 있다고 할 것이다.

이사가 신주 등의 발행가액을 적정하게 결정하면 기존 주식의 가치가 하락하지 않지만, 이는 이사가 회사에 대한 관계에서 위임의 본지에 따른 의무를 이행한 결과일 뿐 주주에 대한 관계에서 주주보호의무를 이행한 결과는 아니다. 그러므로 신주 등의 발행에 있어 이사는 회사에게 필요한 만큼의 자금을 형성하면 될 뿐이고 그 자금의 규모에 상응하는 수량의 주식이 발행되어 필요한 자금이 조달되었다면 회사에 대한 관계에서 이사는 그 임무를 다한 것이라는 별개의견은 1주의 발행가액이 신주의 수와 함께 적정하게 결정되어야 한다는 측면을 도외시한 것이라고 하겠다.

② 신주 등의 발행을 통하여 조달되는 자금은 회사에 귀속되는 것이지 주주에게 귀속되는 것이 아니다. 따라서 신주 등을 저가로 제3자에게 배정, 발행하였다면, 적정한 가액, 즉 시가로 발행했을 경우에 비하여 그 발행가액의 차액에 발행주식수를 곱한 만큼의 자금을 회사는 얻지 못한다. 이는 다수의견도 적절히 지적하는 바와 같이, 회사의 소극적 손해에 해당함이 분명하다. 다만, 주주배정방식으로 발행한 경우에는, 회사 내지 이사에게 시가발행의무를 지울 수 없으므로 그 차액 상당을 회사의 손해로 볼 수 없다.

그리고 시가는 시장에서의 통상의 거래가격을 의미하며, 손해는 법률적 관점에서의 규범적 평가이다. 따라서 회사 주식의 시가를 산정할 수 있다면 그 신주 등을 시가로 발행하더라도 당연히 인수가능성이 있다고 보아야 할 것이고, 신주 등을 시가보다 현저히 불공정하게 저가로 발행하면 회사는 그 시가와의 차액 상당의 손해를 입는 것이라고 보아야 할 것이다. 손해의 유무나 액수는 규범적 평가이므로, 신주를 시가로 발행했을 경우에 실제로 인수될 가능성이 있는지 여부를 일일이 따져서 회사의 손해발생 여부나 그 액수를 판단할 것은 아니다. 이 점에서, 신주 등을 시가로 발행하면 그 가격에 실제로 인수된다는 보장이 없다는 것을 이유로 손해의 발생을 부정하려는 별개의견은 부당하다.

그러므로 제3자배정방식에 의한 신주 등의 발행에 있어 이사가 그 주식의 발행가액을 시가로 정하지 아니하고 현저하게 불공정한 가액으로 발행하였다면, 이는 이사의 회사에 대한 선관의무 위반이 되고, 그로 인하여 회사에 그 차액 상당의 자금을 얻지 못하는 손해를 입힌 것이므로 이사의 회사에 대한 업무상배임죄가 성립된다고 할 것이다. 이 경우, 기존 주식의 가치가 하락하여 희석화되고 기존 주주의 주식보유비율이 저하되는 등으로 기존 주주에게도 동시에 손해가 발생하지만, 그렇다고 하여 위에서 본 바와 같은 회사의 손해가 부정되어야 하는 것은 아니며, 별개의견처럼 회사와 주주의 손해를 중복적으로 인정하는 것으로 볼 것도 아니다.

③ 전환사채 등을 발행하는 경우에, 그 전환사채 등이 누군가에게 인수되고 납입되면, 회사로서는 그 전환사채 등을 발행한 만큼의 자금을 얻게 되지만, 그렇다고 하여 언제나 회사에게 손해가 발생하지 않는 것은 아니다. 전환사채 등의 발행에서 전환조건으로 정한 1주의 전환가격에 따라 전환권이 행사되고 그에 따라 주식이 발행되었다면, 이는 곧 신주의 발행이다. 따라서 회사로서는 그와 같이 새로이 발행된 수의 주식을 시가로 발행한 것과 같은 만큼의 자금을 얻을 수 있어야 할 것이다. 전환조건으로 정한 1주의 가격이 저가이면 전환으로 발행된 수의 주식을 시가로 발행했을 경우와의 차액만큼이 회사에 덜 유입된 것이고, 이는 회사의 손해로 보아 마땅하다. 전환사채 등의 발행에 있어서도 그 발행총액뿐만 아니라 1주의 전환가격 역시 중요하다. 전환사채의 발행총액에 해당하는 자금을 회사가 얻기만 하면 그것으로 충분하고 1주의 전환가격은 얼마로 하든지 문제되지 않는다고 볼 수는 없다. 회사에 대하여 위임의 본지에 따른 선관의무를 지는 이사로서는 전환사채의 총액뿐만 아니라 그 전환가격을 경영판단의 원칙에 따라 적정하게 정해야 한다.

별개의견은 전환사채의 저가발행이 회사의 손해가 아니라 주주의 손해를 초래할 뿐이라는 논거의 하나로 구 상속세 및 증여세법령이 전환사채의 저가발행시에 이를 인수한 자가 얻는 이익을 그 발행회사의 지배주주 등 특수관계에 있는 자로부터 증여받은 것으로 간주한다는 증여의제규정을 들고 있다. 그러나 이는 전환사채를 저가로 인수하여 이익을 얻은 자에게 증여세를 부과하기 위한 필요에서 나온 법기술적인 의제일 뿐이다. 이를 근거로 하여 전환사채가 제3자에게 저가 발행되면 지배주주 등이 가져야 할 실질적인 자산가치가 제3자에게 이전되는 것이라고 보는 것은 본말이 전도된 것이다. 전환사채가 제3자에게 저가로 발행되었다고 하여 지배주주 등이 어떤 출연을 하는 것은 아니다.

④ 신주 등의 발행이 주주배정방식인지 여부는, 발행되는 모든 신주 등을 모든 주주가 그 가진 주식수에 따라서 배정받아 이를 인수할 기회가 부여되었는지 여부에 따라 결정되어야 한다. 주주에게 배정된 신주 등을 주주가 인수하지 아니함으로써 생기는 실권주의 처리에 관하여는 상법에 특별한 규정이 없으므로 이사는 그 부분에 해당하는 신주 등의 발행을 중단하거나 동일한 발행가액으로 제3자에게 배정할 수 있다고 할 것이다. 그러나 주주배정방식으로 발행되는 것을 전제로 하여 신주 등의 발행가액을 시가보다 현저히 저가로 발행한 경우에, 그 신주 등의 상당 부분이 주주에 의하여 인수되지 아니하고 실권되는 것과 같은 특별한 사정이 있는 때에는, 그와 달리 보아야 할 것이다. 앞서 본 바와 같이 주주배정방식인지 제3자배정방식인지에 따라 회사의 이해관계 및 이사의 임무 내용이 달라지는 것이므로, 회사에 대한 관계에서 위임의 본지에 따른 선관의무상 제3자배정방식의 신주 등 발행에 있어 시가발행의무를 지는 이사로서는, 위와 같이 대량으로 발생한 실권주에 대하여 발행을 중단하고 추후에 그 부분에 관하여 새로이 제3자배정방식에 의한 발행을 모색할 의무가 있다고 할 것이다. 그렇게 하지 아니하고 그 실권주를 제3자에게 배정하여 발행을 계속할 경우에는 그 실권주를 처음부터 제3자배정방식으로 발행하였을 경우와 마찬가지로 취급하여 발행가액

을 시가로 변경할 의무가 있다고 봄이 상당하다. 이와 같이 대량으로 발생한 실권주를 제3자에게 배정하는 것은, 비록 그것이 주주배정방식으로 발행한 결과라고 하더라도, 그 실질에 있어 당초부터 제3자배정방식으로 발행하는 것과 다를 바 없고, 이를 구별할 이유도 없기 때문이다.
다수의견은 이러한 실권주의 발생은 주주가 신주인수권을 포기한 결과이므로 그 실권주를 제3자에게 배정하는 것은 주주배정방식에 의한 신주발행의 후속조치에 불과하고 따라서 그 실권주에 대하여 당초에 현저히 저가로 정한 발행가액을 그대로 유지하여도 무방하다는 취지이나, 이는 지나친 형식논리이다. 주주배정방식으로 발행된 신주 등의 전부가 실권된 경우를 상정해 보면, 다수의견의 부당함은 보다 분명해진다. 이사는 회사에 대한 관계에서 위임의 본지에 따른 선관의무를 질 뿐 주주의 사무를 처리하는 지위에 있거나 주주의 이익을 보호할 의무를 지는 것은 아니다. 따라서 주주가 신주인수권을 포기하였다고 하여 회사에 대한 관계에서 그 실권주를 적정하게 처리하여야 할 이사의 의무가 소멸되지는 않는다. 또한 전환사채를 비롯한 신주 등의 발행이 법률적으로 유효하다는 것과 이사가 신주 등의 발행을 적정하게 처리하여야 할 의무 내지 임무와는 직접적인 관련이 없다. 신주 등의 발행이 유효하다고 하여 그 신주 등을 적정하게 발행하여야 할 이사의 의무가 소멸되는 것도 아니다. 상법에 특별한 규정은 없지만, 일반적으로 동일한 기회에 발행되는 전환사채의 발행조건은 균등하여야 한다고 해석되고 있음은 다수의견이 지적하는 바와 같다. 그러나 주주에게 배정하여 인수된 전환사채와 실권되어 제3자에게 배정되는 전환사채를 '동일한 기회에 발행되는 전환사채'로 보아야 할 논리필연적인 이유나 근거는 없다. 실권된 부분의 제3자배정에 관하여는 다시 이사회 결의를 거쳐야 하는 것이므로, 당초의 발행결의와는 동일한 기회가 아니라고 보지 못할 바 없다. 그 실권된 전환사채에 대하여는 발행을 중단하였다가 추후에 새로이 제3자배정방식으로 발행할 수도 있는 것이므로, 이 경우와 달리 볼 것은 아니다. 그리고 주주 각자가 신주 등의 인수권을 행사하지 아니하고 포기하여 실권하는 것과 주주총회에서 집단적 의사결정 방법으로 의결권을 행사하여 의결하는 것을 동일하게 평가할 수는 없는 것이므로, 대량의 실권이 발생하였다고 하여 이를 전환사채 등의 제3자배정방식의 발행에 있어 요구되는 상법 제513조 제3항, 제516조의2 제4항 소정의 주주총회의 특별결의가 있었던 것으로 간주할 수도 없다.

(2) 사건에의 적용

(가) 다수의견

① 이 사건에서 주주들 가운데 J제당은 이 사건 전환사채를 이사회가 결정한 발행조건으로 인수의 청약을 하여 이를 배정받았음은 위에서 본 바와 같다. 이 경우 J제당 이외의 기존 주주들이 인수청약을 하지 아니하여 실권된 부분에 대하여 전환사채의 발행을 계속할 때에는 반드시 이사회를 통하여 전환의 조건 등 전환사채의 발행사항을 변경하여 발행하여야 한다면, 회사의 이사에게 동일한 기회에 발행되는 전환사채의 발행가액을 서로 달리하여 발행함으로써 동일 종류의 사채에서 그 발행조건이 상이한 채권을 발행하도록 강제하는 것이 될 것인데, 이는 오히려 이사에게 사채권자평등의 원칙에 반하는 결과를 의무지우는 것으로서 이를 인정할 만한 아무런 법적 근거가 없다. (더 나아가 전환사채의 전부가 실권된 경우라 하더라도, 예를 들어 주주 1인이 모든 주식을 보유하고 있는 비상장법인인 1인 회사의 경우에 이사의 전환사채 발행 당시 그 1인 주주가 전환사채를 전부 인수하여 이를 제3자에게 양도하는 것에 갈음하여 미리 그 전부에 대하여 실권을 예정하고 있다가 제3자에게 그 발행조건 그대로 배정되도록 하였다면, 이를 두고 이사가 임무에 위배하였다고 볼 수는 없다.)

② 이 사건 전환사채의 발행이 주주배정방식으로 이루어진 이상

회사에게 어떠한 손해가 생겼다고 보기 어려운 점, 신주발행에 관한 이사회의 결의가 없거나 그 결의에 흠이 있다고 하더라도 이사회의 결의는 회사의 내부적 의사결정에 불과하므로 신주발행의 효력에는 영향이 없는 점,[183] 실권된 전환사채를 L1 등에게 배정하기로 의결한 위 1996. 12. 3.자 이사회 결의에 어떠한 흠이 있다고 인정할 아무런 자료가 없는 점 등을 종합하여 보면, A, B들이 전환사채의 발행절차를 중단하지 아니하고 이를 진행한 것이 회사의 재산보호의무 위반으로서의 임무위배에 해당한다고 볼 수 없다.

(나) 반대의견

신주 등을 주주배정방식으로 발행하였다고 하더라도, 상당 부분이 실권되었음에도 불구하고, 이사가 그 실권된 부분에 관한 신주 등의 발행을 중단하지도 아니하고 그 발행가액 등의 발행조건을 제3자배정방식으로 발행하는 경우와 마찬가지로 취급하여 시가로 변경하지도 아니한 채 발행을 계속하여 그 실권주 해당부분을 제3자에게 배정하고 인수되도록 하였다면, 이는 이사가 회사에 대한 관계에서 선관의무를 다하지 아니한 것에 해당한다. 그로 인하여 회사에 자금이 덜 유입되는 손해가 발행하였다면 업무상배임죄가 성립한다고 보아야 한다.

7. 전환사채의 전환가액의 적정성

(1) 다수의견

① 주주배정의 방법에 의하여 전환사채를 발행할 경우에는 반드시 시가 또는 주식의 실질가액을 반영한 전환가액으로 발행하여

---

183) 대법원 2007. 2. 22. 선고 2005다77060, 77077 판결 등 참조.

야 하는 것이 아니다.
② 이 사건 전환사채는 주주배정의 방법으로 발행되었고, 주주배정의 방법에 의하여 전환사채를 발행할 경우에는 반드시 시가 또는 주식의 실질가액을 반영한 전환가액으로 발행하여야 하는 것이 아니다. 그러므로 이 사건 전환사채의 전환가액이 적정한지 여부에 관하여는 판단할 필요가 없다.

(2) 반대의견

① 이 사건 전환사채의 발행을 결의한 1996. 10. 30. 당시 E회사 주식의 시가는 주당 14,825원이었는데 D1, D2(피고인)들이 참여한 이사회에서는 이 사건 전환사채를 주주배정방식으로 발행하되 전환가격을 1주당 7,700원으로 정하였다. 위와 같은 전환가격은 주주배정방식으로 발행하는 한 아무런 문제가 없지만, 제3자배정방식으로 발행함에 있어서는 시가의 1/2 정도에 불과한 것으로서 경영판단의 원칙상 허용되는 상당한 범위를 넘어선 현저히 불공정한 가액이라고 보아야 할 것이다. 한편, 이 사건 전환사채는 당초에 주주배정방식으로 발행된 것인데, 주주 26명 중 J제당만이 그에게 배정된 2.94%의 전환사채를 인수하였을 뿐 나머지 주주들은 97.06%에 해당하는 전환사채의 인수를 청약하지 아니하고 실권하였다. 이와 같이 대량으로 발생한 실권 부분을 제3자에게 배정하여 인수토록 하는 것은 주주배정방식의 발행에 있어서의 단순한 실권 부분의 처리라기보다는 제3자배정방식에 의한 발행으로서의 실질을 가지는 것으로 봄이 상당하다. 따라서 그 실권 부분을 제3자에게 배정함에 있어 그 전환가격 등의 발행조건을 정당한 가격으로 변경할 사유에 해당한다고 할 것이다. 그럼에도 불구하고, D1, D2들이 이사로서 이사회 결의에 참석하여 위 실권된 전환사채에 관한 전환가격을 정당한 가격으로 변경하지 아니한 채 당초의 전환가격 그대로 L1 등에

게 배정하기로 결의하고 그에 따라 인수하게 한 후 그 전환권 행사에 따라 신주 1,254,777주를 L1 등에게 발행한 이상, 회사는 그 전환가격의 차액 상당의 자금을 얻지 못하는 손해를 입었다고 할 것이고, 이러한 D1, D2들의 행위는 회사에 대한 업무상배임죄에 해당한다고 할 것이다. 이와 같은 취지에서 나온 원심판결은 정당하여 유지되어야 하고 D1, D2들의 상고이유는 받아들일 수 없는 것이다.

② 이 사건의 실체는, 이 사건 전환사채 발행결의 당시 시행되던 구 상법(2001. 7. 24. 개정되기 전의 것)의 규정상 제3자배정방식에 의한 신주의 발행이 허용되는지 여부가 분명치 아니하고 또한 E회사의 정관상 제3자배정방식에 의한 전환사채의 발행을 허용하는 규정이 없으며 그에 관한 주주총회의 특별결의를 얻기도 어렵다고 본 D1, D2들을 포함한 이사들이, 주주배정방식으로 전환사채를 발행하되 표면이율 연 1%, 만기보장수익률 연 5% 등으로 사채로서 별다른 매력이 없는 발행조건을 정함으로써 주주들 대부분이 실권하도록 유도하고 그 실권부분을 L1 등에게 배정, 인수하도록 한 것이라고 봄이 상당하다. 그러한 의미에서 이 사건 전환사채 발행의 실질은 제3자배정방식에 의한 발행이라고 봄이 상당하며, 그 형식에만 좇아 주주배정방식으로 볼 것은 아니다. 그리고 L1 등은 이 사건 전환사채를 인수하여 그 사채금액을 납입한 직후에 곧바로 전환권을 행사하여 주식을 발행받았다. 그와 같은 주식을 취득하게 하는 것이 이 사건 전환사채 발행의 궁극적인 목적이었다고 할 것이므로 그 실질은 전환사채 발행의 형식을 빌어서 제3자배정방식의 신주발행을 한 것이라고 봄이 상당하다.

③ 형사사법의 궁극적 목표는 실체적 진실을 발견하고 그에 합당한 형벌법규를 적용하는 데에 있는데, 다수의견이나 별개의견은 이 점에서 찬동하기 어렵다.

8. 지배권 이전을 목적으로 한 전환사채의 발행이 이사의 임무위배에 해당하는지 여부

(1) 다수의견

① 이사가 주식회사의 지배권을 기존 주주의 의사에 반하여 제3자에게 이전하는 것은 기존 주주의 이익을 침해하는 행위일 뿐 지배권의 객체인 주식회사의 이익을 침해하는 것으로 볼 수는 없다. 주식회사의 이사는 주식회사의 사무를 처리하는 자의 지위에 있다고 할 수 있지만 주식회사와 별개인 주주들에 대한 관계에서 직접 그들의 사무를 처리하는 자의 지위에 있는 것은 아니다.[184) 더욱이 경영권의 이전은 지배주식을 확보하는 데 따르는 부수적인 효과에 불과한 것인바,[185) 회사 지분비율의 변화가 기존 주주 스스로의 선택에 기인한 것이라면 이사에게 지배권 이전과 관련하여 임무위배가 있다고 할 수 없다.
② 회사 지배권의 이전을 초래하는 다량의 실권된 전환사채를 제3자에게 배정한 것이 이사로서의 임무위배에 해당한다고 볼 수 없다.

(2) 반대의견 등

(이에 대한 판단은 없다.)[186)

---

184) 대법원 2004. 6. 17. 선고 2003도7645 전원합의체 판결 참조.
185) 대법원 2004. 2. 13. 선고 2001다36580 판결 참조.
186) 반대의견은 이미 발행가와 관련하여 임무위배가 있다고 보았기 때문에 지배권 이전을 목적으로 한 전환사채의 발행이 이사의 임무위배에 해당하는지 여부에 대해서는 더 이상 판단할 필요가 없다고 보았기 때문인 것으로 생각된다.

Comments

(1) 위 사건의 핵심쟁점은 잠재주식의 성격을 갖는 실권 전환사채를 제3자에게 저가로 발행하는 것이 이사의 임무위배가 되는 것인지, 또 그로 인하여 회사 또는 주주에 손해가 발생한 것인지에 대한 것이다. 이에 대한 대법원의 판단을 종합하면 아래 표와 같다. 다수의견의 요지는, 처음부터 제3자배정방식으로 저가에 발행한 것이면 이사의 임무위배가 되지만, 주주배정방식을 취하였음에도 주주가 포기한 실권부분을 제3자에게 처분하는 경우에는 발행조건을 변경하지 않더라도 임무해태가 되지 않는다는 것이다.

<도표 6> 위 사건의 주요 쟁점별 의견 차이

<table>
<tr><th colspan="2"></th><th>다수의견</th><th>반대의견</th><th>별개의견</th></tr>
<tr><td rowspan="2">손해발생여부</td><td>주주배정의 경우</td><td>회사와 주주 모두에 손해 없음</td><td>(좌동)</td><td rowspan="2">회사와 주주 모두에 손해 없음</td></tr>
<tr><td>제3자배정의 경우</td><td>회사에 손해 없음(주주에 손해 있음)</td><td>(좌동)</td></tr>
<tr><td colspan="2">위 사건의 경우</td><td>주주배정에 해당</td><td>제3자배정에 해당(실질적 판단)</td><td>양자를 구별할 필요가 없음</td></tr>
<tr><td colspan="2">실권에 대한 발행조건 변경의무</td><td>없음</td><td>있음(대량실권 등 특별사정이 있는 경우)</td><td></td></tr>
<tr><td colspan="2">결론
(배임죄의 성부)</td><td>불성립</td><td>성립</td><td>불성립</td></tr>
</table>

(2) 위 사건은 형사사건(형 356조의 업무상배임죄)으로 다루어졌으나,[187] 그 구성요건인 임무위배 여부 및 본인인 회사에 손해발생

여부에 관해서는 회사법적 판단을 요한다. 위 사건은 전환사채에 관한 것인데, 전환사채의 보유자가 전환청구권(형성권)을 행사하면 언제든지 주식(신주)으로 바뀔 수 있는 잠재주식으로서의 성질을 띤다. 따라서 이에 대해서는 통상의 신주발행(416조 이하)에 관한 것과 동일한 법리(즉, 자본충실의 원칙, 기존 주식의 비례적 가치 유지의 원칙, 수권자본주의의 원칙)가 적용된다.

(3) 신주(전환사채나 신주인수권부사채와 같은 잠재주식 포함, 이하 동일)를 발행하는 경우 신주인수권은 기존의 주주에게 보유하고 있는 주식수에 비례하여 배정하는 것이 원칙이다(418조 1항). 이는 신주발행으로 인하여 주식수가 늘어나므로 그에 상응하여 기존 주식의 비례적 가치를 유지시켜줌으로써 주식의 희석화(watered stock)를 방지해야 한다는 당위적 요청에 따른 것이다. 그러나 회사가 제3자에게 신주를 배정하는 것은 어디까지나 주주배정원칙의 예외로 부득이한 경우에 한하므로 엄격한 요건을 충족하여야 한다. 즉, 신주의 제3자배정을 위해서는 법령이나 정관(또는 이와 등가적 요건인 주주총회의 특별결의)에 그 근거가 있어야 하고, 회사의 경영상의 목적달성을 위하여 필요하여야 하고(418조 2항), 발행가가 공정하여야 하며, 주주에게 사전 공시를 하여야 한다(418조 3항). 이러한 요건을 갖추지 못한 신주발행에 대해서는 신주발행유지청구권(414조), 이사의 회사에 대한 손해배상책임(399조), 제3자에 대한 차액반환책임(424조의2) 등을 추궁할 수 있고, 그 하자의 정도가

187) 위 사건의 경우 상법 제622조(특별배임죄)의 적용 여부가 문제된다. 상법 제622조의 특별배임죄와 형법 제356조의 업무상배임죄를 비교하면, 전자의 경우 행위의 주체를 이사 등으로 한정하고 있는 점(진정신분범)을 제외하면 그 구성요건인 임무위배로 인하여 본인에 손해가 발생할 것을 요하는 점에서 동일하고 그 법정형에도 아무런 차이가 없다. 실무상으로는 회사법상의 임무위배에 대하여 그 적용법조를 상법 제622조로 하기보다는 형법 제356조를 적용법조로 하는 경우가 많다. 특정경제범죄가중처벌법의 가중처벌조항은 형법상 업무상배임죄로 인한 이득액이 5억원 이상인 경우를 그 적용대상으로 하고 있다(특경가 3조 1항). 상법상 형벌조항과 형법상 형벌조항의 관계에 대해서는 홍복기 외, 712~713면 참조.

중대한 때에는 신주발행무효의 소에 의하여 발행신주 전부를 무효로 할 수 있다(429조).[188]

(4) 신주발행은 정관에 의하여 주주총회의 권한으로 하지 않는 한 수권자본주의에 따라 이사회 결의로 이루어진다(416조). 신주발행과 관련하여 이사에게 요구되는 선관의무는 단순히 법령을 준수하는 것에 그치지 않고, 나아가 회사에 최대한 이익을 가져올 수 있도록 (또는 회사의 손실이 최소화될 수 있도록) 적극적으로 노력하여야 할 의무까지를 포함한다. 이를 다하지 못한 경우에는 임무해태가 되어 이사는 회사 또는 제3자에 대하여 그로 인한 손해배상책임을 진다(399조, 401조). 또한 신주를 발행함에 있어서 이사는 회사의 수임자로서 기존 주식의 비례적 가치를 훼손시키지 않아야 할 의무와 함께 회사의 자본충실(나아가 재무상태의 개선 및 양호화를 포함함)을 위하여야 할 선관의무를 진다. 여기에서의 자본충실은 좁은 의미의 '자본금'충실에 국한하지 않고 자본금 외에 (법정)준비금까지를 포함하는 보다 넓은 의미의 '자본'충실이어야 한다. 이렇게 보는 것은, "재산상 손해의 유무에 관한 판단은 법률적 판단에 의하지 아니하고 경제적 관점에서 실질적으로 판단되어야 한다"거나, "재산의 감소와 같은 적극적 손해를 야기한 경우는 물론, 객관적으로 보아 취득할 것이 충분히 기대되는데도 임무위배행위로 말미암아 이익을 얻지 못한 경우, 즉 소극적 손해를 야기한 경우도 포함된다"고 하는 판례의[189] 취지에도 부합한다.

(5) 신주의 발행가를 결정(416조 2호)함에 있어서 이사는 어떤 선관의무를 지는가? 액면주식인 경우 신주의 발행가(a)는 액면가

188) 전환사채 발행무효의 소에 관해서는 명문의 규정이 없으나 신주발행무효의 소에 관한 상법 제429조를 유추적용할 수 있다고 보고 있다(대법원 2004. 6. 25. 선고 2000다37326 판결).

189) 대법원 1972. 5. 23. 선고 71도2334 판결; 대법원 2003. 10. 10. 선고 2003도3516 판결; 대법원 2008. 5. 15. 선고 2005도7911 판결 등 참조.

(b) 이상의 시가(c) 발행을 원칙으로 한다(417조). 주주배정방식에 의하는 경우에는 발행가가 액면가(b) 이상이면 시가(c)보다 현저하게 저렴한 가격이더라도 문제가 없다고 보는 것이 중론이다. 위 판례의 다수의견과 반대의견, 그리고 별개의견도 모두 이러한 입장을 취하고 있다.

그러나 반드시 이렇게만 볼 것인지에 대해서는 의문이 있다. 발행가(a)를 얼마로 책정하건 그 발행가액이 액면가(b) 이상인 한 자본금에 편입되는 금액에는 아무런 차이가 없다.[190] 그러나 발행가액과 액면가의 차액(a-b)은 모두 법정준비금의 하나인 자본준비금으로 적립되어, 향후 자본금결손을 보전하는 용도로 쓰거나 자본금전입의 용도로 사용할 수 있다(460조, 461조 1항). 또한 2011년 개정상법에서는 법정준비금을 감소하여 미처분 잉여금으로 환원함으로써 배당의 재원으로 사용하는 것도 가능하게 되었으므로(461조의2), 법정준비금의 적립은 회사와 주주 모두에게 이익이 된다. 결국 발행가(a)가 시가(c)에 근접하여 가능한 높은 액수로 책정되면 될 수록[191] 자본준비금으로 적립되는 금액(a-b)은 증가하게 되어 회사의 재무구조가 보다 양호하게 되며, 이는 회사에 이익이 된다. 주주배정의 경우가 이러할진대, 제3자배정의 경우는 더욱 그러하다.

제3자배정을 함에 있어서 현저히 저렴한 가액으로 발행가를 결정하면 회사에 대해서뿐만 아니라 주주에 대해서도 손해(주주의 주식가치가 제3자에게 이전되는 주식가치 희석화현상)를 가져오게 된다. 상법에서 제3자가 이사와 통모하여 현저히 불공정한 가액으로 신주를 인수한 경우 공정한 가액과의 차액만큼을 추가로 출자하도록 하여 이를 자본준비금으로 적립하도록 하는 것(424조의2)은 회

190) 이런 관점에서 위의 별개의견은 발행가액이 액면가 이상인 한 회사의 자금조달의 목적은 모두 그리고 충분히 달성되었다고 한다.

191) 당해 주식가치를 평가함으로써 적절한 발행가액이 비로소 산출될 수 있다. 따라서 비상장주식의 신주를 발행함에 있어서 당해 주식에 대한 평가는 필수적인 작업으로 요구된다. 그런데 위 사건에서 이사들은 전환사채의 적정한 가격에 대한 평가작업을 생략하였는데, 이는 이사의 임무해태가 된다.

사의 자본충실을 기하고 주주가 보유하고 있는 주식의 비례적 가치의 훼손분을 사후적으로 메워주기 위함이다. 상법에서 신주의 발행가(a)를 액면가(b) 이상으로 하도록 한 규정은 단순히 액면가 이상이면 아무런 문제가 없다는 뜻이 아니라 발행가의 최저한을 규정한 취지로 이해하여야 한다.[192)]
무액면주식을 발행하는 경우도 이러한 점에서는 기본적으로 차이가 없다. 무액면주식을 발행하는 경우 발행가는 이사회에서 결정하는데(451조 2항), 발행가(a)가 높을수록 자본금에 편입되는 금액(최소 {a×1/2} 이상)이 커지게 된다.[193)] 상장회사가 일반공모 증자방식 및 제3자배정 증자방식으로 유상증자를 하는 경우의 발행가액은 금융위원회가 정하는 「증권의 발행 및 공시 등에 관한 규정」에 의한 가중산술평균주가에 일정비율의 할인율을 적용한 가격으로 발행하도록 규정하고 있다(동 규정 5-18조).[194)] 이 규정은 기존 주주가 보유하고 있는 주식가치의 희석화를 막는데 그 취지가 있지만, 동시에 이에 의하여 유상증자를 실시하는 회사의 재무구조 개선을 기하고 있다.

(6) 위 사건에서 E회사의 대표이사 또는 이사인 D1, D2들로서는 전환사채를 발행함에 있어서 이사회 결의 등의 절차를 적법하게 거치야 하는 한편, E회사의 주식이 거래된 실례가 있는지, 있다면 그 거래가격은 어떠한지, 법인주주들이 E회사 주식의 가치에 대하여 평가한 사례가 있는지, 있다면 그 평가의 근거는 무엇인지 등을 검토하고, 전문회계법인, 감정기관 등 주식평가를 할 수

---

192) 신주의 액면미달발행을 엄격하게 규제하고 있는 것도 같은 이치이다.

193) 무액면주식을 발행한 회사가 신주를 발행할 때에 예컨대, 발행가가 1,000원인 경우에는 그 중 500원(발행가의 1/2 이상) 이상은 자본금으로 나머지는 자본준비금으로 적립되고, 발행가가 2,000원인 경우에는 그 중 1,000원 이상은 자본금으로 나머지는 자본준비금으로 적립된다. 결국 발행가가 커질수록 자본금과 자본준비금으로 적립되는 금액이 커진다는 점에서는 액면주식과 무액면주식간에 차이가 없다.

194) 전환사채의 발행가액에 대해서는 위 규정 제5-22조에서 따로 규정하고 있다.

있는 객관적인 기관에 의뢰하여 회사의 자산가치, 내재가치 및 성장가능성 등을 고려한 E회사 주식의 실제 가치를 평가하여야 할 선관의무를 진다. 나아가 L1 등이 E회사의 지배권을 획득함으로써 얻게 되는 프리미엄 가치 등도 종합적으로 고려하여 적정한 전환가격을 산정하여야 하고, 이를 기초로 전환사채의 발행총액을 결정함으로써 가능한 최대한의 자금이 E회사에 유입되도록 하여 회사의 자본충실(회사재무구조를 개선할 수 있는 기회를 적극 활용하여야 할 보다 넓은 의미의 자본충실을 포함)을 기하는 등 E회사의 이익을 위하여 사무를 처리하여야 할 선관의무를 부담한다. 그럼에도 불구하고 위 사건에서 D1, D2 등은 이러한 선관의무를 다하지 못한 것으로 평가된다.

(7) 실권주의 처리는 기본적으로 이사회에 맡겨져 있다. 그러나 이때에도 이사회에 무제한의 재량이 주어지는 것은 아니고 자본충실을 위한 선관주의의무에 기하여 업무를 처리하여야 한다. 실권주의 적정한 처리방법에 대해서는 (i) 모든 주주에게 실권주를 인수할 기회가 공평하게 주어져야 한다는 견해(주주기회부여설),[195] (ii) 시가가 발행가를 상회하는 때에는 발행가를 시가로 변경하여 실권주를 배정하여야 한다는 견해(발행조건변경의무설),[196] (iii) 신주발행과 실권주배정의 일체성을 이유로 발행가를 변경하거나 다른 절차를 밟을 필요가 없다는 견해(발행조건변경불요설)로[197] 나뉜다. (iv) 첫 번째 견해에 의하면 주주들이 스스로 자신들에게 주어진 신주인수권에 기한 청약을 포기하여 실권된 것을 재차 주주들에게 인수할 기회를 준다는 것은 무익한 절차의

195) 당초의 신주발행의 경우보다 유리한 조건으로 배정하는 경우에는 모든 주주에게 공평하게 실권주 인수의 기회를 주어야 하고, 이사회가 특정인의 지주비율을 증가시키기 위하여 실권주를 처리하는 것은 이사의 수임자로서의 의무 위반이 된다고 한다(최기원, 807면; 최준선, 573면).

196) 위 판례의 반대의견. 실권주의 저가처분이 경영판단원칙으로 정당화되지 않으면 이사의 임무위배로 된다는 견해가 있다(송옥렬, 998~999면).

197) 위 판례의 다수의견.

반복이 된다. 그러나 세 번째 견해처럼 일률적으로 변경의무가 없다는 것에도 의문이 있다. 실권주 발생이 통상적이고 일반적인 경우라면 동일한 기회에 발행하는 신주의 발행가는 원칙적으로 동일하여야 한다는 발행조건 동일의 원칙을 적용하여도 무방하고, 따라서 발행가를 변경할 의무가 없다. 그러나 발행조건 동일의 원칙은 '동일한 것은 동일하게, 차이가 있는 것은 차별적으로' 발행조건을 정하여야 한다는 원칙이다. 주식의 종류가 다르면 당연히 발행가에 차이를 둘 수 있고 또 두어야 마땅하다. 또한 동일한 기회에 발행되는 신주의 발행가액도 주주에게 배정하는 경우와 제3자에게 배정하는 경우에 적용되는 발행가를 달리 할 수 있고,[198] 발행시기 내지 발행기회가 다르면 발행가를 달리 할 수 있다. 세 번째 견해에 의하면 위 사건의 경우 '주주배정 – (대량실권) – 제3자배정'이 '일체'(동일기회)를 이루고 있으므로 실권주를 제3자에게 배정하는 때에도 주주배정에 적용되는 발행가와 동일한 발행가를 적용하여야 한다고 한다. 그 논거로, 실권주의 배정은 그 전 단계의 주주배정과 일체성을 이루는 동일한 신주발행인데, 발행조건을 변경함은 새로운 발행절차를 밟는 것과 다름없다는 것, 또한 실권주의 발행가가 저가라는 점에서 유래하는 이 같은 배려는 다른 주주의 지분가치가 희석되는 것을 막기 위한 배려인데, 주주가 포기한 이익을 명문의 근거 없이 회복시킬 이유가 없다는 것을 들고 있다.[199] 생각건대, 통상적인 경우라면 동일 회차에 발행되는 신주를 동일기회로 일체를 이룬다고 보아도 무방하다. 그러나 이 사건에서처럼 발행가가 시가보다 훨씬 저렴함에도 불구하고 대량(97.06%) 실권된 매우 이례적이고 특수한 상황이 발생한 경우에 대해서도 동일기회 동일발행가의 원칙을 기

198) 이러한 경우 오히려 발행가에 차이를 두는 것이 기존 주주의 이익보호를 위해서는 바람직하고, 제3자는 주주가 아니기 때문에 그렇게 하더라도 주주평등원칙에 저촉되지 않는다. 그러나 실무상으로는 주주의 양해(희생)하에 주주와 제3자에 배정되는 신주의 발행가를 동일하게 적용하는 경우가 많다.

199) 이철송, 877면.

계적으로 적용하는 것은 이 사건의 '실체'가 제3자배정이라는 사실을 간과하고 있거나, 이 점을 지나치게 가볍게 처리함으로써 불합리한 결과의 발생을 용인하고 있다.

(8) 위 사건에서 지배권을 이전할 목적으로 대량 실권된 전환사채를 제3자에게 배정하는 것이 이사의 임무위배에 해당하는지에 대하여, 다수의견은 회사의 지배권의 이전을 초래하는 다량의 실권된 전환사채를 제3자에게 배정하는 경우에도 이사의 임무위배는 아니라고 보고 있다. 이러한 판례의 태도는 타당하다고 본다. 다만, 이에 대해서는 오해의 소지가 있으므로 주의를 요한다. 위 판례는 경영권방어를 목적으로 기존 경영진에 우호적인 제3자에게 신주를 배정하는 사례에서 그러한 목적의 신주발행은 회사의 경영상의 목적달성을 위한 제3자배정이 아니기 때문에 위법하다는 종전 판례의 입장과[200] 구분하여 보아야 한다. 이들 두 판례는 그 내용이 같지 않으며 또 상호 모순되지도 않는다. 이사들은 기존 경영진이나 지배주주에 대하여 그 경영권이나 지배권을 유지시켜주어야 할 임무가 없고, 따라서 그 해태 또한 있을 수 없다는 것은 당연하다. 이러한 경우는 주주의 신주인수권 침해의 문제로 다루어져야 할 것이다. 그런데 위 사건의 경우 주주 스스로 자신에 배정된 신수를 포기한 것이므로 주주의 신주인수권을 침해한 바도 없다.

《관련문헌》

송옥렬, "신주의 저가발행에서 이사의 임무위배", 「민사판례연구」 제33집 제1권(2011).

황정인, "전환사채의 저가발행과 배임죄", 「형사판례연구」 제18호(2010).

---

200) 대법원 2009. 1. 30. 선고 2008다50776 판결. 이 판결에서는 회사의 경영권분쟁이 현실화된 상황에서 경영진의 경영권이나 지배권 방어라는 목적을 달성하기 위하여 제3자에게 신주를 배정하는 것은 상법 제418조 제2항을 위반하여 주주의 신주인수권을 침해하는 것이라고 판시하고 있다.

이종훈, "전환사채의 저가발행과 관련한 이사의 배임죄 성립여부 : 대법원 2009. 5. 29. 선고 2007도4949 판결을 중심으로", 「경영법률」 제20집 제1호(2009).

정쾌영, "실권된 주식·전환사채의 제3자 배정에 관한 문제점", 「상사판례연구」 제22집 제4권(2009).

19. 비상장주식의 평가

[대법원 2006. 11. 23. 자 2005마958, 959, 960, 961, 962, 963, 964, 965, 966 결정]

Facts

(1) D전자(사건본인)는 가정용 전기기기, 전자부품의 제조·가공 및 판매업 등을 목적으로 설립된 회사이고, A(신청인)들은 D전자의 소액주주들이다.
(2) D전자는 1998년경 D그룹 전체가 재정적 곤란에 빠지게 되면서 1999. 8.경 기업구조개선 대상기업으로 선정되어 2000. 1. 26. 채권금융기관들과 기업구조개선작업약정을 체결하였다. 이러한 기업구조개선작업의 일환으로 ① 채권금융기관들은 2001. 8. 약 4,050억원의 대규모 출자전환을 단행하여 그 결과 채권금융기관들이 D전자 발행주식총수의 52%를 차지하는 대주주가 되었고, ② 2001. 9. 10. 액면가 5,000원인 보통주를 7 : 1의 비율로 주식병합에 의해 무상감자하기로 하는 내용의 이사회 의결을 거친 후, 2001. 10. 12. 기명식 보통주 142,140,887주를 무상감자하였으며, ③ 2001. 11. 15. 채권단에게 출자전환 방식으로 1주당 5,000원에 6,600만주를 발행해주기로 하는 내용의 이사회 의결을 거친 후 출자전환을 시행하였다.
(3) 그러나 D전자가 1999년과 2000년 연속으로 자본잠식상태에 빠지고 외부감사인이 2년 연속 D전자에 대한 감사의견을 거절하자, 한국증권거래소(현, 한국거래소)는 D전자에 대한 상장폐지결정을 하여

D전자의 주식은 2002. 3. 15. 거래가 정지되었고, 상장폐지 후 4 영업일간의 매매정지기간을 거쳐 2002. 3. 22.부터 15일간 상장폐지 정리기간이 있었으며, 그 기간 동안 D전자 주식의 평균주가는 평균 408원이었고, 그 마지막 날인 2002. 4. 12. 종가 460원을 끝으로 하여 D전자 주식은 그 이후 증권거래소에서는 더 이상 거래되지 아니하였다.

(4) D전자는 2002. 9. 30. D전자의 가전산업과 영상사업부문의 자산과 부채를 자회사인 D모터공업(2002. 10. 29. 주식회사 D일렉트로닉스로 상호 변경)에 양도하기로 하는 이사회 결의를 하였고, 이에 따라 D전자가 영상사업부문, 냉기사업부문, 리빙사업부문 및 위 각 사업부문 관련 부품사업의 자산 합계 1,813,708,000,000원 및 동일한 금액의 부채를 D일렉트로닉스에게 양도한다는 내용의 영업양수도계약('이 사건 영업양도')이 체결되었다.

(5) D전자는 이 사건 영업양도의 승인 건에 대하여 2002. 10. 25. 임시주주총회('이 사건 주주총회')를 개최하기로 하고, 주주들에게 소집통지서를 발송하면서 2002. 10. 10.부터 25.까지 영업양도에 대한 찬반의사를 밝힐 것과 영업양도에 반대한 경우 2002. 10. 25.부터 11. 14.까지 주식매수청구권을 행사할 것을 통지하였으며, 10. 25. 주주총회를 개최한 결과 참석한 주주 다수의 찬성(D전자의 발행주식 총 수 89,688,481주 중 의결권 있는 주식 수 74,229,397주의 찬성)으로 영업양도를 승인하는 결의가 이루어졌다.

(6) A(신청이 부적법한 일부 신청인들 제외) 등은 주주총회에서 이 사건 영업양도에 반대하는 의사를 표시하였고, 영업양도가 승인되자 위 결의일로부터 2002. 11. 14.까지 적법한 절차에 따라 D전자에 주식매수청구를 하였다. 그러나 D전자가 주식매수가액의 협의 과정에서 그 매수가액을 10원으로 제시하자 이에 반대하여 이의를 제기하였다. 결국 위 신청인들과 D전자 사이에 주식매수가액에 대한 협의가 이루어지지 아니하였고, A 등은 제1심 법원에 상법 제374조의2의 규정에 의하여 주식의 매수가액결정신청을 하였다.

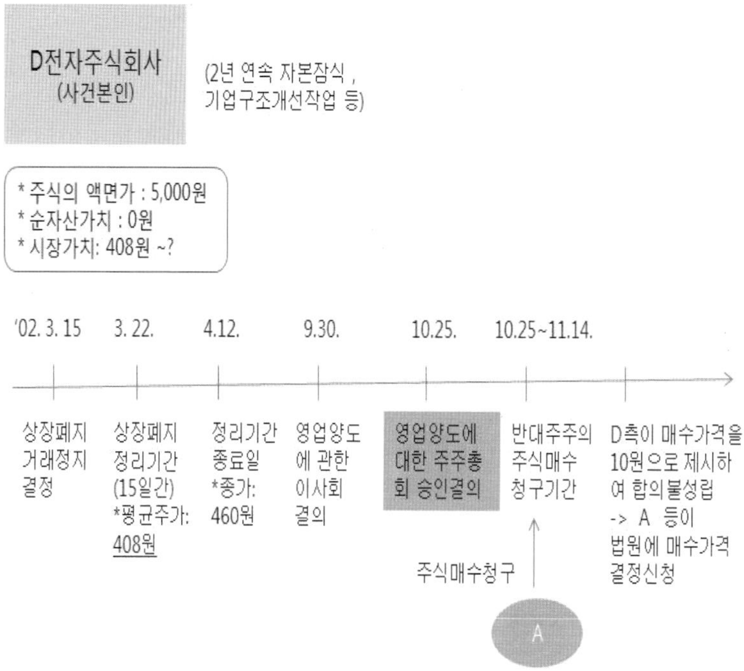

(Q1) 비상장회사에서 영업양도에 반대하는 주주들이 주식매수청구권을 행사한 경우 비상장주식의 매수가격을 산정함에 있어서 고려하여야 할 요소들은 무엇인가? 이들 각 요소들의 반영비율은?

Issue & Rule

(1) 위 사건에서 쟁점이 되는 사항은 ① 영업양도에 반대하는 주주들이 법원에 주식매수가액의 결정을 구하기 위한 절차적 요건, ② 비상장회사의 주식매수가액의 결정기준 등이다.

(2) 위 쟁점사항에 관한 적용법조는 구 증권거래법 시행령(폐지)

제84조의7 제1항 제2호(현행 자본시장법 시행령 제176조의5 참조); 구 증권거래법 시행규칙(폐지) 제36조의12 제3항·제5항(현행 자본시장법 시행령 제176조의5 참조); 상속세 및 증여세법 제63조 제1항 제1호 (다)목; 상속세 및 증여세법 시행령 제54조; 상법 제374조의2 제5항, 제530조 등이다.

Analysis & Conclusion

1. 비상장주식 매수가액의 산정방법

(1) 판례법리

① 회사의 합병 또는 영업양도 등에 반대하는 주주가 회사에 대하여 비상장주식의 매수를 청구하는 경우, 그 주식에 관하여 객관적 교환가치가 적정하게 반영된 정상적인 거래의 실례가 있으면 그 거래가격을 시가로 보아 주식의 매수가액을 정하여야 할 것이다.
② 그러한 거래사례가 없으면 비상장주식의 평가에 관하여 보편적으로 인정되는 시장가치방식, 순자산가치방식, 수익가치방식 등 여러 가지 평가방법을 활용하되, 비상장주식의 평가방법을 규정한 관련 법규들은 그 제정목적에 따라 서로 상이한 기준을 적용하고 있으므로, 어느 한 가지 평가방법(예컨대, 당시 증권거래법 시행령 제84조의7 제1항 제2호의 평가방법이나[201] 상속세 및 증여세법 시행령 제54조의 평가방법)이 항상 적용되어야 한다고 단정할 수는 없고, 당해 회사의 상황이나 업종의 특성 등을 종합적으로 고려하여 공정한 가액을 산정하여야 한다.[202]

---

201) 현행 자본시장법 시행령 제176조의5 제1항 참조.
202) 대법원 2005. 4. 29. 선고 2005도856 판결; 대법원 2005. 10. 28. 선고

③ 비상장주식에 관하여 객관적 교환가치가 적정하게 반영된 정상적인 거래의 실례가 있더라도, 거래 시기, 거래 경위, 거래 후 회사의 내부 사정이나 경영상태의 변화, 다른 평가방법을 기초로 산정한 주식가액과의 근접성 등에 비추어 위와 같은 거래가격만에 의해 비상장주식의 매수가액으로 결정하기 어려운 경우에는 위와 같은 거래가액 또는 그 거래가액을 합리적인 기준에 따라 조정한 가액을 주식의 공정한 가액을 산정하기 위한 요소로 고려할 수 있다.

(2) 사건에의 적용

D전자의 주식이 상장폐지된 후 2002. 3. 22.부터 2002. 4. 12.까지 15일간의 상장폐지 정리기간 동안에도 D전자 주식은 평균거래가액 408원을 유지하면서 지속적으로 거래가 이루어졌고, 당시 증권거래소의 거래가 중단된 2002. 4. 13. 이후 이 사건 영업양도에 관한 이사회 결의가 발표되기까지 D전자의 주식가격에 특별히 영향을 미칠 요인이 존재하지 않은 사실이 인정된다. 이 사건 영업양도의 결의일 전날인 2002. 9. 29.을 기준으로 하여 D전자 주식의 매수가액을 산정하면서 그로부터 약 5개월 전에 형성된 평균 거래가액 408원을 주식가액을 산성하기 위한 한 요소로 반영한 것은 정당하다.

2. 주식매수청구에 따라 비상장주식의 매수가액을 결정하는 경우, 수익가치의 산정방법 및 수익가치를 고려하지 않아도 되는 경우

(가) 판례법리

① 영업양도 등에 반대하는 주주의 주식매수청구에 따라 그 매수

2003다69638 판결 등 참조.

가액을 결정하는 경우, 특별한 사정이 없는 한 주식의 가치가 영업양도 등에 의하여 영향을 받기 전의 시점을 기준으로 수익가치를 판단하여야 하는데, 이때 미래에 발생할 추정이익 등을 고려하여 수익가치를 산정하여야 한다.
② 그러나 당해 사건에서 미래의 수익가치를 산정할 객관적인 자료가 제출되어 있지 않거나, 수익가치가 다른 평가방식에 의한 요소와 밀접하게 연관되어 있어 별개의 독립적인 산정요소로서 반영할 필요가 없는 경우에는 주식매수가액 산정시 수익가치를 고려하지 않아도 된다.

(나) 사건에의 적용

① 이 사건 영업양도를 통하여 수익을 산출할 수 있는 사업부문의 자산을 모두 D모터공업(그 후 '주식회사 D일렉트로닉스'로 상호 변경)에게 양도함으로써 향후 사업을 계속하면서 수익을 창출하기 어려울 것으로 보인다는 이유 등으로 이 사건 주식매수가액을 산정하면서 주식의 수익가치를 고려하지 않은 것은 부적절하다.
② 그러나 D전자의 추정재무제표 등 미래의 수익가치를 산정할 객관적인 자료가 제출되어 있지 않을 뿐만 아니라, D전자가 경영구조개선을 통한 매출액의 증가와 수익성의 증대로 2001년 약 3,500억원의 이익을 냈는데도, 수조 원의 부채와 그로 인하여 연 5,000억원 정도에 이르는 막대한 금융비용의 부담 등으로 전체적인 손익은 적자가 될 수밖에 없었던 점이 인정된다. 이러한 사정에 비추어 볼 때 D전자 주식의 수익가치는 순자산가치가 증가되지 않고서는 증가되기 어려운 관계에 있었다고 할 것이다. 그러므로 위 법리에 따라 이 사건에 있어서는 수익가치를 순자산가치와 별도의 독립된 가치로 반영하지 않고, 수익가치와 밀접하게 연관되어 있는 순자산가치만을 주식매수가액 산정시 반영함으로써 족하다.

3. 시장가치, 순자산가치, 수익가치 등을 종합적으로 반영하여 비상장주식의 매수가액을 산정하는 경우, 그 반영비율의 결정방법

(1) 판례법리

시장가치, 순자산가치, 수익가치 등을 종합적으로 반영하여 비상장주식의 매수가액을 산정하는 경우, 당해 회사의 상황이나 업종의 특성, 개별 평가요소의 적정 여부 등 제반 사정을 고려하여 그 반영비율을 정하여야 할 것이다.

(2) 사건에의 적용

원심에서[203] 시장가치로 인정한 위 408원을 앞에서 본 바와 같은 이유로 주식매수가액 산정시 고려할 수 있다고 할 것이나, 위 가액이 주식매수가액 산정의 기준일로부터 약 5개월 전에 형성되었을 뿐만 아니라, D전자의 주식이 이미 상장폐지되어 주식의 객관적 가치를 판단할 만한 정보가 충분하지 아니한 상태에서 거래가 이루어졌을 수도 있는 점, 한편 비상장법인의 순자산가액에는 당해 법인이 가지는 영업권 등 무형의 재산적 가치가 포함되어야 하므로,[204] D전사 주식의 순자산가치를 산정하면서 이를 고려하였어야 할 것이다. 그럼에도 불구하고 위와 같은 무형의 재산적 가치를 제대로 평가할 만한 자료가 제출되어 있지 아니하여 이를 고려하지 않은 채 D전자의 1주당 순자산가치를 0원으로 산정한 점, 위와 같이 산정한 순자산가치와 시장가치 중 어느 것이 D전자 주식의 객관적 가치를 제대로 반영하고 있는지 확인할 기준이 없는 점, 그 밖에 여러 사정을 종합하여 보

---

203) 서울고법 2005. 8. 11. 자 2005라37, 2005라38(병합), 2005라39(병합), 2005라40(병합), 2005라41(병합), 2005라42(병합), 2005라43(병합), 2005라44(병합), 2005라167(병합) 결정.

204) 대법원 2004. 7. 22. 선고 2002두9322, 9339 판결 참조.

면, D전자 주식의 시장가치 408원과 순자산가치 0원을 같은 비율로 고려하여 주식매수가액을 204원으로 결정한 원심의 조치를 수긍할 수 있다.

Comments

(1) 주식매수청구권을 행사할 수 있는 법정 요건에 해당하여 이를 행사하면 회사는 청구를 받은 날로부터 2월 내에 그 주식을 매수하여야 한다(374조의2 2항). 주식매수청구권은 형성권이므로 일방적인 청구권 행사에 의하여 곧바로 그 효력이 발생하고 그에 기하여 상대방인 회사는 2월 이내에 매수대금의 지급을 이행하여야 한다는 것이 다수설과 판례이다.[205] 주식매수청구권을 행사하는 경우 매수가격은 (ⅰ) 원칙적으로 주주와 회사간의 합의에 의하여 결정한다(374조의2 3항). (ⅱ) 주주가 회사에 매수를 청구한 날로부터 30일 이내에 가격에 관한 합의가 이루어지지 않을 경우에는 회사 또는 매수를 청구한 주주는 법원에 대하여 매수가격의 결정을 청구할 수 있다(374조의2 4항). 법원이 매수가격을 결정할 때에는 회사의 재산상태 그 밖의 사정을 참작하여 '공정한 가격'으로 이를 산정하여야 한다(374조의2 4항). 이처럼 법에서는 매수가격을 산정함에 있어서 공정하여야 한다는 당위성만을 제시하고 있으므로 그 구체화가 필요하다.

(2) 비상장주식의 평가방법에 관한 위 판례의 입장은 주식의 객

---

205) 손주찬, 731면; 송옥렬, 853면; 이철송, 578면; 정동윤, 574면. 異說: 주주가 매수청구를 하면 2개월 이내에 매매가격을 합의 결정하여 매매계약을 체결하여야 한다는 뜻으로 해석하는 견해가 있다(정찬형, 865면). 자본시장법에서는 주권상장법인이 주식매수청구를 받으면 해당 법인은 매수청구기간이 종료하는 날부터 1개월 이내에 해당 주식을 매수하여야 한다고 명시적으로 규정하고 있다(자금 165조의5 2항).

관적 교환가치가 반영된 공정한 가액으로 결정되어야 한다는 것으로 그 구체적인 방법을 도식화하면 아래와 같다.[206)]

<도표 7> 비상장주식의 평가방법

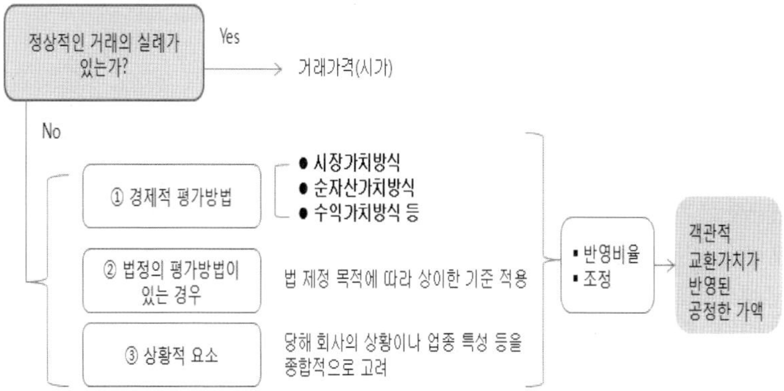

(3) 한편, 상장주식의 경우에는 자본시장법에서 매수가격의 결정에 관하여 규정하고 있다. 이에 의하면, 상장주식의 매수가격은 (i) 주주와 해당 법인간의 협의로 결정하나, (ii) 협의가 이루어지지 아니하는 경우의 매수가격은 이사회 결의일 이전에 증권시장에서 거래된 해당 주식의 거래가격을 기준으로 하여 대통령령으로 정하는 방법에 따라[207)] 산정된 금액으로 하며, (iii) 해당

---

206) 대법원 2006. 11. 24. 자 2004마1022 결정 등.

207) 자본시장법 시행령 제176조의7 제2항:
  1. 증권시장에서 거래가 형성된 주식은 다음 각 목의 방법에 따라 산정된 가격의 산술평균가격
     가. 이사회 결의일 전일부터 과거 2개월(같은 기간 중 배당락 또는 권리락으로 인하여 매매기준가격의 조정이 있는 경우로서 배당락 또는 권리락이 있은 날부터 이사회 결의일 전일까지의 기간이 7일 이상인 경우에는 그 기간) 간 공표된 매일의 증권시장에서 거래된 최종시세가격을 실물거래에 의한 거래량을 가중치로 하여 가중산술평균한 가격
     나. 이사회 결의일 전일부터 과거 1개월(같은 기간 중 배당락 또는 권리락으로 인하여 매매기준가격의 조정이 있는 경우로서 배당락 또는 권리락이 있은 날부터 이사회 결의일 전일까지의 기간이 7일 이상인 경우에는 그 기간) 간 공표된 매일의 증권시장에서 거래된 최종시세가

법인이나 매수를 청구한 주주가 그 매수가격에 대하여 반대하면 법원에 매수가격의 결정을 청구할 수 있다(자금 165조의5 3항). (ii)에 의한 시장가격은 법원을 구속하지 않으나, 상장회사의 경우 이사회 결의일 이전의 일정기간 증권시장에서의 시세는 사실상 중요한 기준이 된다.[208)]

(4) 시장가치, 순자산가치, 수익가치 등 여러 가지 평가요소를 종합적으로 고려하여 비상장주식의 매수가액을 산정하고자 할 경우, 당해 회사의 상황이나 업종의 특성, 위와 같은 평가요소가 주식의 객관적인 가치를 적절하게 반영할 수 있는 것인지, 그 방법에 의한 가치산정에 다른 잘못은 없는지의 여부에 따라 평가요소를 반영하는 비율을 각각 다르게 하여야 한다.[209)] 예컨대, 지배주식을 양도하는 경우와 같이 주식을 회사의 경영권과 함께 양도하는 경우에는 당해 주식의 일반적인 거래가격(p)에다 경영권가치를 객관적으로 평가한 가액(α)을 추가하여야 비로소 '경영권부 주식'에 대한 객관적 교환가치를 적정하게 반영할 수 있게 된다.[210)]

격을 실물거래에 의한 거래량을 가중치로 하여 가중산술평균한 가격

다. 이사회 결의일 전일부터 과거 1주일 간 공표된 매일의 증권시장에서 거래된 최종시세가격을 실물거래에 의한 거래량을 가중치로 하여 가중산술평균한 가격

2. 증권시장에서 거래가 형성되지 아니한 주식은 제176조의5 제1항 제2호 나목에 따른 가격

208) 상장주식에 관한 현행 시장가치 위주의 평가방법에는 문제가 있다고 하면서, 입법론으로 상장·비상장을 묻지 않고 일정 시점에 있어서의 공정한 가치를 평가기준으로 하여 당사자간의 합의 → 법원의 결정이라는 두 단계로 축소시킬 필요가 있다는 견해가 있다(권기범(기업), 271~272면).

209) 대법원 2006. 11. 24. 자 2004마1022 결정. 구체적 사안에 따라 각 요소를 반영하는 비율이 다르다. 시장가치·순자산가치·수익가치를 단순평균하여 산정한 사례(서울지법 1999. 7. 28. 자 99마204 결정), 수익가치를 배제한 사례(대법원 2006. 11. 23. 자 2005마958, 960, 961, 962, 963, 964, 965, 965 결정), 수익가치를 가중한 사례(대법원 2006. 11. 24. 자 2004마1022 결정). 기업가치의 평가방법에 관해서는 송옥렬, 1049~1051면 참조.

210) 대법원 2006. 11. 24. 자 2004마1022 결정.

(5) 주식가격의 결정은 소송사건이 아닌 비송사건으로 처리하고 있다(비송 86조의2). 그러나 이에 대해서는 대립당사자간의 쟁송성이 있어 당사자의 적극적인 관여가 필요하므로 소송사건으로 다루는 것이 타당하다는 견해가 있다.[211] 주식매수가격의 결정을 비송사건으로 처리하는 현행법은 쟁송성보다는 절차의 간이·신속과 법원의 합목적적 재량을 보다 중시한 때문이라 하겠다.

《관련문헌》

송옥렬, "회사법상 비상장주식 평가의 쟁점과 대안", 「법학」 제160호(2011).

신석훈, 최승재, 정기화, 「비상장주식 가치평가와 법 : 세법·형법·회사법」, 한국경제연구원(2011).

정영철, "판례를 통하여 본 주식의 공정한 가액", 「비교사법」 제16권 제1호(2009).

노혁준, "합병으로 인한 주식매수청구시의 가격결정", 「민사판례연구」 제30권(2008).

하태언, "주식매수가액결정 사건의 이론적·실무적 문제에 관한 연구", 「사법」 제6호, 사법연구지원재단(2008).

211) 송옥렬, 857면; 이철송, 580면; 임재연(회), 466면.

20. 주권의 효력발생시기

[대법원 1987. 5. 26. 선고 86다카982, 86다카983 판결]

Facts

(1) X회사는 1980. 6.경 A, B, C(원고)들이 주주임을 표창하는 1~10 기재 문서를 작성하였다.
(2) 그런 다음 X회사는 이들을 주주인 A, B, C들에게 교부하지 아니하고 X회사에 대하여 주주로 볼 수 없는 D(피고), E에게 교부하였다.
(3) 그 후 위 1, 2 기재 문서는 A들의 배서도 없이 F(피고)가 이를 점유하고 있으며, 또한 위 3~10 기재 문서는 B가 이에 배서한 바가 없다.[212)]

(Q1) 위 문서는 주권인가?
(Q2) D, F가 보유하고 있는 위 문서 1~10을 G가 선의로 매수한 경우 선의취득을 할 수 있는가?

212) 현행법상으로는 주식을 양도함에 있어서 주권의 교부만으로 족하고 주권의 배서제도는 폐기되었다.

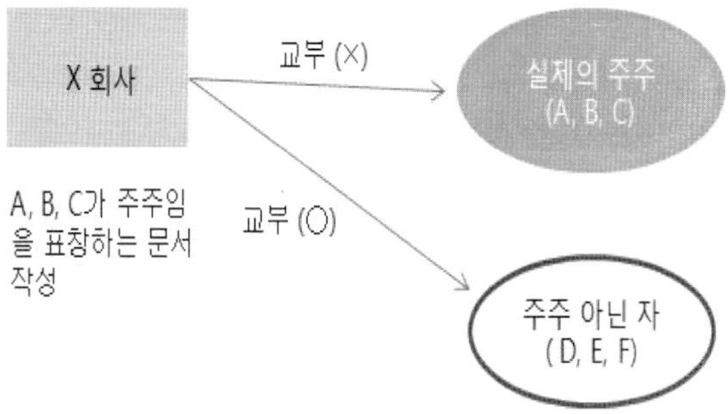

Issue & Rule

(1) 위 사건에서 핵심 쟁점사항은 주권발행의 효력발생요건 및 효력발생시기 등이다.
(2) 위 쟁점사항에 관한 적용법조는 상법 제355조 등이다.

Analysis & Conclusion

1. 주권 효력발생의 요건 및 시기

(1) 판례법리

상법 제355조의 주권발행은 같은 법 제356조 소정의 형식을 구비한 문서를 작성하여 이를 주주에게 교부하는 것을 말하고, 위 문서가 주주에게 교부된 때에 비로소 주권으로서의 효력을 발생한다. 회사가 주주권을 표창하는 문서를 작성하여 이를 주주가 아닌 제3자에게 교부하여 주었다 할지라도 위 문서는 아직 회사의 주권으로서의 효력을 가지지 못한다.[213]

(2) 사건에의 적용

위 각 문서는 X회사가 발행한 주권이라고 할 수 없고, 따라서 D 등이 이들을 소지하고 있다고 하더라도 이는 공허한 문서에 불과하고 F로부터 양수받은 주식에 대한 주권을 취득한 것이라고 볼 수 없다. A 등은 D 등에게 X회사의 주주임을 주장할 수 있다.

Comments

(1) 주권은 주식을 표창한 것으로 무체의 권리인 주식(사원권)을 유체적으로 관리하기 위하여 유형적 존재로 만든 유가증권의 일종이다. 주권은 원래 주식양도의 수단으로 주식의 유통을 원활히 도와주기 위해 생겨난 제도적 산물이며, 실물주권의 발행을 원칙으로 한다. 다만 종이 없는 사회(paperless society)로 나가는 오늘날에는 무권화 내지 탈권화의 요청이 있고, 이를 가능케 하는 새로운 제도들을 법제화하고 있다.[214]

(2) 주권은 주식의 효력이 발생한 후 이를 사후적으로 표창하는 것이므로(비설권유가증권), '주식'의 효력이 발생된 이후에만 '주권'을 발행할 수 있다. 따라서 주식의 효력발생시기와 주권의 효력발생시기는 다르다. 주식의 효력발생시기는 회사설립의 경우에는 설립등기시점이고, 회사설립 후 신주를 발행하는 경우에는 납입기일 다음 날부터이다(423조 1항). 주식의 효력이 발생하면 회사는

---

213) 대법원 1977. 4. 12. 선고 76다2766 판결; 대법원 2000. 3. 23. 선고 99다67529 판결 참조.

214) 실물주권의 발행으로부터 탈피하려는 경향이 있다. 상법상의 주권불소지신고제도(358조의2), 2011년 개정상법에서 도입된 주식의 전자등록(356조의2), 자본시장법상 투자자계좌부 또는 예탁자계좌부상 계좌간 대체의 방법으로 결제하는 경우의 특칙(자금 311조 4항) 등은 이를 제도적으로 수용한 것이다.

원칙적으로 지체없이 주권을 발행하여야 한다(355조 1항). 그 이전에는 주권에 표창할 권리(주식)가 아직 부재하므로 주권을 발행할 수 없고 설령 발행하더라도 주권으로서의 효력이 없다(355조 2항·3항 본문).[215]

(3) 주권의 효력발생시기가 언제인가? 이에 관한 논의는 주주가 주식을 적법하게 양도할 수 있는 시점, 주주의 채권자가 주권에 대하여 압류 등 권리를 실행할 수 있는 시점, 그리고 주주에게 주권을 교부하기 전에 회사가 이를 분실 또는 도난당한 경우 제3자가 이를 선의취득할 수 있는 시점이 언제부터인가를 결정하기 위하여 필요하다. 주권의 효력발생시기를 법에서 명시적으로 규정하고 있는 경우에는 그 규정에 의한다(441조 등). 이에 관하여 법에 규정이 없는 경우 그 발효시기를 둘러싸고 견해가 나뉜다.

(i) 작성시설 - 주권을 작성한 시점에 유가증권으로서의 주권이 성립한다고 한다(창조설). 그 교부를 요하지 않는다는 점에서 후술하는 교부시설과 발행시설과는 다르다.

(ii) 교부시설 - 주권을 작성하여 회사가 그 의사에 기해 '주주에게' 주권을 교부한 때에 주권으로서의 효력이 발생한다고 한다. 현재의 다수설과 판례가 취하고 있는 입상이다.[216]

(iii) 발행시설(절충설) - 회사가 주권을 작성하여 주주에게 교부한다는 의사로써 '누구에게든지' 주권을 교부한 시점에 주권으로서

215) 회사성립 전 또는 신주의 납입기일 전에 발행한 주권은 무효가 되고, 그 하자는 회사성립 또는 납입기일의 경과에 의하여 치유되지 않는다(이철송, 322면).

216) 대법원 2003. 3. 23. 선고 99다67529 판결 등; 권기범, 502면; 김정호, 187~188면; 서헌제, 632면; 손주찬, 634면; 송옥렬, 753면; 안택식, 204면; 이기수 외, 246면; 정동윤, 467면; 최기원, 305면; 최준선, 212~213면; 홍복기 외, 147면. 교부시설을 원칙으로 하면서도, 다만 회사가 주주(A)가 아닌 자(B)에게 주권을 교부하고 그 타인(B)이 다시 제3자(C)에게 주권을 양도한 경우에는, 제3자(C)가 그 타인(B)을 적법한 주주라고 믿고 또 믿은 데 중대한 과실이 없으면 제3자(C)의 보호를 위하여 예외적으로 발행시설이 타당하다는 견해가 있다(정찬형, 705면).

효력이 발생한다고 한다. 주권의 교부를 요한다는 점에서는 교부시설과 동일하나, 교부의 상대방이 주주가 아니더라도 무방하다고 보는 점에서는 교부시설과 차이가 있다.
(ⅳ) 정리 및 사견 – 작성시설에 의하면 도난 주권도 유효한 것으로 되고, 발행시설에 의하면 주주 아닌 자가 회사에 주주로 속이고 주권을 교부받은 때에도 유효한 주권이 된다. 어느 설에 의할 것인가는 결국 주주의 이익과 거래의 안전 중 어느 것을 더 중시할 것인가의 문제로 귀착된다. 주권은 교부증권이기는 하나 비설권증권이고, 주식의 빈번한 거래는 사실상 상장주식에 국한되며, 상장주식의 양도도 자본시장법의 특례규정에 의하여 실물주권의 교부 없이 장부상 대체결제방식으로 이루어지는 것이 대부분이다. 따라서 유통성 보호의 요청이라는 점에서 주권을 어음·수표와 동일한 수준으로 요구하는 것은 타당하지 않다. 주권은 유통증권성과 함께 사원증권으로서의 성질을 지니므로 사단법적 특성을 고려할 때 주주보호(진정한 권리자의 보호)에 좀 더 무게를 두고 있는 교부시설이 타당하다고 본다. 그에 따른 거래안전의 문제는 손해배상이나 원인관계에 기한 부당이득반환 등의 다른 일반적인 구제수단에 의하여야 한다.[217)]

(4) 주권의 효력발생시기에 대하여 교부시설에 의하면, 위 사건의 경우 주주들에게 주권을 발행하지 않은 것으로 된다. 따라서 이러한 상태에서 제3자가 주권에 상당하는 문서를 교부받았다고 하더라도 이는 주권이 아니므로 유효한 주권의 취득이 되지 못한다. 또한 이러한 상태에서는 진정한 주주도 주권이 없기에 주식을 양도할 수 없음이 원칙이다(335조 3항 본문). 그러나 주권발행이 가능한 시점으로부터 6월이 경과하도록 주권이 발행되지 않으면 주주는 주권 없이도 지명채권 양도의 방법에 의하여 주식을 양도할 수 있다(335조 3항 단서; 민 450조).

217) 권기범, 502면.

(5) 주권의 효력발생시기에 관한 이상의 논의는 사채권, 신주인수권증서, 신주인수권증권 등의 유가증권에 대해서도 동일하게 적용된다. 주식을 전자등록하는 경우에는 실물주권이 발행되지 않으므로 실물주권의 발행을 전제로 그 효력발생시기를 논하는 문제는 더 이상 생기지 않는다. 주식을 전자등록(356조의2 1항)하는 경우에는 주식에 관한 권리를 전자등록기관의 전자등록부에 등록함으로써 사실상 실물주권의 발행을 갈음한다. 전자등록이 권리의 소재가 되어 전자등록부에 등록된 주식의 양도나 입질은 전자등록부에 등록하는 방식에 의하고(356조의2 2항), 전자등록부에 등록된 자는 적법하게 보유한 것으로 추정되며, 이에 기한 주식의 선의취득도 가능하다(356조의2 3항). 결국 주식의 전자등록을 가지고 주권의 발행 및 교부에 환치시켜 생각하면 된다.

《관련문헌》

안성포, "일본의 주권불발행제도에 관한 고찰", 「상사법연구」 제24권 제2호 (2005).

이주흥, "주권발행의 효력발생시기", 「사법행정」 제361호(1991).

21. 주권발행 전 주식양도

[대법원 2006. 9. 14. 선고 2005다45537 판결]

Facts

(1) X회사(피고)는 1993. 10. 18. 설립된 의약품 등 판매 및 수출입업체로서 그 자본금 총액은 50억원으로 액면가 10,000원의 보통주식 500,000주를 발행하였고, 변론종결일까지 그 주권을 발행하지 않았다. B가 사실상 지배하고 있는 J1회사는 X회사의 전체 주식 중 50%를 초과한 294,350주를 보유하고 있고, J2회사의 전체 주식 중 25% 정도를 보유하고 있다.
(2) A(원고)는 J2회사의 대표이사이던 C의 권유를 받아 J2의 주식을 매수하는 방법으로 투자하기로 하고, C의 중개에 의하여 2001. 3. 16.부터 2001. 8. 17.까지 사이에 4회에 걸쳐 C와 함께 J2의 대표이사로 근무하던 D 명의의 J2의 주식 4,200주를 대금 합계 105,000,000원에 매수하고 해당 주권을 교부받았다. A는 2001. 11. 19. 역시 D 명의의 X회사의 주식 1,500주를 대금 30,000,000원에 매수하였고, 당시 X회사는 A 앞으로 위 1,500주를 보관하고 있다는 내용의 주식보관증을 작성하여 A에게 교부하였으나 A 앞으로 주주명부의 명의개서절차를 이행하지 않았다. 위 각 주식대금은 J2의 운영자금으로 사용되었다.
(3) J2의 대표이사이던 C는 위 각 주식의 매매시 그 시세가 하락하면 환매하여 주는 방법으로 투자금을 보장하겠다고 약속하면서

주식의 매매를 중개하였는데, 위 각 주식의 시세가 하락하자 A는 2002. 6.부터 J2 및 위 각 주식의 매도명의인이던 D에 대하여 환매를 요구하여 왔다.

(4) J2의 대표이사이던 D는 위와 같이 환매를 요구하던 A와 협의를 거쳐 2003. 4. 3. A와 사이에, D가 보유하고 있던 X회사의 주식 13,500주의 가격을 135,000,000원으로 정하여 위 주식과 A가 매수한 J2의 주식 4,200주 및 X회사의 주식 1,500주와 교환하기로 하는 교환계약('이 사건 교환계약')을 체결하면서, 같은 날 X회사의 대표이사 자격에 기하여 A 앞으로 X회사의 주식 13,500주를 보관하고 있다는 내용으로 아래와 같은 주식보관증을 작성하여 A에게 교부하였다.

주식보관증
A님 귀중
① 대상 주식 : X주식회사의 기명식 보통주식
② 대상 주식 수 : 13,500주(액면가 : 10,000원)
상기 주식을 X회사에서 보관합니다.
X주식회사 대표이사 D [X회사의 직인]

(5) 위의 교환계약을 체결하면서 D는 A의 투자금을 보장하는 의미로 같은 날짜로 이 사건 교환계약에 기하여 A가 양수한 X회사의 주식 13,500주를 대금 135,000,000원에 환매하여 주되, 2003. 5. 15. 30,000,000원을, 2003. 7. 15. 35,000,000원을, 2003. 9. 15. 35,000,000원을, 2003. 11. 15. 35,000,000원을 각 지급하겠다는 내용의 지급확인서를 J2의 명의로 작성하여 A에게 교부하였다.

(6) A는 위의 교환계약에 기하여 2003. 9. 19.경 X회사에게 X회사의 주식 13,500주에 관하여 A 앞으로 주주명부의 명의개서를 하여 줄 것을 요청하였다.

(7) D는 X회사의 주주명부상 그 명의로 X회사 주식 35,000주를

보유하고 있다가 2002. 5. 10. E에게 위 주식 중 15,000주를 양도하고 그 무렵 위 양도사실을 X회사에 통지하는 한편 양도 주식에 관하여 주주명부의 명의개서를 요청하였고, X회사는 D의 주식 양도통지 및 명의개서 요청에 따라 그 무렵 위 주식 중 15,000주에 관하여 E 앞으로 주주명부의 명의개서절차를 이행하였다.

(8) D는 2001. 1. 17. X회사 주식 10,000주를 F에게 양도하고, 내용증명우편으로 2004. 12. 31. 위 양도사실을 X회사에 통지하고 또한 양도 주식에 관하여 주주명부의 명의개서를 요청하였고, X회사는 D의 명의개서 요청에 따라 그 무렵 주주명부상 D 명의로 남아 있던 X회사의 주식 중 10,000주에 관하여 F 앞으로 주주명부의 명의개서절차를 이행하였다.

(9) D는 2005. 1. 5. X회사의 주식 10,000주를 D가 B로부터 차용한 J1 주식회사의 주식 및 차용금 채무의 일부 변제 명목으로 B에게 양도하였다는 내용을 2005. 1. 6. 내용증명우편으로 X회사에 통지하였고, X회사는 위 양도통지에 따라 그 무렵 주주명부상 D 명의로 남아 있던 X회사의 주식 10,000주 전부에 관하여 B 앞으로 주주명부의 명의개서절차를 이행하였다.

(10) D는 주주명부상 D 명의로 보유하고 있던 위 각 주식 외에도 주주명부상 G, H, I 등의 명의로 X회사의 주식을 보유하고 있다가 M(9,500주), N(1,250주), O(1,250주) 등에게 X회사의 주식을 양도한 다음 2004. 4. 27.까지 차명으로 보유하던 주식 전부에 관하여 양수인 등 앞으로 주주명부의 명의개서절차를 이행함으로서 차명으로 보유하던 주식 전부를 처분하였다.

(11) D는 위 주식 양수인들 중 E를 제외한 양수인들과 A를 포함하여 총 22명에게 X회사의 주식을 매도하였는데, 위 22명의 주식양수인들이 2003년부터 2005. 1. 6.까지 X회사에게 주주명부의 명의개서를 요청한 주식수는 합계 66,600주에 이른다.

(12) 한편, D는 2000. 1. 27.부터 2003. 8. 20.까지 X회사의 대표이사로 재직하였고, 2001. 4. 30.부터 2003. 6.까지 J2의 대표이

사로 재직하였으며, X회사의 대주주이던 J1회사의 대표이사로 2000. 3. 27.부터 2003. 8. 20.까지 재직하였다. B는 2000. 1. 27. D와 함께 X회사의 대표이사로 취임하여 D가 퇴직한 뒤에도 계속하여 재직하다가 이 사건 제1심 판결이 선고되고 당심에 이 사건 소송이 계속되던 2004. 11. 5. 사임하였고, J1회사의 대표이사로는 2003. 8. 20. 취임하였다. X회사의 현재 대표이사인 L은 B의 아들이다.

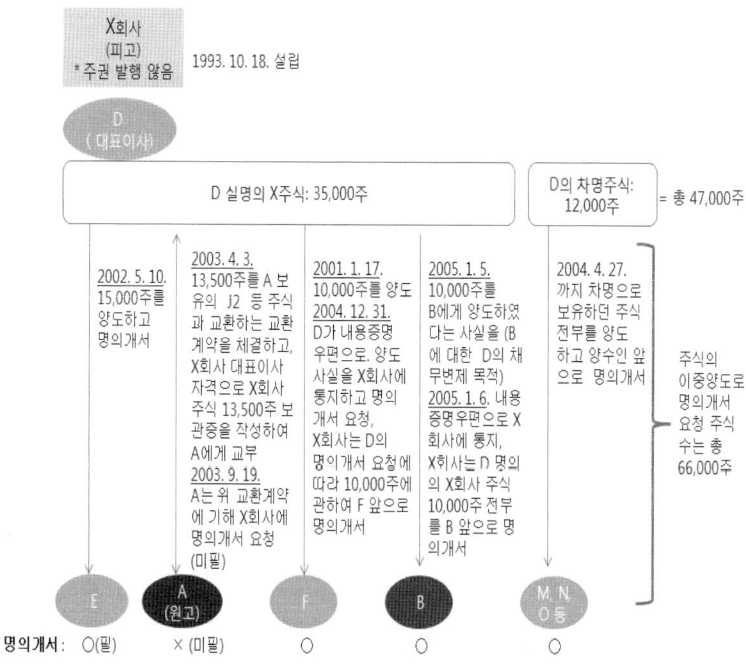

(Q1) A와 D간의 위 주식교환계약은 유효한가?

(Q2) A는 X회사에게 위 주식에 관하여 주주 명의를 A로 변경하는 명의개서절차의 이행을 청구하고 있다. 이 청구의 당부를 판단하시오.

Issue & Rule

(1) 위 사건에서 쟁점이 되는 사항은 ① 주권발행 전 주식의 양도인이 회사에 대한 양도통지 전에 제3자에게 주식을 이중으로 양도한 후 확정일자 있는 양도통지를 하는 등 대항요건을 갖추어 주어 양수인이 그 제3자에게 대항할 수 없게 되었고, 이러한 배임행위에 제3자가 적극 가담한 경우, 제3자에 대한 양도행위의 효력, ② 주주명부에 기재된 명의상 주주의 지위 및 주권발행 전 주식의 이중양수인들 사이의 우열관계를 결정하는 기준, ③ 확정일자 없는 증서에 의한 양도통지나 승낙 후에 그 증서의 사본에 확정일자를 갖춘 경우, 확정일자 이후에는 제3자에 대한 대항력을 취득하는지 여부 등이다.
(2) 위 쟁점사항에 관한 적용법조는 상법 제335조 제3항, 제337조; 민법 제103조, 제450조 등이다.

Analysis & Conclusion

1. 주권발행 전 주식의 이중양도의 효력

(1) 판례법리

① 주권발행 전 주식의 양도는 당사자의 의사표시만으로 효력이 발생하는 것이고, 주권발행 전 주식을 양수한 사람은 특별한 사정이 없는 한 양도인의 협력을 받을 필요 없이 단독으로 자신이 주식을 양수한 사실을 증명함으로써 회사에 대하여 그 명의개서를 청구할 수 있다. 그러나 회사 이외의 제3자에 대하여 양도

사실을 대항하기 위해서는 지명채권의 양도에 준하여 확정일자 있는 증서에 의한 양도통지 또는 승낙을 갖추어야 한다.
② 이러한 점을 고려할 때, 양도인은 회사에 그와 같은 양도통지를 함으로써 양수인으로 하여금 제3자에 대한 대항요건을 갖출 수 있도록 해 줄 의무를 부담한다.
③ 양도인이 그러한 채권양도의 통지를 하기 전에 다른 제3자(제2 양수인)에게 이중으로 양도하여 회사에게 확정일자 있는 양도통지를 하는 등 대항요건을 갖추어 줌으로써 양수인(제1 양수인)이 그 제3자(제2 양수인)에게 대항할 수 없게 되었고, 이러한 양도인의 배임행위에 제3자가 적극 가담한 경우라면, 제3자에 대한 양도행위는 사회질서에 반하는 법률행위로서 무효라고 봄이 상당하다.

(나) 사건에의 적용

D가 이미 자신의 보유주식 수를 초과하여 여러 양수인들(A 등)에게 X회사의 주식을 양도한 상태에서 다시 B에게 대물변제 명목으로 X회사의 주식을 양도한 다음 X회사에 확정일자 있는 통지를 하여 제3자에 대한 대항력까지 갖추도록 하였고 B는 D의 이러한 배임행위를 잘 알고 있으면서도 이에 적극 가담하였다는 사실이 인정된다. 그러므로 B에 대한 주식 양도행위 및 그에 기한 명의개서는 반사회적 법률행위로서 무효이다.

2. 주주명부에 기재된 명의상 주주의 지위 및 주권발행 전 주식의 이중양수인들 사이의 우열관계를 결정하는 기준

(1) 판례법리

① 주주명부에 기재된 명의상의 주주는 회사에 대한 관계에 있어서 자신의 실질적 권리를 증명하지 않아도 주주의 권리를 행

사할 수 있는 자격수여적 효력을 인정받을 뿐이지 주주명부의 기재에 의하여 창설적 효력을 인정받는 것은 아니다. 그러므로 반증에 의하여 실질상 주식을 취득하지 못하였다고 인정되는 자가 명의개서를 받았다고 하여 주주의 권리를 행사할 수 있는 것이 아니다.[218)]

② 주권발행 전 주식의 이중양도가 문제되는 경우, 그 이중양수인 중 일부에 대하여 이미 명의개서를 하였는지 여부를 불문하고 누가 우선순위자로서 권리취득자인지를 가려야 할 것이다. 이 때 이중양수인 상호간의 우열은 지명채권 이중양도의 경우에 준하여 확정일자 있는 양도통지가 회사에 도달한 일시 또는 확정일자 있는 승낙의 일시의 선후에 의하여 결정함이 원칙이다.[219)]

(2) 사건에의 적용

① 양도인 D의 양도대상 보유주식의 총수를 확정하고 위와 같은 판단 기준에 따라 A를 비롯한 이중양수인들 상호간의 우선순위를 가려본 다음 과연 A에게 귀속될 주식이 존재하는지를 먼저 살펴보아야 한다.

② 그런데 원심은[220)] A를 비롯한 이중양수인들 상호간의 우선순위를 판단하지 아니한 채 D의 주식 중 B 앞으로 명의개서된 10,000주에 관한 주식양도가 배임적 이중양도에 해당하고 이에 X회사가 적극 가담하여 무효라는 이유만으로 A 앞으로 바로 명의개서절차를 이행하도록 명하였다. 이러한 원심 판단에는 명의개서의 효력 내지는 주권발행 전 주식양도에 있어서 제3자에 대한 대항력에 대한 법리를 오해한 나머지 필요한 심리를 다하지 아니한 위법이 있다.

---

218) 대법원 1989. 7. 11. 선고 89다카5345 판결 등 참조.
219) 대법원 1995. 5. 23. 선고 94다36421 판결 등 참조.
220) 서울고법 2005. 7. 13. 선고 2004나59364 판결.

3. 확정일자 없는 증서에 의한 양도의 통지나 승낙 후에 그 증서의 사본에 확정일자를 갖춘 경우, 확정일자 이후에는 제3자에 대한 대항력을 취득하는지 여부

(1) 판례법리

양도통지가 확정일자 없는 증서에 의하여 이루어짐으로써 제3자에 대한 대항력을 갖추지 못하였더라도 확정일자 없는 증서에 의한 양도통지나 승낙 후에 그 증서에 확정일자를 얻은 경우에는 그 일자 이후에는 제3자에 대한 대항력을 취득하는 것이다.[221] 확정일자 제도의 취지에 비추어 볼 때 원본이 아닌 사본에 확정일자를 갖추었다 하더라도 대항력의 판단에 있어서는 아무런 차이가 없다.

(2) 사건에의 적용

A가 X회사에게 내용증명우편으로 보낸 주식보관증(기록에 의하면 확정일부인에 의한 간인까지 마쳐져 있음)이 원본이 아닌 사본이라는 이유만으로 확정일자 있는 증서가 되지 못한다고 본 원심의 판단에는 확정일자 있는 증서에 관한 법리를 오해한 위법이 있다.

Comments

(1) 주식을 양도하려면 양도에 관한 당사자간의 합의와 주권의 교부를[222] 요하고(336조 1항), 이것만으로 당사자 사이에는 주식양

221) 대법원 1987. 4. 12. 선고 87다카2429 판결 등 참조.

222) 주권을 교부하는 방법은 동산의 점유를 이전하는 민법상의 방법(민 188조 1항, 188조 2항, 189조, 190조)에 의한다.

도의 효력이 발생한다. 이 점은 위 사건에서와 같은 주식교환의[223] 경우도 동일하다. 주권이 발행되기 전에는 주식을 양도(교환도 포함, 이하 동일)할 수 없음이 원칙이다(335조 3항 본문). 주권이 발행되기 전에는 주식을 유효하게 양도할 수 있는 수단인 주권이 없기 때문이다. 그러나 지체없이 주권을 발행하여야 할 회사가 주권을 발행할 수 있는 시점으로부터 6월이 경과하도록 주권을 발행하지 않고 있는 때에는 주권 없이도 주식을 유효하게 양도할 수 있는 특칙을 인정하고 있다(335조 3항 단서). 이에 의하여 주권 없이 주식을 양수받은 자는 회사에 명의개서를 청구할 수 있다. 다만 주권이 없어 주권 소지에 주어지는 적법성의 추정을 받지 못하므로 명의개서를 청구하려면 양수인은 주식양수의 사실을 스스로 입증하여야 한다. 그 증명이 있는 한 회사는 주권제시가 없다는 것을 이유로 명의개서를 거절할 수 없다.[224]

(2) 위 사건에서 X회사는 1993. 10. 18. 설립되어 주권을 발행할 수 있는 시점으로부터 지체없이 주권을 발행하여야 함에도 불구하고 그로부터 6월이 훨씬 경과한 위 사건의 시점까지 주권을 발행하지 않고 있다. 따라서 주권 없이도 당사자간에 유효한 주식양도를 할 수 있다(335조 3항 단서). 위 사건에서 D가 보유하고 있는 X회사의 주식 13,500주에 대하여 D와 A 사이에 주식교환계약을 체결하였고 주권을 교부하는 대신 D가 X회사 대표이사의 자격에서 교환대상인 주식에 대하여 주식보관증을 작성하여 A에게 교부하여 준만큼, 적어도 D와 A 사이의 주식교환계약은 그 효력이 발생되었음이 명백하다.

(3) 다만 그 양도의 사실을 회사에 대항하기 위해서는 지명채권양도의 방법(민 450조 1항)을 갖추어야 하므로, 주식의 양도에 관

223) 교환은 당사자 쌍방이 금전 이외의 재산권을 상호 이전할 것을 약정함으로써 그 효력이 생긴다(민 596조).

224) 대법원 1995. 3. 24. 선고 94다47728 판결.

하여 양도인이 회사에 양도의 사실을 통지하거나 회사가 이에 승낙하여야 한다는 것(확정일자 불요)이 다수설과 판례의 입장이다. 여기서 회사에 대한 대항력이란 적법하게 주식을 양수하였음을 회사에 주장하고 명의개서를 청구할 수 있음을 뜻한다.[225)] 다른 한편, 민법 제450조의 대항요건을 갖추지 않더라도 양수인이 양수의 사실을 입증하여 회사에 명의개서를 청구하면 회사는 이에 응하여야 한다고 본다.[226)] 민법 제450조에 의하여 대항요건을 갖추는 것만이 명의개서를 청구할 수 있는 유일한 전제요건이 되는 것은 아니기 때문이다.

(4) 주권 없이 주식을 양도한 경우 지명채권 양도의 절차만 밟으면 양수인은 명의개서 없이도 회사에 주주의 지위를 주장(대항)할 수 있는가?

(i) 긍정설(판례) - 판례는 이를 긍정하고 있다.[227)]

(ii) 부정설 - 긍정설에 대해서는 단순히 양도의 효력만을 가지고 명의개서에 갈음하는 것은 심지어 주권이 발행된 경우에도 인정되지 않는다고 하면서, 위 판례는 명백히 오류라고 비판하는 견해가 있다.[228)]

(iii) 정리 및 사견 - 생각건대, 명의개서는 지명채권양도와는 별개로 주식양도를 회사에 대항하기 위하여 갖추어야 할 회사법상의 제도이고(337조 1항), 명의개서는 양수인의 청구가 있는 경우에 회사가 이에 응하여 하는 것이다. 따라서 지명채권양도의 대항요건을 가지고 명의개서를 갈음할 수 있다거나 대체할 수 있는 것은 아니라고 하는 위 부정설에도 일리가 있다. 그러나 지명채권의 양도를 회사에 통지하는 것(물론 양도인이 통지하여야 한다)이 양수인을 대신하여 명의개서를 청구하는 뜻이 포함된 것으로 볼 수

225) 홍복기 외, 172면.
226) 대법원 1995. 3. 24. 선고 94다47728 판결; 최준선, 230면.
227) 대법원 1996. 8. 20. 선고 94다39598 판결.
228) 송옥렬, 777면; 이철송, 379면.

있음에도[229] 회사가 이에 불응하는 때에는 명의개서의 부당거절로 처리할 수 있을 것이다.[230]

(5) 주권 교부 없는 주식의 양수를 회사 이외에 제3자(예컨대, 주식의 이중양수인, 양도인의 채권자 등)에 대항하기 위해서는 그 통지 또는 승낙을 확정일자 있는 증서에 의하여야 한다는 것이 다수설과 판례의 입장이다(민 450조 2항). 이 때 그 확정일자의 우선순위에 따라 제3자에 대한 대항력의 우선순위가 결정된다. 예컨대, 주권이 발행되지 않은 상태를 이용하여 주식을 이중으로 양도한 경우 명의개서를 갖춘 자(A)와 지명채권 양도의 대항요건에 따라 확정일자 있는 증서로 회사에 양도통지를 한 자(B) 사이에서는 누가 우선하는가? 이러한 경우 B가 우선하여 주주로 된다.[231] 명의개서에는 주주의 지위를 창설하는 효력이 없으므로 그 이후에 확정일자 있는 증서에 의하여 회사에 통지를 하면 그 추정이 깨지기 때문이다. 위 판례는 이중양도로 인해 확정일자 있는 통지가 여러 개 있는 경우에는 회사에 최초로 도달한 통지가 우선한다고 하고, 확정일자를 받은 통지 또는 승낙의 서면이 원본이 아닌 사본이어도 무방하다고 한다.[232]

---

229) 명의개서의 청구는 주식의 양수인이 단독으로 할 수 있고, 양도인이 회사에 양수인의 이름으로 명의개서를 해줄 것을 청구하는 것은 유효한 명의개서 청구가 아니라는 판례가 있다(대법원 2010. 10. 14. 선고 2009다89665 판결). 그러나 명의개서를 청구할 수 있는 자를 반드시 양수인에 한정할 필요는 없다. 상황에 따라서는 양수인이 양도인에게 명의개서의 청구를 위임할 수도 있고, 지명채권양도의 대항요건을 갖추는 방법으로 양도인이 회사에 주식양도의 사실을 통지하면서 그 안에 양수인으로의 명의개서를 청구하는 취지를 포함시키는 것도 가능하다고 본다. 또한 명의개서를 청구하려면 회사에 주권을 제시하여야 하므로, 위 판례가 의미를 갖는 것은 주권이 발행된 통상의 경우이다. 그런데 주권이 발행되지 않은 경우에는 부득이 주식양수의 사실을 증명함으로써(이때에는 양도인의 협력이 절대적으로 필요하다) 주권 제시 없이 명의개서를 청구할 수밖에는 달리 도리가 없다.

230) 회사가 정당한 이유 없이 명의개서를 거절한 경우 주식양수인은 명의개서에 갈음하는 판결을 구할 수 있고(민 389조 2항, 민집 263조 1항), 손해배상을 청구하거나, 이사 등에게 벌칙을 적용할 수 있으며(635조 1항 7호), 나아가 신의칙에 기하여 명의개서 없이도 주주권을 행사할 수 있다고 본다(다수설).

231) 송옥렬, 778면; 최준선, 231면.

《관련문헌》

성민섭, "주권발행 전 주식양도의 대항요건과 주주명부의 명의개서 : 대법원 2010. 10. 14. 선고 2009다89665 판결을 중심으로", 「홍익법학」 제12권 제1호(2011).

정진세, "주권발행 전 주식양도의 대항요건 : 대법원 2006. 9. 14 선고 2005다45537 판결 [주주명부 명의개서 이행]의 검토를 중심으로", 「증권법연구」 제9권 제1호(2008).

232) 확정일자를 받은 통지 또는 승낙의 서면은 원본이 아닌 사본도 가능한가의 여부는 증거능력과 증명력에 관한 일반적인 문제로 된다.

22. 주식양도제한 약정의 효력

[대법원 2000. 9. 26. 선고 99다48429 판결]

Facts

(1) S통신(피고, 이동통신업체)은 1993. 12. 30. P제철과 K그룹이 지배주주로 선정되어 이들 회사가 합작투자하여 1994. 5. 2. 설립된 회사이다. 그 후 1994. 6. 3. 다시 주식회사 B 등 모두 24개 회사가 일정지분으로 컨소시엄형태로 투자에 참여함으로써 투자를 확대하기로 하였다.
(2) S통신과 주주들은 1994. 6. 3. 합작투자계약시에, 그리고 주주들을 대리한 P제철과 B회사는 1994. 9. 4. 투자약정시에, S통신 발행 주식의 양도제한에 관하여 아래와 같은 내용으로 합의를 하였다.

> ① 합작회사(이하 'S통신')가 사전에 공개되는 경우를 제외하고 S통신의 설립일로부터 5년 동안 S통신의 어느 주주도 S통신회사 주식의 전부 또는 일부를 다른 당사자 또는 제3자에게 매각, 양도할 수 없다.
> ② 단 법률상 또는 정부의 조치에 의하여 그 주식의 양도가 강제되는 경우 또는 당사자들 전원이 그 양도에 동의하는 경우는 예외로 한다.
> ③ 위 예외의 경우나 설립일로부터 5년이 경과한 후 S통신의 공개이전까지 P제철이나 K그룹 이외의 주주가 보유하는 S통신의 주식

> 의 전부 또는 일부를 양도하고자 할 경우에는 P제철과 K그룹이 주식 매입시의 각자의 주식보유비율에 따라 동 주식을 우선 매수할 권리가 있다.
> ④ 이때 양도인은 우선 P제철과 K그룹에 서면으로 동 주식의 양도를 청약하여야 하고, 그 양도가액은 합의된 가격 또는 감정에 의한 공정가격으로 한다.
> ⑤ 위 계약들에 의한 주식의 양도제한에 위배하여 S통신의 주식이 양도된 경우 그 주식양수인은 위 계약들에 따른 어떠한 권리와 이익도 가지지 아니하며, 그 주식의 양도인은 본 계약 및 위 합의서 등의 서면에 의한 약정 및 의무에 대하여 계속 책임을 진다.

(3) 1997. 9. 10. B는 L에게 S통신 주식 35만주를 매도하였고, L은 같은 날 A(원고)에 다시 매도하여 A는 S통신이 발행한 주권을 소지하고 있다. 그러나 A는 위 주식을 매수할 때에 주식양도제한약정이 있음을 알고 있었다. 그 후 A는 S통신에 대하여 위 주식에 대한 명의개서를 청구하였으나, S통신은 위와 같은 주식양도제한약정이 있음을 이유로 거절하였다. 이에 A는 위 주식에 대한 명의개서의 이행을 구하는 소를 제기하였다.

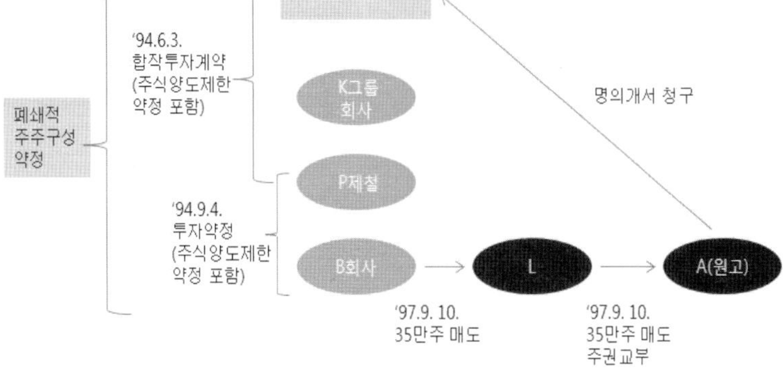

(Q1) 위 약정을 무시하고 주식을 양수한 A가 S통신에 명의개서를 청구하는 경우 S통신은 이를 거절할 수 있는가?

Issue & Rule

(1) 위 사건에서 쟁점이 되는 사항은 ① 상법 제335조 제1항 단서의 취지 및 정관의 규정으로 주식의 양도를 전면적으로 금지할 수 있는지 여부, ② 회사와 주주들 사이에서 혹은 주주들 사이에서 회사의 설립일로부터 5년 동안 주식의 전부 또는 일부를 다른 당사자 또는 제3자에게 매각·양도할 수 없다는 내용의 약정을 한 경우, 그 약정의 효력 등이다.
(2) 위 쟁점사항에 관한 적용법조는 상법 제335조 제1항 등이다.

Analysis & Conclusion

1. 주식양도제한 약정의 효력

(1) 판례법리

상법 제335조 제1항은 주식은 타인에게 이를 양도할 수 있고, 다만 주식의 양도는 정관이 정하는 바에 따라 이사회의 승인을 얻도록 할 수 있다고 규정하고 있다. 그러나 그러한 상법 제335조 제1항 단서는 주식의 양도를 전제로 하고, 다만 이를 제한하는 방법으로서 이사회의 승인을 요하도록 정관에 정할 수 있다는 취지이지 주식의 양도 그 자체를 금지할 수 있음을 정할 수 있다는 뜻은 아니다. 따라서 정관의 규정으로 주식의 양도를 제한하는 경우에도 주식양도를 전면적으로 금지하는 규정을 둘 수는 없다.

(2) 사건에의 적용

① 이 사건 약정은, 그 내용 자체에 의하더라도 그 주식양도에 이사회의 승인을 얻도록 하는 등 그 양도를 '제한'하는 것이 아니라, 설립 후 5년간 일체 주식의 양도를 '금지'하는 내용이다. 이와 같은 내용은 정관으로 규정하였다고 하더라도 이는 주주의 투하자본회수의 가능성을 전면적으로 부정하는 것으로서 무효이다.
② 이와 같이 정관으로 규정하여도 무효가 되는 내용을 나아가 회사나 주주들 사이에서, 혹은 주주들 사이에서 약정하였다고 하더라도 이 또한 무효라고 할 것이다.
③ 이 사건 약정 가운데 주주 전원의 동의가 있으면 양도할 수 있다는 내용이 있으나, 이 역시 상법 제335조 제1항 단서 소정의 양도제한 요건을 가중하는 것으로서 상법 규정의 취지에 반할 뿐 아니라, 사실상 양도를 불가능하게 하거나 현저하게 양도를 곤란하게 하는 것으로서 실질적으로 양도를 금지한 것과 달리 볼 것은 아니다.
④ 그러므로 이 사건 양도제한약정은 무효라고 할 것이고, S통신은 그와 같은 무효인 양도제한약정을 들어 명의개서청구를 거부할 수는 없다.

Comments

(1) 주식회사에서는 사원인 주주의 개성과 주주간의 인적 신뢰관계를 중시하지 않으므로 투자자인 주주가 주식의 자유로운 양도에 의하여 투자금을 회수할 수 있도록 보장하는 것을 원칙으로 한다(335조 1항 본문). 이러한 주식양도 자유의 원칙은 주식회사를 다른 종류의 회사와 차별화하여 주식회사로서의 특징을 두드러지게 하는 제도의 핵심이 된다. 주식회사는 원래 다수 주주간의 이

합집산이 자유로운 공개회사를 상정한 것이고, 특히 상장회사의 경우는 주식의 자유로운 유통을 불가결한 전제로 한다.[233] 주식의 양도를 제한할 수 있다고 하더라도 그 제한은 예외적인 것이므로 그 제한은 법정요건에 해당하는 경우에 한정한다.

(2) 그러나 실태적으로 주식회사의 대다수를 차지하는 폐쇄적·인적 주식회사의 경우 주식의 자유로운 양도를 허용하면 이질적인 주주의 유입으로 주주간의 동질성과 조화를 깰 우려가 있다. 이 때문에 주식양도를 제한함으로써 주주 구성을 폐쇄적으로 유지하기를 희망하는 주식회사에 대해서는 정관에 의하여 자치적으로 주식의 양도를 제한할 수 있는 길을 열어두고 있다(335조 1항 단서). 그러나 그로 인하여 주주의 투자금회수가 어렵게 되므로 상법에서는 정관에 의하여 주식양도를 제한할 수 있도록 하되, 그 제한은 이사회의 승인을 얻도록 하는 방법만이 가능하고, 주식양도가 거절되었을 때에는 매도상대방지정청구권 또는 주식매수청구권 등에 의하여 주주로 하여금 투자금을 회수할 수 있는 길을 열어두고 있다. 이는 주식양도의 제한에 관한 회사의 이익과 주주의 투자금회수의 이익을 조화하기 위한 것이므로, 이는 주식양도의 제한이 허용되기 위한 요건과 방법을 법정한 것이며 강행법규에 해당한다. 이는 정관에 의하여 주식양도를 제한함에 있어서 가능한 제한의 최대한이므로 그 이외의 방법에 의하거나 요건을 강화하는 것은 허용되지 않는다.[234]

(3) 정관에 의하여 주식양도를 제한하는 경우에도 정관에 의하여 주식양도의 제한 여부를 선택할 수 있을 뿐이고, 그 제한방법에

233) 한국거래소의 상장요건으로 발행 주권에 대하여 양도제한이 없을 것을 요하고 있다(한국거래소 유가증권시장상장규정 32조 1항 14호, 80조 1항 13호).

234) 정관에 의한 주식양도의 제한은 어디까지나 예외적인 것이므로 그 근거규정이 되는 상법 제335조 제1항 단서는 엄격하게 해석하여야 하며, 법정 이외의 방법에 의한 변형적인 주식양도의 제한은 허용되지 않는 것으로 보아야 한다(송옥렬, 769면).

관해서는 오로지 이사회의 승인을 얻도록 하는 법정방법만이 허용된다. 따라서 상법 제335조 1항 단서의 규정에 반하여 '정관'에 의하여 주식의 양도 그 자체를 금지하거나 동조 소정의 방법을 벗어난 방식으로 주식의 양도를 제한하는 것은 허용되지 않는다. 주식양도를 제한하는 '약정'을 회사와 주주간 또는 주주상호간에 맺는 경우(주주간계약; shareholder agreement), 그 약정은 당사자간에 계약법적 효력은 있으나 이에 그치고, 이를 단체법적인 영역에까지 확장하여 적용할 수는 없다.[235] 따라서 주식양도제한의 약정에 반하여 주식을 양수한 자가 회사에 명의개서를 청구하는 경우, 회사는 약정 위반을 이유로 거절할 수 없다. 위 사건에서 A는 L과 주식양도의 계약을 체결하고 주권까지 교부받았으므로 그에 따른 주식양수는 유효하고, 주식양수인의 지위에서 S통신에 대하여 주권을 제시함으로써 명의개서를 청구할 수 있는 지위에 있다.

《관련문헌》

이준섭, "회사정관상 주식양도의 제한 : 상장허용의 제도적 조건을 중심으로", 「경영법률」 제19집 제4호(2009).

염미경, "계약에 의한 주식양도제한의 효력", 「경영법률」 제19집 제3호(2009).

이태종, "주주간의 주식양도제한약정의 효력", 「상사판례연구」 VI권, 박영사(2006).

이중기, "주식의 양도제한방법에 대한 정관자치와 주주간 약정의 가능성", 「민사판례연구」 제24권(2002).

235) 폐쇄적 주식회사의 경우 주주간계약이 회사에 대하여 아무런 효력이 없다고 하는 것은 바람직하지 않다는 견해가 있다(송옥렬, 775면).

23. 종류주식과 종류주주총회

[대법원 2006. 1. 27. 선고 2004다44575, 44582 판결]

Facts

(1) X회사(피고)는 우선주에 관한 정관조항을 아래와 같이 두 차례에 걸쳐 개정하였다.

(가) 1997. 2. 28.자 정관변경 이전의 정관 내용

'주식 및 주권의 종류'에 관한 X회사의 정관 제8조는 1997. 2. 28.자 정관변경 이전에는 아래와 같이 규정하고 있었다.

> ① 제1항 : 본 회사가 발행할 주식의 종류는 기명식 보통주식과 기명식 우선주식으로 한다.
> ② 제2항 : 본 회사가 발행할 우선주식은 비누적적이며 의결권이 없는 것으로 하고 그 수는 75,000,000주로 한다.
> ③ 제3항 : 우선주식에 대하여는 보통주식의 배당보다 액면금액을 기준으로 하여 연 1%를 금전으로 더 배당한다.
> ④ 제4항 : 제3항의 우선주식에 대한 배당은 보통주식에 대한 배당을 하지 아니한 경우에는 우선주식에 대하여도 배당을 하지 아니할 수 있다.
> ⑤ 제5항 : 본 회사가 유상증자, 무상증자, 주식배당을 실시하는 경우, 보통주식에 대하여는 보통주식을, 우선주식에 대하여는 동일한 조건의 우선주식을 각 그 소유주식 비율에 따라 발행하는 것을 원칙으로 한다. 다만 회사는 필요에 따라서 유상증자나 주식배당

> 시 한 가지 종류의 주식만을 발행할 수도 있으며 이 경우 모든 주주는 그 발행되는 주식에 대하여 배정 또는 배당을 받을 권리를 갖는다.
> ⑥ 제6항 : 본 회사의 주권은 일주권, 오주권, 일십주권, 오십주권, 일백주권, 오백주권, 오천주권, 오만주권의 8종으로 한다.

(나) 1997. 2. 28.자 정관변경 (제1 정관변경)

그러던 중, 1995. 12. 29. 상법 개정으로 상법 제344조 제2항에 “이익배당에 관하여 우선적 내용이 있는 종류의 주식에 대하여는 정관으로 최저배당률을 정하여야 한다”는 규정이 추가되어, 위 정관 제8조 소정의 우선주와 같이 최저배당률이 정하여져 있지 않은 우선주를 더 이상 발행할 수 없게 되자, X회사는 1997. 2. 28. 정기주주총회를 개최하여 정관 제8조의 제2항 내지 제4항의 내용을 각 아래와 같이 변경함과 아울러 제5항을 아래와 같이 신설하고, 기존의 제5항은 제6항으로, 기존의 제6항은 제7항으로 각 변경하며, 부칙 제5조 제2항을 신설하는 내용의 정관변경(‘제1 정관변경’)에 관한 결의(‘제1 주주총회결의’)를 하였다.

> ① 제2항 : 본 회사가 발행할 우선주식은 누적적이며 의결권이 없는 것으로 하고 그 수는 100,000,000주로 한다.
> ② 제3항 : 우선주식에 대하여는 발행시 이사회의 결의로 액면금액을 기준으로 하여 연 9% 이상으로 우선배당률을 정한다.
> ③ 제4항 : 보통주식이 우선주식의 배당률을 초과할 경우에는 그 초과분에 대하여 보통주식과 동일한 비율로 참가시켜 배당한다.
> ④ 제5항 : 우선주식의 존속기간은 발행일로부터 10년으로 하고 이 기간만료와 동시에 보통주식으로 전환된다. 그러나 위 기간 중 소정의 배당을 하지 못한 경우에는 소정의 배당을 완료할 때까지 그 기간을 연장한다. 이 경우 전환으로 인하여 발행하는 주식에 대한 이익의 배당에 관하여는 제8조의2의 규정을 준용한다.
> ⑤ 부칙 제5조 제2항 : 본 정관 개정 및 시행일(1997. 2. 28.) 이전

> 에 발행된 비누적적, 의결권이 없는 우선주에 대하여는 보통주식에 대한 배당보다 액면금액을 기준으로 연 1%를 금전으로 더 배당하고, 보통주식에 대한 배당을 하지 아니하는 경우에는 동 우선주에 대하여도 배당을 하지 아니할 수 있다. 동 우선주에 대하여 무상증자 등에 의하여 우선주식을 발행하는 경우에는 제8조의 규정에 의한 우선주식을 배정한다.

(다) 2002. 2. 28.자 정관변경 (제2 정관변경)
그 후 X회사는 2002. 2. 28. 정기주주총회를 개최하여 정관 제8조 제5항을 삭제하는 것을 내용으로 하는 정관변경('제2 정관변경')에 관한 결의('제2 주주총회결의')를 하였다.
(2) 외국계 투자자인 A(원고)의 모회사인 B(당시 상당량의 X회사 발행의 우선주를 보유하고 있었음)는 2002. 6. 26. X회사의 제2 정관변경에 관한 결의가 자신에게 불리하다고 판단하여 X회사에게 우선주 종류주주총회의 소집을 요구하였다. 그러나 X회사는 우선주 종류주주총회의 소집을 하지 않았다.
(3) X회사는 제1 정관변경 이후에 이익배당을 할 때에는 기존의 우선주주들에게 위 정관 부칙에 따라 정관변경 전과 같이 보통주식의 배당보다 액면금액을 기준으로 하여 연 1%를 금전으로 더 배당하는 방식으로 배당을 실시하여 오면서, 제1 정관변경 이후 개정된 정관 제8조 소정의 우선주는 전혀 발행하지 아니하였다.

(Q1) 위와 같은 정관변경을 하면서도 종류주주총회를 열지 않은 경우 당해 정관변경의 효력은 어떠한가?
(Q2) 주주가 이를 다툴 수 있는 방법으로는 어떤 것이 있는가?

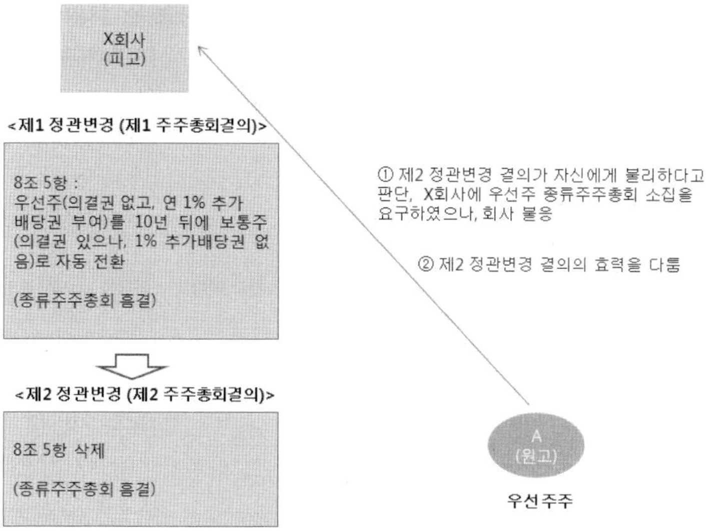

Issue & Rule

(1) 위 사건에서 쟁점이 되는 사항은 ① '정관을 변경함으로써 어느 종류의 주주에게 손해를 미치게 될 때'에는 주주총회의 결의 외에 종류주주총회의 결의를 거치도록 한 상법 제435조 제1항의 취지 및 여기서 '어느 종류의 주주에게 손해를 미치게 될 때'의 의미, ② 종류주주총회의 결의의 법적 성격 및 종류주주총회의 결의가 이루어지지 않은 경우, 정관변경을 결의한 주주총회결의 자체의 효력에 하자가 있게 되는지 여부, ③ 주주총회에서의 정관의 변경결의의 내용이 '어느 종류의 주주에게 손해를 미치게 될 때'에 해당하는지 여부에 관하여 다툼이 있는 관계로 회사가 종류주주총회의 개최를 명시적으로 거부하고 있는 경우, 그 정관변경의 효력을 다투는 방법 등이다.

(2) 위 쟁점사항에 대한 적용법조는 상법 제435조 제1항, 제376조, 제380조; 민사소송법 제250조(증서의 진정 여부를 확인하는 소) 등이다.

Analysis & Conclusion

1. '어느 종류의 주주에게 손해를 미치게 될 때'의 의미와 제2 정관변경에 관한 종류주주총회 결의의 필요 여부

(1) 판례법리

상법 제435조 제1항은 "회사가 수종의 주식(종류주식)을 발행한 경우에 정관을 변경함으로써 어느 종류의 주주에게 손해를 미치게 될 때에는 주주총회의 결의 외에 그 종류의 주주의 총회의 결의가 있어야 한다."고 규정하고 있는바,[236] 위 규정의 취지는 주식회사가 보통주 이외의 종류주식을 발행하고 있는 경우에 보통주를 가진 다수의 주주들이 일방적으로 어느 종류의 주식을 가진 소수주주들에게 손해를 미치는 내용으로 정관을 변경할 수 있게 할 경우에 그 종류의 주식을 가진 소수주주들이 부당한 불이익을 받게 되는 결과를 방지하기 위한 것이다. 그러므로 여기서의 '어느 종류의 주주에게 손해를 미치게 될 때'라 함에는, 어느 종류의 주주에게 직접적으로 불이익을 가져오는 경우는 물론이고, 외견상 형식적으로는 평등한 것이라고 하더라도 실질적으로는 불이익한 결과를 가져오는 경우도 포함된다. 나아가 어느 종류의 주주의 지위가 정관의 변경에 따라 유리한 면이 있으면서 불이익한 면을 수반하는 경우에도 이에 해당된다.

---

236) 2011년 개정상법 제435조 제1항에서는 '수종의 주식'을 '종류주식'으로 바꾸었다. 종류주주총회의 결의를 요한다는 점에서는 동일하다.

(2) 사건에의 적용

원심은,[237] 이 사건 정관의 두 차례에 걸친 변경 내용을 비교하여, 제2 정관변경으로 인하여, 기존의 우선주주들이 무상증자 등에 의하여 향후 새로 배정받게 될 우선주의 내용에만 차이가 생기는 것일 뿐이고 그 외에는 아무런 차이가 없고, 차이가 생기는 부분인 향후 배정받게 될 우선주의 내용은 구 우선주와 달리 10년 후에도 보통주로 전환할 수 없는 것이므로 보통주로의 전환에 의한 의결권의 취득을 바라고 있던 우선주주의 지위에서는 제2 정관변경이 불리한 반면, 의결권의 취득에는 관심이 적고 그보다는 이익배당에 더 관심이 있던 우선주주의 지위에서는 특정 비율 이상의 우선배당권이 10년의 제한을 받지 아니하고 언제까지나 보장되는 것이어서 유리하다고 보았다. 이처럼 정관을 변경함으로써 우선주주 각자의 입장에 따라 유리한 점과 불리한 점이 공존하고 있을 경우에는 우선주주들로 구성된 종류주주총회의 결의가 필요하다고 판단하였다. 원심의 이러한 판단은 정당하다.

> * 정관변경 전후 유·불리 비교
> ① 동일한 점 : 누적적이고, 참가적이며, 최저배당률이 정해져 있는 우신주를 배딩 빋게 된다.
> ② 불리한 점 : 10년 후 보통주로 전환할 수 없는 우선주를 배당받게 되므로 의결권 행사를 바라는 우선주주의 입장에서는 불리하다(이 점이 X회사의 주장대로 정관변경의 간접적·반사적인 영향에 불과하다고 보이지는 않는다).
> ③ 유리한 점 : 반면 의결권에 관심이 없고 이익배당에 관심이 있는 우선주주의 입장에서는 우선배당권을 영구히 가질 수 있는 우선주식을 배당 받을 수 있으므로 유리하다.

237) 서울고법 2004. 7. 9. 선고 2003나55037(본소), 2003나55044(반소) 판결.

2. 종류주주총회의 결의가 이루어지지 않은 경우 확인청구의 대상인 법률관계

> * 당사자들의 주장
> ① X회사의 주장 - X회사(피고)가 반소청구로서, A(원고)의 본소청구가 이유 있어 인용된다면 제1 정관변경도 우선주주들에게 손해가 미치게 될 경우에 해당하여 우선주주로 구성된 종류주주총회의 결의를 거쳐야 하는 것인데 현재까지 이를 거친 바 없으므로, 제1 정관변경을 내용으로 하는 제1 주주총회결의에 관하여 그 불발효 혹은 무효확인 혹은 제1 정관변경의 무효확인을 구한다고 주장한다.
> ② A의 주장 - 이에 대하여 A(원고)는, ⓐ X회사(피고)가 제1 정관변경 이후 현재까지 계속하여 변경된 정관에 근거하여 우선주에 대하여 배당을 실시하여 왔고, 제1 정관변경의 효력에 관하여 아무런 이의도 제기하지 않다가 수년이 지난 지금에 와서 비로소 제1 정관변경을 내용으로 하는 제1 주주총회결의의 효력을 다투는 이 사건 예비적 반소를 제기한 것은 신의성실의 원칙에 반하고, ⓑ 종류주주도 아닌 X회사(피고)는 종류주주총회결의의 흠결을 이유로 제1 주주총회결의의 효력을 다투는 이 사건 예비적 반소의 원고적격이 없으며, ⓒ 만일 제1 주주총회결의에 대하여 종류주주총회의 승인결의가 필요하다면 X회사는 이를 얻기 위하여 언제라도 종류주주총회를 소집할 수 있는 지위에 있으므로 지금이라도 종류주주총회를 소집하면 되는바, 그렇다면 이 사건 예비적 반소는 제1 주주총회결의의 효력에 관한 법적 분쟁을 유효·적절하게 해소할 수 있는 수단이 아니라고 할 것이어서 확인의 이익이 없으므로, X회사의 위 반소는 부적법다고 주장한다.

(1) 판례법리

① 상법 제435조 제1항의 문언에 비추어 보면, 어느 종류 주주에게 손해를 미치는 내용으로 정관을 변경함에 있어서 그 정관변경에 관한 주주총회의 결의 외에 추가로 요구되는 종류주주총

회의 결의는 정관변경이라는 법률효과가 발생하기 위한 하나의 특별요건이라고 할 것이다. 그러므로 그와 같은 내용의 정관변경에 관하여 종류주주총회의 결의가 아직 이루어지지 않았다면 그러한 정관변경의 효력이 아직 발생하지 않는 데에 그칠 뿐이다. 그러한 정관변경을 결의한 주주총회결의 자체의 효력에는 아무런 하자가 없다.

② 정관의 변경결의의 내용이 어느 종류의 주주에게 손해를 미치게 될 때에 해당하는지 여부에 관하여 다툼이 있는 관계로 회사가 종류주주총회의 개최를 명시적으로 거부하고 있는 경우에, 그 종류의 주주가 회사를 상대로 일반 민사소송상의 확인의 소를 제기함에 있어서는, 정관변경에 필요한 특별요건이 구비되지 않았음을 이유로 하여 정면으로 그 정관변경이 무효라는 확인을 구하면 족하다. 이러한 경우에 그 정관변경을 내용으로 하는 주주총회결의 자체가 아직 효력을 발생하지 않고 있는 상태(이른바 불발효 상태)라는 관념을 애써 만들어서 그 주주총회결의가 그러한 '불발효 상태'에 있다는 것의 확인을 구할 필요는 없다. 특정 외국의 학설이나 판례가 그 나라의 법체계와 법 규정에 근거하여 설정하거나 발전시켜온 이론을, 그와 다른 법체계 하에 있는 우리나라의 소송사건에 원용하거나 응용하는 것은, 꼭 그렇게 하여야 할 이유가 있는 경우에 한하여 필요한 범위 안에서 신중하게 하여야 할 것이다.

(2) 사건에의 적용

① 원심이, 종류주주총회의 결의가 이루어지지 않은 경우에는 그 정관변경을 결의한 주주총회결의 자체에 절차상의 위법이 있는 때에 해당하는 만큼 상법에 규정된 주주총회결의 취소의 소에 의하여 그 하자를 다투어야 하는데 그 결의취소의 소의 법정 제기기간이 이미 도과되었으므로 A의 청구가 부적법하다는 주장을

배척하고 본안 판단에 나아간 것은 옳다.
② 원심이, 이와 달리 종류주주총회의 결의는 주주총회결의 자체의 효력을 발생시키기 위한 추가적인 요건이라는 전제 하에, 주주총회의 결의 외에 종류주주총회의 결의를 요하는 경우에 그 종류주주총회의 결의가 없는 동안에는 주주총회결의 자체가 불발효 상태에 있다고 판단한 것은, 일단 종류주주총회결의의 효력에 관한 법리를 오해한 위법에 해당한다.
③ 다만, 이 사건의 경우 A는, 원심 판시 제2 정관변경의 효력이 아직 발생하지 않았다는 의미에서 제2 정관변경이 무효라는 확인을 구함과 아울러, 제2 정관변경을 내용으로 하는 주주총회결의의 효력이 불발효 상태라는 확인도 그 순위를 정하지 아니한 채 선택적으로 병합하여 구하고 있다. 이는 주주총회결의의 효력이 발생하지 아니하면 그 결의가 내용으로 하고 있는 제2 정관변경도 효력을 발생하지 않게 될 것이므로 이른바 주주총회결의 불발효확인청구란 정관변경 무효확인청구와 그 실질적인 내용에 있어서는 차이가 없거나 도리어 그보다 약한 효력을 내용으로 하는 청구라고 볼 수 있다. 이 사건의 실질적인 쟁점은 제2 정관변경이 종류주주총회의 결의를 요하는 것인지 여부라고 할 것이다. 원심이 제2 정관변경은 종류주주총회의 결의를 요한다고 판단하여 전자의 주주총회결의 불발효확인 청구를 인용하였다. 이에 대하여 A는 불복하지 아니하고 X회사만이 불복·상고하고 있는 이상 앞서 본 바와 같은 법리오해를 이유로 삼아 X회사의 상고를 받아들일 수는 없는 것이다.

3. 제1 정관변경의 무효 여부

① 제1 정관변경 역시 제2 정관변경과 마찬가지로 기존의 우선주주들이 무상증자 등에 의하여 향후 배정받게 될 우선주의 내용에 있어서 유리한 점과 불리한 점(제2 정관변경과는 정반대로 의결권의 취득을 바라는 우선주주의 지위에서는 유리한 반면, 의결권에는 관심이 없고 이익배

당에 관심이 있던 우선주주의 지위에서는 불리하다)이 동시에 존재하고 있는 경우에 해당되므로 제1 정관변경의 효력이 발생하기 위해서는 우선주주들로 구성된 종류주주총회의 결의가 필요하다.

② X회사는 제1 정관변경이 유효함을 전제로, 제1 정관변경에 의하여 변경된 정관 제8조 중 그 일부인 제5항을 삭제하는 내용으로 제2 정관변경을 함으로써 우선주주들로 하여금 제1 정관변경이 유효하다는 신뢰를 갖게 하였을 뿐만 아니라, 제1 정관변경에 관하여도 종류주주총회의 결의가 있어야 한다고 본다면 스스로 우선주주들로 구성된 종류주주총회를 소집하여 제1 정관변경의 효력을 확정지음으로써 그에 관한 법적 지위의 불안이나 위험을 해소할 수 있는 지위에 있다고 할 것이다. 이러한 지위에 있는 X회사가 종류주주총회의 결의가 없었음을 내세워 뒤늦게 제1 정관변경의 무효확인을 구하는 것은, 회사의 법률관계에서 요구되는 신의성실의 원칙에 반하는 것일 뿐만 아니라, 제1 정관변경과 관련된 X회사의 법률적 지위에 현존하는 위험과 불안을 제거하는 방법으로서 유효하고 적절한 수단이라고 할 수도 없으므로 확인의 이익이 없다.

Comments

(1) 위 사건에서 X회사가 발행한 우선주와 보통주는 2011년 개정 이전의 상법에 의하건 2011년 개정상법에 의하건[238] 상법상의 종류주식에 해당함에는 의문의 여지가 없다. 종류주주총회는 종류주식을 발행하는 경우 각 종류주식별로 이해관계를 달리하기 때문에 열세에 놓이는 종류주주들의 이익을 보호하기 위한 제도

238) 2011년 개정상법에서는 이익배당이나 잔여재산분배와 같은 재산적 내용에서뿐만 아니라 의결권, 전환, 상환 등에 있어서도 내용이 다른 주식을 정관에 의하여 발행할 수 있다고 함으로써 종류주식에 포섭될 수 있는 범위를 확대하고 그 종류를 다양화하고 있다(344조 1항).

로서, 종류주주총회를 요하는 사유는 법정되어 있다(435조 1항, 436조).

(2) 정관을 변경함으로써 어느 종류주식에 해당하는 주주 일반에 대하여 손해를 미치게 될 때에는 주주총회의 결의를 거쳐야 하고 이에 종류주주총회를 요한다(435조 1항).[239] 이 때 종류주주총회의 결의를 흠결하거나 그 결의가 무효 또는 취소된 경우 주주총회의 결의와 이에 기한 정관변경의 효력이 어떻게 되는가에 대해서는 견해가 나뉜다.

(i) 제1설(다수설) - 위와 같은 경우 일반주주총회의 결의의 효력은 무효도 아니고 취소할 수 있는 것도 아닌 부동적인 상태에 있다가 후에 종류주주총회의 결의를 얻으면 확정적으로 유효가 되고, 이를 얻지 못하면 확정적으로 무효가 된다고 한다(浮動的 무효설; 불발효설).[240] 이에 대해서는 주주총회 결의의 하자에 관한 상법상의 규정이 유추적용되지 않고 민사소송법의 규정에 따라 주주총회결의 불발효확인의 소를 제기할 수 있다고 한다.

(ii) 제2설(소수설) - 종류주주총회의 결의는 주주총회 결의의 효력발생요건에 지나지 않기 때문에 주주총회 결의의 하자로 다투어야 한다는 견해이다. 즉, 변경된 정관의 무효를 일반 확인의 소로 주장할 수 있다고 하면, 정관의 효력이 당사자마다 달라져 회사법관계의 불안정을 초래하는 문제점이 있으므로 주주총회 결의의 취소사유(376조)로 보아야 한다는 견해이다(주주총회결의 취소사유설).[241]

---

239) 이 밖에 상법 제344조 제3항의 규정에 의하여 주식의 종류에 따라 특수하게 정하는 경우 그 결과 어느 종류주식의 주주에게 손해를 미치게 될 경우(436조), 주식교환·주식이전·합병·분할·분할합병으로 인하여 어느 종류의 주주에게 손해를 미치게 될 경우(436조)에도 종류주주총회의 결의를 요한다.

240) 권기범, 628~629면; 송옥렬, 876면; 이기수 외, 492면; 정동윤, 576~577면; 정찬형, 867면; 최기원, 525~526면. 판례에 대해서는 정관변경과 같은 후속조치가 없는 경우도 있으므로 곧바로 정관변경의 무효확인을 구하는 것은 문제라는 비판이 있다(정동윤, 577면).

241) 서헌제, 775면; 이철송, 623면.

(iii) 판례 - 판례에 의하면, 종류주주총회의 결의는 정관변경의 효력이 발생하기 위해서 주주총회 결의 외에 추가로 요구되는 요건이라 할 것이므로, 종류주주총회의 결의가 아직 이루어지지 않았다면 그러한 정관변경의 효력이 아직 발생하지 않은 것이라고 하면서, 그러한 정관변경을 결의한 주주총회의 결의 자체에는 아무런 하자가 없다고 한다. 따라서 회사가 종류주주총회의 개최를 거부하고 있는 경우 이를 다투기 위해서는 민사소송법에 기하여 정관변경이 무효라는 확인을 구하면 족하다고 한다(정관무효확인설). 이러한 경우 굳이 그 정관변경을 내용으로 하는 주주총회의 결의 자체가 아직 불발효 상태에 있다는 확인을 구할 필요는 없다고 한다.[242]

(iv) 정리 및 사견 - 종류주주총회를 흠결한 정관변경의 효력을 다투는 방법에 관하여 위의 제2설은 회사법상의 소송에 의하여야 한다고 하고 제1설과 판례는 민사소송법상의 일반적인 확인의 소에 의하여야 한다고 한다. 제1설과 판례에 의하면 제소권자·제소기간·주장방법 등에 관하여 제한이 없고, 승소판결에 대세적 효력이 없다. 종류주주총회 그 자체가 주주총회는 아니며 단지 주주총회 결의의 효력이 발생하기 위하여 부가적으로 요구되는 요건일 뿐이고 주주총회의 결의 자체는 아무런 하자가 없기 때문에 이를 회사법상의 주주총회결의 취소의 소에 의하여 다투도록 하는 것은 타당하지 않다. 판례에서처럼 곧바로 민사소송법에 의하여 정관무효의 확인을 구하면 충분한데 굳이 불발효라는 개념을 애써 원용할 필요도 없고, 또 민사소송법에 의한 정관무효 확인의 소에 의하여 곧바로 원하는 결과를 얻을 수 있기 때문에 소송경제상으로도 유리하다.

---

242) 김정호, 341면; 최준선, 351~352면. 이 판례에 대해서는 일응 설득력이 있다고 하면서, 이론적으로는 부동적 무효설과 아무런 차이가 없다는 견해가 있다(송옥렬, 877면).

(3) 종류주주총회를 정관에 의하여 생략하는 것이 가능한가?[243] 종류주주총회를 연다고 하더라도 이는 어디까지 주주총회 결의의 부가적 요건일 뿐이고 종국적으로 주주총회의 결의에서 다수를 점하는 자가 원하는 방향으로 결의(즉, 가결)될 것이라는 이유에서 종류주주총회 무용론도 제기될 수 있겠다.[244] 그러나 종류주주총회의 결의가 갖는 현실적인 한계가 있더라도 종류주주총회 결의를 거치도록 하는 것 자체만으로도 열세에 있는 종류주주들의 다수파 주주에 대한 견제장치로 이용될 수 있으므로 완전히 무의미하다고 할 수는 없다. 따라서 정관에 의하여 종류주주총회를 생략하는 것은 허용될 수 없다고 보아야 한다.

《관련문헌》

송옥렬, "종류주주총회를 거치지 않은 경우 종류주주의 구제수단", 「상사판례연구」 Ⅶ권, 박영사(2007).

정찬형, "종류주주총회의 결의가 없는 주주총회결의의 효력", 「고려법학」 제46호(2006).

김재범, "우선주에 관한 정관규정의 삭제와 종류주주총회의 법리 : 대법원 2006. 1. 27. 선고 2004다44575, 44582 판결", 「인권과 정의」 제364호(2006).

---

243) 일본 회사법에서는 주주 전원의 동의에 의한 정관변경으로 종류주주총회(일종의 거부권)를 배제할 수 있도록 하면서(동법 322조 2항・3항) 그 대신 주식매수청구권을 부여하고 있다.

244) 주주 전원이 찬성할 경우 일부 의안에 대하여 종류주주총회를 생략하는 정관규정을 둘 수 있도록 하는 입법론에 대해서는 이철송, 624면 참조.

제5장

회사의 설립 · 구조조정

24. 발기인, 설립중의 회사

[대법원 1990. 12. 26. 선고 90누2536 판결]

Facts

(1) A(원고)는 S, L, J 등과 함께 돼지고기 가공업을 영위할 목적으로 X식품주식회사를 설립함에 있어 그 자금을 부담하기로 하여 1982. 2. 29.부터 1982. 3. 30.까지 사이에 합계 62,510,000원을 그 설립중의 회사에 출자하였다.
(2) S 등은 X회사의 공장부지로 사용하기 위하여 R로부터 이 사건 토지를 1982. 12. 24. J 명의로 매수하고 대금 33,000,000원은 S와 A가 출자한 자금으로 지급하였다.
(3) S 등은 1983. 2. 11. X회사의 설립등기를 마쳤으나 용인시 축산물 작업장 설치허가를 얻지 못하게 되어 회사의 존립 자체가 어렵게 되었다. 그러자 A는 1983. 5. 17. 투자금의 회수를 확보하기 위하여 당사자의 동의를 얻어 중간등기를 생략하고 이 사건 토지에 관하여 A 명의로 소유권이전등기를 하였다.
(4) 그 다음날 S, L, J들은 동업관계를 청산하기로 합의하고 회사의 처분을 대표이사 P에게 의뢰하였으나 인수인을 구하지 못한 P가 관계서류와 인장 등을 A에게 교부하여 A가 X회사의 청산인으로 취임한 후 1984. 3. 12. 이 사건 토지를 주식회사 G에 67,500,000원에 양도하고 그 대금과 잔존재산인 자동차를 A가 취득하여 자신의 투자금의 변제에 충당하려고 하였다. 그러나 투

자금 상환에 관하여 S와 분쟁이 생기자 A가 S에 대해 금 11,000,000여원의 투자금반환채무를 부담하게 되었다.

(5) 위와 같은 사실관계에 기하여 세무당국은 이 사건 토지는 X회사가 설립단계에서 공장부지로 취득하였다가 그 청산시 양도한 것이고, 그 양도차익은 일단 X회사에 귀속되었다가 A에 대한 투자금반환의 형태로 지급된 것으로 보아야 할 것이므로 위 토지를 A가 직접 취득, 양도하였고 그 양도소득이 A에게 귀속되었음을 전제로 A에게 과세처분을 하였다.

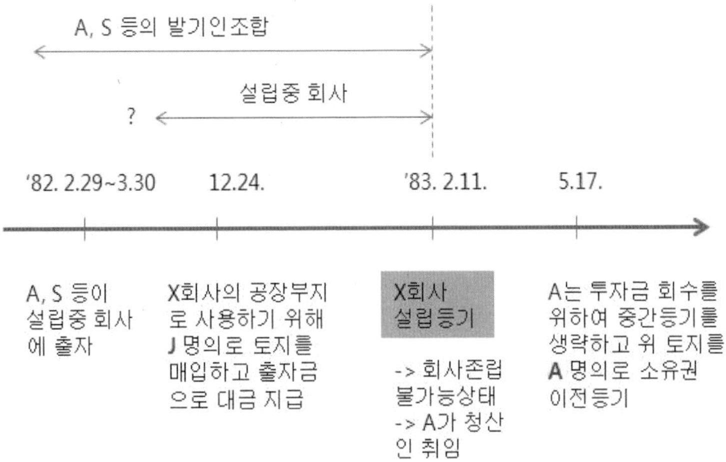

(Q1) 위 (5)와 같은 이유에 기한 과세처분은 적법한가? 만일 A가 이 사건 토지는 X회사가 설립단계에서 취득한 것이고 그 양도로 인한 소득도 X회사에 귀속된 것이라고 주장한다면, 이러한 주장은 정당한가?

Issue & Rule

(1) 위 사건에서 쟁점이 되는 사항은 설립중의 회사로서의 실체가 갖추어지기 이전에 발기인이 취득한 권리의무의 귀속관계 등이다.
(2) 위 쟁점사항에 관한 적용법조는 국세기본법 제13조(법인으로 보는 단체); 상법 제172조; 민법 제703조, 제704조, 제706조 등이다.

Analysis & Conclusion

1. 설립중 회사의 성립시기 및 그 이전에 취득한 권리의무의 귀속

(1) 판례법리

① 설립중의 회사라 함은 주식회사의 설립과정에 있어서 발기인이 회사의 설립을 위하여 필요한 행위로 인하여 취득하게 된 권리의무가 회사의 설립과 동시에 그 설립된 회사에 귀속되는 관계를 설명하기 위한 강학상의 개념이다. 이는 정관이 작성되고 발기인이 적어도 1주 이상의 주식을 인수하였을 때 비로소 성립하는 것이다.[245]
② 이러한 설립중 회사로서의 실체가 갖추어지기 이전에 발기인이 취득한 권리・의무는 구체적 사정에 따라 발기인 개인 또는 발기인 조합에 귀속된다. 이들에게 귀속된 권리의무를 설립 후의 회사에 귀속시키기 위해서는 양수나 채무인수 등의 특별한 이전행위가 있어야 할 것이다.

245) 대법원 1970. 8. 31. 선고 70다1357 판결; 대법원 1985. 7. 23. 선고 84누678 판결 참조.

(2) 사건에의 적용

① X회사의 정관은 설립등기일인 1983. 2. 11.에 작성된 사실을 인정할 수 있을 뿐, 이 사건 토지대금이 전부 지급된 1983. 1. 17. 현재나 A가 합계 56,210,000원을 출자한 1983. 2. 10.까지 X회사가 설립중의 회사로서의 실체를 갖추었다고 인정하기에 족한 자료를 발견할 수 없다.
② 그러므로 설립중의 회사가 위 토지를 취득하였다거나 A가 설립중의 회사에 자금을 출자한 것이라고 볼 수 없고, 또 회사 장부에 A가 위 금원을 입금하였고, 이 사건 토지를 회사자금으로 매입한 것으로 기재되었다거나 설립등기 후에 위 토지의 정지작업을 하였다는 사실만으로는 X회사가 A로부터 위 토지의 매수인으로서의 지위를 인수하였다고 보기는 어렵다.
③ 원심이[246] 이 사건 토지는 X회사가 설립단계에서 취득한 것이고 그 양도로 인한 소득도 X회사에 귀속된 것이라고 판단한 것은 설립중의 회사에 관한 법리를 오해하여 사실을 잘못 인정한 위법이 있다.

Comments

(1) 주식회사를 설립하기 위해서는 1인 이상의 발기인이 있어야 한다(288조). 발기인은 정관(원시정관)을 작성하고 이에 기명날인 또는 서명하여야 하며(289조 1항 8호), 설립시에 발행하는 주식 중 최소 1주 이상의 주식을 인수하여야 한다(295조 1항, 293조). 발기인이 2인 이상인 경우에는 발기인조합계약을 체결하여 그 이행으로 설립업무를 추진하며, 또한 발기인은 설립중 회사의 기관으로서 설립사무를 관장한다. 위 사건의 경우 A, S 등은 X회사의

246) 서울고법 1990. 2. 22 . 선고 89구10007 판결.

설립을 위한 발기인으로, 이들간의 발기인조합계약의 이행으로 X회사의 설립업무를 추진한 것으로 보인다.

(2) 주식회사는 설립등기의 창설적 효력에 의하여 비로소 성립된다(172조). 그 이전의 설립단계에 있는 회사를 '설립중의 회사'라 부르며, 이는 주식회사의 설립과정에서 발기인이 회사설립을 위하여 취득한 권리와 의무가 발기인 등에게 귀속하지 않고 성립후의 회사에 귀속되는 법률관계를 무리없이 설명하기 위하여 만들어진 존재이다. 그 법적 성격은 권리능력 없는 사단이라고 보는 것이 다수설이며,[247] 제한된 범위 내에서 권리능력을 가진다. 설립중 회사를 권리능력 없는 사단으로 보는 이상 사단으로서의 최소한의 실체를 갖추어야 한다. 이와 관련하여, 설립중 회사의 성립시기가 문제된다. 이에 대해서는 (i) 정관작성시라는 견해,[248] (ii) 정관을 작성하고 발행주식의 총수가 인수된 때라는 견해,[249] (iii) 정관을 작성하고 발기인이 1주 이상의 주식을 인수한 때라는 견해가[250] 있다. 다수설과 판례는 (iii)의 입장을 취하고 있다. 설립중 회사가 권리능력 없는 사단으로서 최소한 실체를 갖춘 시점은 정관을 작성하고 나아가 주식인수에 의하여 적어도 사원의 일부라도 확정되어야 할 것이므로 (iii)설이 논리적으로 타당하다. 위 사건의 경우 제시된 사실관계만으로는 설립중

247) 권기범, 316면; 송옥렬, 711면; 이철송, 223면; 정찬형, 625면; 최기원, 145면. 異說: 특수단체설(김정호, 91면; 정동윤, 410면; 이기수 외, 153면), 성립중의 법인설(최준선, 115면). 2011년 개정상법에서 회사의 개념요소로서 사단에 관한 규정이 삭제되었지만 사단성을 완전히 폐기한 것은 아니라고 본다. 법인으로 재단법인과 사단법인만을 인정하고 제3의 법인을 인정하지 않는 법인유형의 구분상 회사가 재단법인이 아닌 것이 분명한 이상 본질에 있어서 가장 가까운 사단에 편입시켜 볼 수밖에는 없고, 현재로서는 다른 대안이 없다. 다만, 상법상의 사단은 사원수가 2인 이상이어야 한다는 전통적인 사단개념은 크게 변질되었다. 물적 회사인 경우에도 사원의 존재가 반드시 필요하여, 1인 이상의 사원이 이들 회사의 성립요건이자 존속요건이다.

248) 송옥렬, 713면; 이기수 외, 152면; 이철송, 222면; 최준선, 117면.

249) 정동윤, 409~410면.

250) 권기범, 314면; 김정호, 91면; 손주찬, 551면; 안택식, 148면; 양명조, 70면; 정찬형, 626면, 최기원, 148면; 홍복기 외, 104면.

회사의 성립시점이 명백하지 않으나, A 등의 발기인에 의하여 정관이 작성되고 출자가 이루어진 시점(최초의 출자가 이루어진 1982. 2. 29.)부터 설립중 회사가 존재하는 것으로 볼 수 있다.

(3) 발기인조합과 설립중 회사는 별개의 것으로 설립과정에서 개념상으로는 발기인조합(발기인이 1인인 경우는 발기인조합이 부재함)이 설립중 회사에 선행하고, 설립중 회사가 성립된 이후에는 설립등기시까지 양자가 병존한다. 발기인은 발기인조합의 조합원이자 설립중 회사의 사원이라는 이중적 지위를 가진다. 설립중 회사가 성립되기 이전에는 발기인 내지 발기인조합만이 존재하게 되므로 이 단계에서는 일단 발기인 또는 발기인조합이 취득하고 이들에게 귀속된 권리의무를 설립 후의 회사에 귀속시키기 위해서는 양수나 채무인수 등의 특별한 이전행위가 있어야 할 것이라는 것이 위 판례의 입장이다.[251)]

(4) 발기인이 회사설립을 위하여 한 행위의 효력이 회사성립과 동시에 성립후 회사에 귀속되기 위해서는 발기인이 그 권한범위 내의 행위를 설립중 회사의 명의로 하여야 한다. 이러한 발기인의 권한범위가 어디까지 미치는가에 대해서, (ⅰ) 회사설립 자체를 직접적인 목적으로 하는 행위에 한정한다는 설(설립목적한정설; 협의설),[252)] (ⅱ) 회사설립을 위해 필요한 법률상·경제상의 행위를 모두 포함한다는 설(설립필요행위설; 광의설),[253)] (ⅲ) 회사성립 후의 개업을 위한 준비행위까지도 포함한다는 설(개업준비행위포함설; 최광의설)[254)] 등으로 구분된다. 판례는 개업준비행위포함설을 취하고 있다.[255)] (ⅳ) 생각건대, 회사설립을 위한 행위와 개업준비행위

251) 대법원 1994. 1. 28. 선고 93다50215 판결.

252) 이철송, 224면; 최기원, 141면.

253) 김정호, 95면; 손주찬, 554면; 안택식, 151면; 이기수 외, 151면; 채이식, 436면.

254) 서헌제, 553면; 송옥렬, 714면; 정동윤, 414면; 정찬형, 623면; 최준선, 110면; 홍복기 외, 96면.

를[256] 구분하는 것이 사실상 어렵다는 점을 감안할 때 거래안전을 위하여 최광의설이 타당하다. 최광의설에 의하면, 위 사건에서 S 등이 설립등기 이전에 X회사의 공장부지로 사용하기 위하여 토지를 매수한 것은 개업준비행위에 해당하고, 이는 발기인의 정당한 권한범위 내의 것이므로 이후 설립중 회사가 성립하면 발기인이 한 행위의 효과는 설립중 회사에 이전되었다가 성립후 회사에 자동적으로 이전된다.[257] 다만, 만일 이것이 재산인수에 해당되는 경우라면, 변태설립사항으로 정관에 이를 기재하고 법원이 선임한 검사인의 검사를 받은 경우에 한하여 유효한 재산인수로서 성립 후 회사에 귀속된다(290조 3호).[258] (위 사건에서 공장부지의 매수를 설립중의 회사가 성립하기 이전에 한 것인지 그 이후에 한 것인지가 명확하지 않다. 위 사건에서 법원은 X회사가 설립중의 회사로서의 실체를 갖추었다고 인정하기에 족한 자료를 발견할 수 없다고 한다. 재산인수는 발기인이 설립중의 회사를 대표하여 특정인과 회사성립 후 그 특정인으로부터 특정 재산을 양수하기로 약정하는 것인데(290조 3호), 위 사건의 경우 회사성립 이전에 이미 부동산을 취득하였으므로 재산인수는 아닌 것으로 보인다.)

(5) 설립중 회사에 대해서는 부동산등기법상 등기능력을 인정하고 있다(부등 30조). 그러나 설립중 회사가 현물출자를 받는 경우에도 이전등기에 필요한 서류만을 교부할 뿐 설립중 회사로 등기를 이전할 것을 요하지 않으며(285조 2항), 실제로 그렇게 하는 사례를 찾아보기도 어렵다. 위 사건에서는 회사설립단계에서 성립후의 회사를 위하여 현물출자가 아닌 매매의 형식으로 부동산을 타인으로부터 취득하였고, 설립 이전에 편의상 J 명의로 매수하였으므로 설립 이후에는 X회사로 등기이전을 하여야 할 터인데,

---

255) 대법원 1970. 8. 31. 선고 70다1357 판결.

256) 재산인수는 그 내용상 개업준비행위가 될 수도 있으나, 재산인수에 대해서는 변태설립사항으로 따로 규정하고 있고 법정요건을 구비하여야 비로소 효력이 생기는 등 엄격하게 규제하고 있다(290조 3호, 299조, 310조). 따라서 여기서의 개업준비행위는 재산인수를 제외한 것이다.

257) 최기원, 151~152면.

258) 최기원, 152면.

X회사가 경영을 계속할 수 없는 상황에 직면하자 이를 생략하고 곧바로 A에게 이전등기(중간생략등기)를 하였다.

《관련문헌》

정성숙, "설립중의 회사와 발기인의 책임 : 독일에 있어서 판례와 다수설을 중심으로", 「상사법연구」 제23권 제2호(2004).

김재범, "발기인에 의한 개업준비행위의 효력", 「상사판례연구」 제11집(2000).

최준선, "설립중의 회사의 성립 전 취득재산의 귀속과 이전", 「상사판례연구」 IV권, 박영사(2000).

임재호, "설립중의 회사로서의 실체가 갖추어지기 이전에 발기인이 취득한 권리의무의 귀속관계", 「상사판례연구」 제5집(1992).

25. 합병비율 및 합병무효의 소

[대법원 2008. 1. 10. 선고 2007다64136 판결]

Facts

(1) N제지(피고)는 1957. 2. 25. 각종 지류의 제조가공 및 판매업 등을 목적으로 하여 설립된 회사로서 주권상장법인이고, P제지는 1965. 12. 23. 각종 펄프 및 지류의 제조 판매업 등을 목적으로 하여 설립되었다가 2005. 8. 1. N제지에게 흡수합병('이 사건 합병')된 회사로서 주권비상장법인이었으며, K제지회사는 1966. 6.경 각종 지류제조업 등을 목적으로 하여 설립된 회사로서 주권비상장법인이다. N제지는 1984. 5.경, P제지는 1985. 7.경 각 K그룹에 편입되었다(N제지, P제지 및 K제지를 통틀어 'K그룹 제지 3사'라 한다).

(2) A(원고)는 2005. 6. 30. 기준으로 N제지의 보통주 45,050주를 보유하고 있는 주주이다.

(3) K그룹 제지 3사는 이 사건 합병 이전부터 지속적으로 상호간의 채무보증 및 매출·매입으로 인하여 재무구조 및 영업활동 등에서 밀접하게 의존하고 있었고, 그로 인하여 그 중 어느 한 계열회사가 도산하거나 또는 재무구조가 취약해지는 경우 나머지 계열회사 또한 동반하여 부실해지거나 주가 등의 기업가치가 저평가되는 등으로 직접적인 영향을 받을 수 있는 상태였다.

(4) P제지는 과도한 차입에 따른 이자 부담이 가중되는 등으로 인하여 만성적인 적자 및 경영실적 악화가 심화됨으로써 합병 당시

완전 자본잠식상태가 지속되어 계속기업으로서의 존속능력을 의심받게 되었다. 그 결과 P제지가 도산할 경우 P제지에 대하여 상호채무보증을 한 N제지와 K제지가 재무구조가 악화되어 연쇄 도산할 우려 또한 커지게 되었다.

(5) 이에 K그룹의 최대주주 및 경영진 등은 그 무렵 P제지의 채권금융기관과 사이에, P제지의 재무구조를 개선하여 자본잠식상태를 해소한 후 P제지를 N제지에게 흡수합병시킴으로써 K그룹 제지 3사에 관한 구조조정을 추진하기로 합의하였다.

(6) 합병 전 N제지 및 P제지의 재무구조 및 경영실적 등

□ N제지 부분 (2004. 12. 31. 기준)

① 총주식수 : 3,100,000주(보통주 2,550,000주+우선주 550,000주, 액면가 5,000원)

② 자본금 : 15,500,000,000원(3,100,000주×5,000원)

③ 자본총계 : 74,124,676,297원(그 후 정정 합병신고서에서 2004. 6. 30. 기준으로 자본총계를 72,769,115,694원으로 정정)

④ 순자산가액 : 73,941,682,816원(그 후 정정 합병신고서에서 2004. 6. 30. 기준으로 하여 순자산가액을 72,624,672,694원으로 정정)

⑤ 주당 자산가치 : 23,852.16원(73,941,682,816원/3,100,000주, 이후 정정 합병신고서에서 2004. 6. 30. 기준으로 하여 23,427.31원으로 정정)

⑥ 당기순이익 등 경영실적 : ㉠ 2002. 7. 1.부터 2003. 6. 30.까지 2,043,973,644원, ㉡ 2003. 7. 1.부터 2004. 6. 30.까지 (-) 3,378,656,604원, ㉢ 2004. 7. 1.부터 2005. 6. 30.까지 2,553,199,435원의 각 당기순이익을 얻음으로써 이 사건 합병 무렵 다소 부침이 있기는 하였으나 대체적으로 경영실적이 양호한 상태였다.

□ P제지 부분 (2004. 12. 31. 기준)

① 총주식수 : 7,430,000주(액면가 5,000원)

② 자본금 : 37,150,000,000원(7,430,000주×5,000원)

③ 자본총계 : 196,133,829원

④ 순자산가액 : 15,370,620원

⑤ 주당 자산가치 : 2.07원(15,370,620원/7,430,000주)

> ⑥ 당기순이익 등 경영실적 : 2004. 12. 31. 기준으로 누적결손금이 54,471,546,757원에 달하는 등 재정적 압박이 심각한 상태였고, 당시 외부감사인의 감사보고서 또한 P제지의 계속기업으로의 존속능력에 대한 불확실성이 존재한다고 평가하고 있었다.

(7) N제지의 합병절차의 진행

① N제지는 2005. 5. 10. 이사회를 개최하여 P제지와의 흡수합병에 관한 결의를 한 후, 같은 날 P제지와 사이에 합병계약을 체결하고 합병계약서를 작성하였는데, 그 주요 내용은 아래와 같다.

> ㉠ N제지는 이 사건 합병을 함에 있어 1주당 액면가 5,000원인 기명식 보통주 3,742,764주의 합병신주를 발행하여 납입자본금을 합병 전의 15,500,000,000원에서 합병 후 34,213,820,000원으로 증가시킨다.
> ㉡ N제지는 합병기일 현재 P제지의 주주명부에 기재된 주주에 대하여 그 소유의 보통주(액면가 5,000원) 1주당 N제지의 기명식 보통주(액면가 5,000원) 0.5037368주의 비율로 합병신주를 교부한다.

② 2005. 5. 11.경 위 합병계획과 관련하여 외부평가기관인 회계법인 ○촌의 '적정' 평가를 거쳐 금융감독위원회에 합병신고서를 제출하였다.

③ 2005. 6. 28. 임시주주총회를 개최하여 참석주주 전원의 찬성으로 위 합병계약을 승인하는 결의를 하였다. 당시 참석주주가 보유한 보통주 합계 1,280,301주는 N제지의 발행주식총수 3,100,000주의 41.3%{(1,280,301주/3,100,000주)×100} 상당, N제지의 의결권주식총수 2,550,000주의 50.2%{(1,280,301주/2,550,000주)×100} 상당에 해당하는 것이었다(한편, P제지는 2005. 6. 27. 주주총회를 개최하여 위 합병계약을 승인하는 결의를 하였다).

④ 2005. 6. 29.부터 2005. 7. 29.까지로 공고된 채권자이의의 제출기간 및 구주권 제출기간을 거쳤다.

⑤ 2005. 8. 1.경 P제지와의 흡수합병을 종료하고 합병등기를 마쳤다.

(8) 합병비율의 산정근거

합병비율은 아래에서 보는 바와 같이 N제지와 P제지의 합병가액이 각각 6,921.69원 및 3,486.71원으로 산정됨에 따라 그 비율이 '6,291.69원 : 3,486.71원 = 1 : 0.5037368'로 산정된 것이다.

□ N제지의 합병가액 N제지가 주권상장법인이라는 이유로 그에 관한 합병가액의 산정에 있어 관련 법령 중 당시 증권거래법 시행령을 적용하여 이 사건 합병과 관련한 N제지의 이사회 결의일 전일인 2005. 5. 9. 기준으로 계산한 기준주가 6,291.69원을 N제지의 합병가액으로 산정하였다. □ P제지의 합병가액 ① P제지가 비상장법인이라는 이유로 그 합병가액 산정에 있어 관련 법령 중 당시 증권거래법 시행령 및 시행규칙을 적용하되, 당시 주당 자산가치가 2.07원이고 주당 수익가치가 5,809.81원으로 계산됨을 전제로 하여 이를 1 : 1.5의 비율로 가중산술평균한 본질가치 3,486.71원{(2.07원+5,809.81원×1.5)/2.5} 상당을 합병가액으로 산정하였다. ② 다만, 당시 P제지의 상대가치와 관련하여, 「유가증권의 발행 및 공시 등에 관한 규정」 시행세칙 제8조 제6항이 자본금, 매출액 규모, 주요 재무비율, 1주당 수익력 및 제품구성비율 등이 가장 유사한 2개사 이상의 상장법인을 유사회사로 선정하여 상대가치를 산정하도록 규정하고 있다. 그에 기하여 ○솔제지 주식회사 등 4개 회사를 유사회사로 선정하여 P제지의 상대가치를 산정하려 하였다. 그러나 P제지의 경우 경상손실 발생으로 인하여 (-) 금액이 계산되어 상대가치를 산출할 수 없게 되었다는 이유로, P제지의 합병가액 산정에 상대가치를 참작하지 않았다.

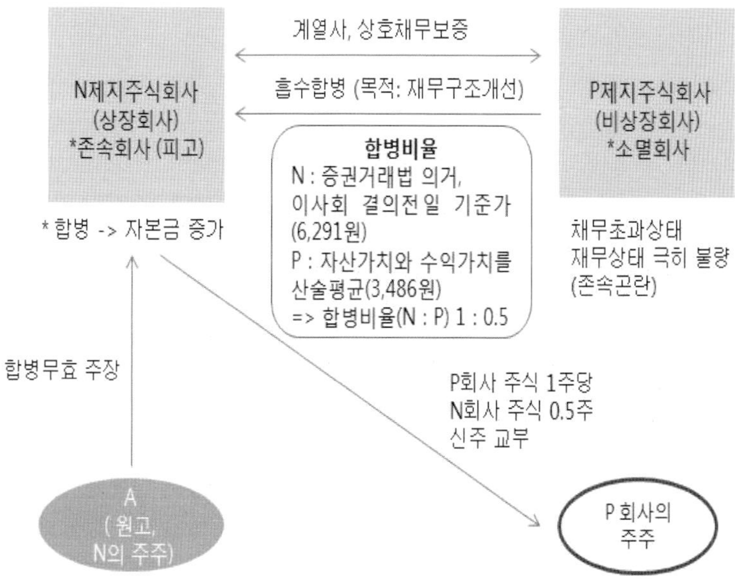

(Q1) A는 N제지와 P제지 사이의 2005. 8. 1.자 합병을 아래와 같은 이유를 들어 무효라고 주장하고 있다. 그 당부를 판단하시오.

A(원고)가 주장하는 무효이유: ① 합병으로 인한 존속회사의 자본금 증가액이 소멸회사로부터 승계하는 순자산가액을 초과하는 합병계약은 상법 제523조 제2호 위반이다. ② 채무초과회사를 소멸회사로 하는 합병은 자본금충실의 원칙에 위배된다. ③ 합병비율 산정에 관한 당시 증권거래법령에 위헌성이 있고, 합병비율이 N제지 및 A에 현저하게 불공정하게 산정되었다.

Issue & Rule

(1) 위 사건에서 쟁점이 되는 사항은 ① 흡수합병 당사회사의 전부 또는 일방이 주권상장법인인 경우, 존속회사의 증가할 자본금액이 소멸회사의 순자산가액의 범위 내로 제한되는지 여부, ② 흡수합병시 합병비율이 현저하게 불공정한 경우, 합병할 각 회사의 주주 등이 상법 제529조에 의한 합병무효의 소를 제기할 수 있는지 여부, ③ 흡수합병시 합병비율이 현저하게 불공정하여 합병계약이 무효인지 여부의 판단방법 등이다.
(2) 위 쟁점사항에 관한 적용법조는 구 증권거래법 제190조의2 제1항(현행 자본시장법 제165조의4 참조); 구 증권거래법 시행령 제84조의7(현행 자본시장법 시행령 제176조의5 제1항 참조); 상법 제523조 제2호, 제529조 등이다.

Analysis & Conclusion

1. 흡수합병 당사회사의 전부 또는 일방이 주권상장법인인 경우, 존속회사의 증가할 자본금액이 소멸회사의 순자산가액의 범위 내로 제한되는지 여부

(1) 판례법리

① 상법 제523조 제2호가 흡수합병계약서의 절대적 기재사항으로 '존속하는 회사의 증가할 자본금'을 규정한 것은 원칙적으로 자본충실을 도모하기 위하여 존속회사의 증가할 자본금액(즉, 소멸회사의 주주들에게 배정·교부할 합병신주의 액면총액)이 소멸회사의 순자

산가액 범위 내로 제한되어야 한다는 취지라고 볼 여지가 있다.
② 그러나 합병당사자의 전부 또는 일방이 주권상장법인인 경우 그 합병가액 및 합병비율의 산정에 있어서는 증권거래법(현, 자본시장법, 이하 동일)과 그 시행령 등이 특별법으로서 일반법인 상법에 우선하여 적용된다 할 것이다. 위에서 본 증권거래법 시행령 제84조의7(현, 자본시장법 시행령 176조의5 1항) 소정의 합병가액 산정기준에 의하면 주권상장법인은 합병가액을 기준주가에 의하므로 경우에 따라 주당 자산가치를 상회하는 가격이 합병가액으로 산정될 수 있고, 주권비상장법인도 합병가액을 자산가치·수익가치 및 상대가치를 종합하여 산정한 가격에 의하는 이상 역시 주당 자산가치를 상회하는 가격이 합병가액으로 산정될 수 있다.
그러므로 결국 소멸회사가 주권상장법인이든 주권비상장법인이든 어느 경우나 존속회사가 발행할 합병신주의 액면총액이 소멸회사의 순자산가액을 초과할 수 있게 된다. 따라서 자본시장법 및 그 시행령이 적용되는 흡수합병의 경우에는 존속회사의 증가할 자본금액이 반드시 소멸회사의 순자산가액의 범위 내로 제한된다고 할 수는 없다.

(2) 사건에의 적용

N제지가 P제지를 흡수합병할 당시 존속회사인 N제지가 소멸회사인 P제지의 순자산가액을 초과하는 액면가의 합병신주를 발행하여 기존 P제지의 주주들에게 교부함으로써 동액 상당의 자본금을 증가시켰다 하더라도 이는 자본시장법과 그 시행령 및 시행규칙 등에 의거하여 N제지와 P제지의 각 합병가액을 산정한 후 그에 따라 정해진 합병비율에 의하여 이루어진 것인 이상 이를 상법 제523조 제2호에 위반되는 것이라고 할 수 없다.

2. 흡수합병시 합병비율이 현저하게 불공정하여 합병계약이 무효인지 여부의 판단방법

(1) 판례법리

① 흡수합병시 존속회사가 발행하는 합병신주를 소멸회사의 주주에게 배정·교부함에 있어서 적용할 합병비율을 정하는 것은 합병계약의 가장 중요한 내용이고, 그 합병비율은 합병할 각 회사의 재산상태와 그에 따른 주식의 실제적 가치에 비추어 공정하게 정함이 원칙이다. 만일 그 비율이 합병할 각 회사의 일방에게 불리하게 정해진 경우에는 그 회사의 주주가 합병 전 회사의 재산에 대하여 가지고 있던 지분비율을 합병 후에 유지할 수 없게 됨으로써 실질적으로 주식의 일부를 상실케 되는 결과를 초래할 것이다. 그러므로 현저하게 불공정한 합병비율을 정한 합병계약은 사법관계를 지배하는 신의성실의 원칙이나 공평의 원칙 등에 비추어 무효라 할 것이다. 합병비율이 현저하게 불공정한 경우 합병할 각 회사의 주주 등은 상법 제529조에 의하여 소로써 합병의 무효를 구할 수 있다.
② 합병비율은 자산가치 이외에 시장가치, 수익가치, 상대가치 등의 다양한 요소를 고려하여 결정되어야 할 것인 만큼 엄밀한 객관적 정확성에 기하여 유일한 수치로 확정할 수 없는 것이다. 그 제반 요소의 고려가 합리적인 범위 내에서 이루어진 것이라면 결정된 합병비율이 현저하게 부당하다고 할 수 없을 것이다. 그러므로 합병당사자 회사의 전부 또는 일부가 주권상장법인인 경우 자본시장법과 그 시행령 등 관련 법령이 정한 요건과 방법 및 절차 등에 기하여 합병가액을 산정하고 그에 따라 합병비율을 정하였다면 그 합병가액 산정이 허위자료에 의한 것이라거나 터무니없는 예상 수치에 근거한 것이라는 등의 특별한 사정이 없는 한, 그 합병비율이 현저하게 불공정하여 합병계약이 무효로 된다고 볼 수 없다.

(2) 사건에의 적용

N제지가 자본시장법 시행령 등에 근거하여 N제지와 P제지의 각 합병가액을 정하고 이 사건 합병비율을 산정한 후 외부평가기관인 회계법인 O촌의 '적정' 평가를 거쳐 금융감독위원회에 이 사건 합병에 관한 신고를 한 점을 비롯하여 이 사건 합병의 경위 및 시장상황 등 제반 사정들을 고려하면, 이 사건 합병은 P제지의 회생 및 K그룹 제지 3사의 구조조정의 일환으로서 P제지 대주주의 자금출연 및 채권금융기관의 출자전환 등을 통한 P제지의 재무구조개선을 거친 후 시장상황 등을 고려하고 관련 법령에 근거하여 산정된 합병비율에 따라 적정하게 시행된 것이라고 봄이 상당하다. 그리고 이 사건 합병 당시 N제지(피고)의 순자산, 주당 자산가치, 경상손익 등 재무제표상의 각종 지표가 P제지의 각종 지표를 상회하고 있었다는 등의 A(원고) 주장과 같은 사정만으로는 합병비율이 현저하게 불공정한 것이어서 이 사건 합병계약이 무효로 된다고 볼 수는 없다.

Comments

(1) 합병은 2개 이상의 회사가 상법 소정의 절차에 따라 그 중 일부 또는 전부가 소멸하되 청산절차를 거치지 않고 소멸회사의 전 자산(권리의무)을 존속회사(또는 신설회사, 이하 동일)가 포괄적으로 승계하고 그 대가로 소멸회사의 주주에게 존속회사의 주식(사원권) 또는 금전 등의 재산을 지급하는 것이다.[259] 합병에 의하여

259) 합병의 본질에 관해서 법적으로는 인격합일설을 취할 수밖에 없지만, 합병비율과 관련해서는 현물출자설에 의하는 것이 보다 쉽게 이해할 수 있다는 견해가 있다(송옥렬, 1082면). 한편 합병에 관한 본질론은 합병에 관한 구체적인 문제를 해결함에 있어서 별 차이가 없으므로 실익이 없는 논쟁이라는 견해가 있다(권기범(기업), 81면; 정동윤, 946면). 합병에 관한 문제에

존속회사는 실질적으로 소멸회사의 순자산가액만큼을 출자로 받는 셈이 되고 통상적으로 그로 인하여 발행되는 신주만큼 존속회사의 자본금이 증가하게 된다.[260)261)] 합병은 합병계약을 기초로 하여 진행되며, 합병에 의하여 회사의 물적 기초에 중대한 변화가 생기므로 주주 및 채권자 보호가 중요한 과제가 된다.

(2) 상법에서는 흡수합병의 경우 '존속하는 회사의 증가할 자본금과 준비금의 총액'을 합병계약서의 필수적 기재사항으로 하여(523조 2호), 주주총회의 특별결의에 의한 승인을 얻도록 하고 있다. 흡수합병으로 존속회사는 소멸회사의 순자산을 사실상 현물출자 받는 셈이 된다. 따라서 존속회사의 증가할 자본금과 준비금의 총액이 존속회사가 소멸회사로부터 승계하는 순자산을 초과할 수 없도록 함으로써 존속회사에 합병으로 인한 자본금결손이 생기는 것을 방지하여 자본충실을 기하기 위함이다. 여기서 '존속하는 회사의 증가할 자본금'은[262)] 존속회사가 합병대가로 교부할 신주를 발행하는 경우에 생긴다. 해산회사의 '순자산액'은 총자산에서 부채를 공제한 액으로서, 무형의 자산을 포함하여 적절한 재평가를 거친 시가에 의하여 산정하여야 한다.[263)]

대해서는 합병본질론으로 해결할 것이 아니라 자본충실의 원칙, 공정성의 원칙(급부 · 반대급부의 등가성의 원칙), 주주평등의 원칙, 주주권이론, 합병회계이론 등에 의하는 것으로 충분하다고 한다(권기범(기업), 81~82면).

260) 합병에 의하여 통상적으로는 소멸회사의 주주에게 그의 지주수에 비례하여 존속회사의 신주가 교부되고, 그 신주는 합병의 효력이 발생한 때(즉, 합병등기시)에 효력이 발생한다. 그러나 합병에 의하여 반드시 신주를 발행하여야 하는 것은 아니다. 신주가 발행되지 않는 무증자합병도 가능하고, 합병대가로 존속회사의 주식을 발행하지 않고 교부금만을 지급하는 교부금합병(cash-out merger, freeze-out merger)의 경우에는 존속회사의 자본금이 증가하지 않는다.

261) 존속회사가 무액면주식을 발행한 경우에는 소멸회사로부터 승계받는 순자산의 가액 중 1/2 이상의 금액을 자본금으로 적립하고 그 나머지 금액을 자본준비금으로 적립하게 된다(451조 2항).

262) 존속회사가 소멸회사로부터 승계한 순자산액에서 합병으로 인하여 증가되는 자본금액 및 소멸회사의 주주에게 지급하는 합병교부금을 빼고 남은 잔액(합병차익)은 자본준비금으로 적립된다.

263) 권기범(기업), 123면.

(3) 합병으로 인하여 존속하는 회사의 자본금 증가액의 상한이 소멸회사로부터 승계하는 순자산가액으로 제한되므로[264][265] 이와 관련하여 채무초과 회사를 흡수합병하는 것이 허용되는가 하는 문제가 제기된다. 이에 대해서는 견해가 나뉜다.

(i) 부정설 - 이를 부정하는 견해는 그 논거로, 자본충실을 기하고 합병당사회사의 주주와 회사채권자의 지위를 합병 전후에 걸쳐 공평하게 보호하여야 한다는 합병대가의 공정성 및 등가성의 원리를 들고 있다.[266]

(ii) 긍정설(판례) - 위 판례는 이를 긍정하고 있다. 그 이유로, 이를 허용하더라도 존속회사의 반대주주는 주식매수청구권에 의하여, 채권자는 채권자보호절차에 의하여 보호되고, 합병에 의하여 향후 수익가치나 시너지효과의 상승 등의 부가적인 효과를 기대할 수도 있기 때문이라는 점을 들고 있다.[267]

(iii) 정리 및 사견 - 판례에서처럼 이를 긍정할 경우 존속회사에 자본금 증가가 없는 합병 즉, 무증자합병을 하여야 함이 원칙이다. 그럼에도 불구하고 실무에서는 이러한 경우조차도 유증자합병을 하는 사례가 있고, 위 판례도 그 유효성을 인정하고 있다. 그러나 그로 인하여 존속회사의 자본충실을 해치고 존속회사의 주주들이 보유하고 있는 주식가치가 희석되는 문제가 생긴다. 따라서 이론적으로는 부정설에 더 설득력이 있다. 다만, 합병으로 인한 경제적 효과가 소멸회사의 주주에게 주어지는 주식발행에 따른 결손을 상쇄하는 효과 이상으로 당해 주식의 수익가치가 증

---

264) 합병회계(한국채택국제회계기준)에서는 해산회사의 자산을 시장가치로 평가하는 자산매수법을 원칙으로 하고 소멸회사의 자본금과 준비금을 그대로 승계하는 지분통합법은 배제하고 있다(기업회계기준서 제1103호). 따라서 해산회사의 계산상의 수액에 불과한 자본금은 합병으로 인한 존속회사의 자본금 증가액 한도를 산정함에 있어서 아무런 기준이 되지 못한다(권기범(기업), 118면).

265) 주식의 포괄적 교환과 이전의 경우에는 이에 관한 명문의 규정을 두고 있으나(360조의7, 360조의18), 합병의 경우에는 이에 관한 명시적 규정이 없다.

266) 권기범(기업), 125면 · 129면.

267) 송옥렬, 1084면.

대되는 등의 부가적인 (+)효과(기업구조개선, 시너지효과 등)가 기대되어 회사의 경영상의 목적달성을 위해 필요하고,[268] 주주총회의 특별결의에 의한 승인(즉, 주주의 이익포기)과 반대주주에게 주식매수청구권을 부여하는 등의 절차를 거치는 등 매우 엄격한 조건하에 매우 제한적으로 가능하다고 해석하여야 할 것이다.[269][270]

(4) 합병비율은 존속회사(흡수합병의 경우) 또는 신설회사(신설합병의 경우)가 소멸회사의 주주에게 신주를 발행함에 있어 존속회사 또는 신설회사의 주식과 소멸회사 주식의 교환비율로서, 이는 결국 합병의 대가를 뜻한다. 상법 제523조 제3호는 '존속회사가 합병 당시에 발행하는 합병신주의 총수, 종류와 수 및 이를 해산회사의 주주에게 배정하는 내용'을 합병계약서의 절대적 기재사항으로 규정하고 있다. 합병비율은 합병 전후에 걸쳐 주식가치가 동일하게 되도록 정해져야 함이 원칙이다(공정성 및 등가성의 원칙). 합병비율을 어떻게 책정할 것인가의 문제는 합병당사회사간의 계약자유에 전적으로 맡겨줄 수는 없으며, 그 공정성이 확보되지 않으면 안 된다.

합병비율의 공정성 여부는 합병당사회사의 주식가치를 공정하게

268) 위 판례는 합병으로 장차 재무구조의 개선이 기대되는 경우 설령 채무초과회사를 소멸회사로 하여 유증자합병을 하더라도 그에 의한 합병비율이 현저히 불공정한 것은 아니라고 판시하고 있다.

269) 異說: 청산가치에 미치지 못하는 시장가격으로 매수가격을 정하게 하는 것은 주주권 침해이자 헌법상 보장된 재산권 침해이며, 합병 후의 회사에 잔존하려는 그러나 채무초과회사와의 합병에는 반대하는 주주의 보호에 있어서 주식매수청구권은 적절한 방법이 되지 못한다는 비판론이 있다(권기범(기업), 130면)

270) 순자산이 전혀 없는 실질채무초과회사는 인적 회사의 경우를 제외하고는 그것이 해산회사든 존속회사든 원칙적으로 합병할 수 없다는 입장을 취하면서, 다만 예외적으로 존속회사가 실질채무초과회사인 주주에 대하여 일체의 합병대가를 지급하지 아니하고 이에 대해 주주 전원(주식매수청구권을 행사한 주주는 제외)이 동의하는 경우 및 그 반대 경우로서 해산회사의 주주 전원(주식매수청구권을 행사한 주주는 제외)이 동의한 경우에 한하여 허용되고, 부실기업정리 등의 필요가 있는 경우에는 입법적으로 해결하여야 한다는 견해가 있다(권기범(기업), 131면).

반영하고 있는지에 의하여 판단하여야 한다. 그런데 합병비율의 산정에 관하여 상법에는 아무런 규정이 없고, 자본시장법에서는 (ⅰ) 상장법인끼리 합병할 경우에는 주식의 시가를 기준으로 하여 합병비율을 정하고, (ⅱ) 상장법인과 비상장법인이 합병할 경우에는 상장법인은 시가를 기준으로 비상장법인은 주당 순자산가치와 수익가치 등을 기준으로 합병비율을 산정한다고 규정하고 있다(자금 165조의4; 자금령 176조의5 1항).[271] 이 중에서 주당 순자산가치가 가장 중요한 1차적 기준이 되나, 이에 한정되는 것은 아니고 수익가치나 미래의 성장가치, 경영진의 자질 등 유형·무형의 기업가치 내지 주식가치를 적절하게 반영하는 평가요소들을 폭 넓게 사용할 수 있다. 구체적 사례에 따라 이들 평가요소에 대한 비중의 조정 및 취사선택이 가능하다.[272]

[참조판례] 인천지법 1986. 8. 29. 선고 85가합1526 제2민사부판결
합병비율은 합병당사회사의 재산상태와 그에 따른 주식의 객관적 가치에 비추어 공정하게 정함이 원칙이라 할 것이다. 만일 그 비율이 합병당사회사의 일방에게 불리하게 정해진 경우에는 그 회사의 주주가 합병 전 회사재산에 대하여 가지고 있던 지분비율을 합병 후에 유지할 수 없게 됨으로써 실질적으로 주식의 일부를 상실하게 하는 결과를 초래하는 만큼 현저하게 불공정한 합병비율을 정한 합병계약은 사법관계를 지배하는 신의성실의 원칙이나 공평의 원칙에 반하여 무효라고 할 것이다. 합병당시 순자산액을 기준으로 할 때 존속회사와 소멸회사의 발행주식 1주의 가치가 무려 17 : 1이나 됨에도 불구하고 합병비율은 1 : 1로 정해졌다면, 기업 자체나 주식의 가치가 대차대조표상의 자산상태나 영업실적에 의하여 엄밀하게 측정할 수

---

271) 자본시장법 제165조의4 및 동 시행령 제176조의5 제1항에서 규정하고 있는 기준이 반드시 구속력을 갖는 것은 아니다. 그러나 합병당사회사 중 어느 하나라도 상장회사인 때에는 위 조항의 적용이 사실상 강제된다. 그에 따른 문제점에 대해서는 송옥렬, 1082~1083면 참조.

272) 권기범(기업), 155면·165면; 이철송, 1056면. 합병비율의 불공정 여부는 단순히 합병당사회사의 자산상태만을 고려하는 것에서 그쳐서는 아니 되고, 그 밖에도 경영정책적·비계량적 요소까지를 복합적으로 고려하여야 한다(최준선, 700면).

있는 성질의 것이 못 되고 장래의 사업전망이나 경기변동 등 불확실한 요인에 의하여 영향을 받게 된다는 점을 감안한다 하더라도, 달리 위와 같은 합병비율을 수긍할 만한 아무런 합리적 이유도 찾아볼 수 없는 이 사건에 있어 위 합병비율은 현저하게 불공정하다고 할 수 밖에 없다. 따라서 존속회사와 소멸회사 사이에 체결된 이 사건 합병계약은 그 내용으로 된 합병비율이 현저하게 부당하여 무효라 할 것이다.

(5) 합병비율이 불공정하더라도 합병에 반대하는 주주는 주식매수청구권을 가지므로 그것만으로는 합병무효의 사유가 되지 않는다. 그러나 그 합병비율이 현저하게 불공정하면 합병당사회사 중 어느 일방 회사의 주주에게 손실을 가져오고 주주평등원칙에 반하는 정도가 중대하기 때문에 합병 무효사유가 된다.[273)][274)] 존속회사의 증가하는 자본금액이 소멸회사로부터 승계하는 순자산가액을 현저하게 초과하고, 그로 인하여 합병비율이 현저하게 불공정한 경우에는 액면미달발행이나 현물출자의 과대평가와 동일한 실질을 지니게 된다.[275)] 따라서 이러한 경우에는 합병무효의 소로 다투는 외에 저가로 신주를 제3자에게 배정하는 경우와 마찬가지로 위법한 신주발행에 인정되는 구제방법으로도 다툴 수 있다.[276)]

---

273) 합병에 의하여 소멸회사의 주주와 존속회사의 주주는 모두 동일한 존속회사 또는 신설회사의 주주가 되므로 주주평등원칙의 적용대상이 된다.

274) 합병비율의 공정성을 확보하기 위하여 여러 가지 사전조치가 강구되어 있으므로(523조 3호, 522조 1항 · 3항) 합병비율이 현저하게 불공정한 때에만 합병무효의 소의 사유가 된다는 것이 통설이다.

275) 송옥렬, 1084면.

276) 송옥렬, 1085면. 그로 인하여 존속회사에 손해가 생긴 경우에는 이사는 임무해태로 인한 손해배상책임(399조)을 지고, 형사상 업무상배임죄(형 356조)를 구성할 수 있다. 이 밖에 입법론으로 합병유지(留止)청구권의 도입이 필요하다는 견해가 있다(권기범(기업), 321~322면).

《관련문헌》

노혁준, "부실계열사 합병과 합병비율 : 대법원 2008. 1. 10. 선고 2007다64136 판례평석", 「상사법연구」 제27권 제4호(2009).

권기범, "존속회사의 합병으로 인한 자본증가의 한계 및 합병비율의 불공정 : 대상판결 : 대법원 2008. 1. 10. 선고, 2007다64136 판결", 「인권과 정의」 제384호(2008).

권기범, "주택은행과 국민은행간의 합병 무효", 「BFL」 제12호(2005).

26. 회사분할과 채권자보호

[대법원 2010. 8. 26. 선고 2009다95769 판결]

Facts

(1) S1회사의 대표이사인 R은 2006. 11.경 S1의 경영상태가 좋지 않아 관급공사의 입찰을 받을 수 없는 상황에 처하자 T에게 S1의 전기공사업 부문만을 분할하여 관급공사만을 전문으로 입찰하는 새로운 회사를 설립해 줄 것을 의뢰하였다.

(2) T는 S1회사로부터 전기공사업 부문을 분할하여 S2회사(휴면회사, 피고)에 합병시키기로 하고 2006. 11. 28.자 분할합병계약서('이 사건 분할합병계약서')를 작성하였다. 그 내용은 아래와 같다.

《분할합병계약서》 ① 제1조 제2항 S2는 S1의 영업 일부인 전기공사업 부문의 제반 면허, 장비 및 인원, 계약권리 및 하자보수 등의 권리의무를 포괄적으로 승계하기로 한다. ② 제2조 제1항 S1은 2006. 11. 28. 현재의 재산목록을 기초로 하여 제6조에 정한 분할합병기일에 분할되는 영업에 관한 권리의무 일체를 S2에게 인계하고, S2는 이를 승계한다. ③ 제2조 제2항 S1의 전기공사공제조합 출자좌수에 관한 모든 보증채무 및 융자 일체를 S2가 승계하기로 한다.

(3) T는 2006. 11. 28. 자신들 또는 제3자 명의로 S1회사의 총 발

행주식을 보유하고 있던 A(원고)와 R로부터 위임을 받아 이 사건 분할합병계약서에 대해 S1회사의 주주총회 승인결의가 있었다는 내용의 주주총회의사록을 작성하고, 2006. 12. 1. 아시아경제신문에, 2006. 12. 2. 매일경제신문에 아래와 같은 취지의 분할합병공고를 마쳤다.

> 《분할합병 공고》
> "S2회사는 상법 제530조의9 제2항의 결의절차를 밟아 상법 제530조의9 제1항의 출자재산 이외의 채무에 대하여는 연대책임을 부담하지 않기로 결의하였으므로 회사 분할합병에 이의가 있는 채권자는 공고게재일로부터 1개월 이내에 회사에 이의를 제출하라."

(4) 이 과정에서 A를 포함한 S1의 채권자들에 대한 개별적 최고절차는 이루어지지 않았다.

(5) S2회사와 S1회사는 2007. 3. 12. S1의 전기공사업 부문을 S2에게 분할합병하는 내용의 회사분할 및 분할합병등기를 마쳤다.

(6) A는 2006. 10. 4. S1이 J은행으로부터 받을 200,000,000원의 대출금채무를 담보해 주기 위하여 A 소유의 서울 강남구 청담동 소재 부동산에 대하여 채무자 S1, 근저당권자 J은행, 채권최고액 240,000,000원인 근저당권설정등기를 하여 주었다. 그런데 S1이 J은행에 대한 위 대출금 채무를 이행하지 아니하여 J은행의 신청으로 위 부동산에 관한 임의경매절차가 진행되었다. 이에 A는 2007. 12. 26. J은행에게 S1의 대출원리금채무 213,839,656원(=원금 200,000,000원 + 이자 9,883,396원 + 비용 3,956,260원)을 대위변제하는 등의 채권을 보유하게 되었다.

(Q1) 채권채무의 승계에 관한 위 분할합병계약서와 분할합병공고의 내용에는 어떤 차이가 있는가?

(Q2) 아래와 같은 각 당사자 주장의 당부를 판단하시오.

1) A(원고)의 주장 :

S2는 S1의 전기공사업 부분을 분할합병한 회사로서, 상법 제530조의9 제1항에 따라 S1의 A에 대한 채무를 연대하여 변제할 책임이 있다.

2) S2(피고)의 주장 :

① S2와 S1 사이의 전기공사업 양도 · 양수계약은 상법 제530조의2에 의한 회사의 분할합병이 아니라 상법 제41조의 규정에 의한 영업양도이므로 S2는 상법 제530조의9에 의하여 S1의 채무를 연대하여 변제할 책임이 없다.

② S2와 S1 사이의 전기공사업 양도 · 양수계약이 상법 제530조의2에 규정된 분할합병이라고 하더라도 S2는 분할합병 당시 S1의 채무에 대하여 연대책임을 지지 않도록 결의하고 이를 공고하였으므로 상법 제530조의9 제3항에 의하여 S1의 채무를 연대하여 변제할 책임이 없다.

③ A의 S1에 대한 구상금채권은 S2와 S1 사이의 분할합병이 이루어진 이후에 발생한 채권이므로 S2가 연대하여 변제할 책임이 없다.

④ 설사 S2에게 S1의 채무를 연대하여 변제할 책임이 있다고 하더라도, A와 S2는 S1의 J은행, 신용보증기금, 기술신용보증기금에 대한 주채무에 대하여 동일하게 연대하여 변제할 책임이 있는 자이므로 S2는 A의 부담부분을 넘는 부분에 대해서만 변제책임이 있다.

⑤ A는 S1을 운영하다가 경영실적이 좋지 못하여 관급공사의 입찰이 어렵게 되자 S1의 전기공사부분을 따로 떼어 휴면회사인 S2와 형식적인 분할합병을 한 후 이를 T에게 7억원에 매도하였을 뿐 아니라, A가 행사하는 구상금채권도 사실상 자신이 S1을 운영하기 위하여 대출받아 사용한 금원임에도 S2에게 구상권을 행사하는 것은 신의칙에 반한다.

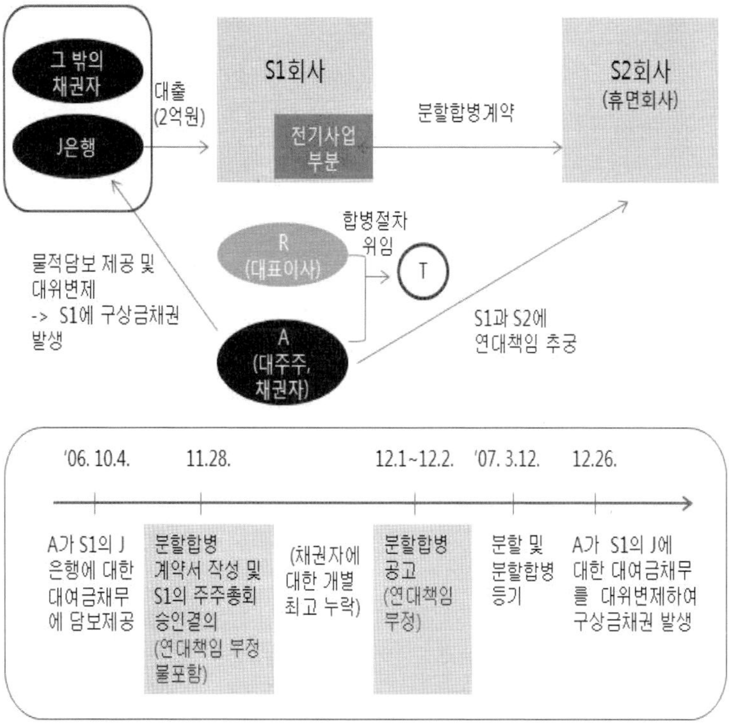

Issue & Rule

(1) 위 사건에서 쟁점이 되는 사항은 ① 상법 제530조의9 제1항에 의하여 분할당사회사가 연대책임을 지는 경우, 채권자가 개별 최고에 이의제출을 하지 아니하였다거나 분할 또는 분할합병에 동의하였기 때문에 개별 최고를 생략하였다는 등의 사정으로 분할당사회사가 연대책임을 면할 수 있는지 여부, ② 분할합병을 하는 분할당사회사가 상법 제530조의9 제1항에 의한 연대책임을 면하고

같은 조 제3항에 정한 분할채무관계를 형성하기 위한 요건, ③ 상법 제530조의9 제1항에 의하여 분할당사회사가 부담하는 연대책임의 법적 성질 등이다.
(2) 위 쟁점사항에 관한 적용법조는 상법 제530조의9, 제530조의3 제1항 · 제2항, 제530조의6 제1항 제6호; 민법 제413조 등이다.

Analysis & Conclusion

1. 상법 제530조의9 제1항에 의하여 분할당사회사가 연대책임을 지는 경우, 채권자가 개별 최고에 이의제출을 하지 아니하였다거나 분할 또는 분할합병에 동의하였기 때문에 개별 최고를 생략하였다는 등의 사정으로 분할당사회사가 연대책임을 면할 수 있는지 여부

(1) 판례법리

① 분할 또는 분할합병으로 인하여 설립되는 회사 또는 존속하는 회사('분할당사회사')는 특별한 사정이 없는 한 상법 제530조의9 제1항에 의하여 각자 분할계획서 또는 분할합병계약서에 본래 부담하기로 정한 채무 이외의 채무에 대하여 연대책임을 지는 것이 원칙이다. 이 연대책임은 채권자에 대하여 개별 최고를 거쳤는지 여부와 관계없이 부담하게 되는 법정책임이다. 그러므로 채권자에 대하여 개별 최고를 하였는데 채권자가 이의제출을 하지 아니하였다거나 채권자가 분할 또는 분할합병에 동의하였기 때문에 개별 최고를 생략하였다는 등의 사정은 상법 제530조의9 제1항이 규정하는 분할당사회사의 연대책임의 성부에 영향을 미치지 못한다.
② 분할합병을 하는 분할당사회사가 상법 제530조의9 제1항에 의한 연대책임을 면하고 각자 분할합병계약서에 본래 부담하기로

정한 채무에 대한 변제책임만을 지는 분할채무관계를 형성하기 위해서는, 분할합병에 따른 출자를 받는 존립 중의 회사가 분할되는 회사의 채무 중에서 출자한 재산에 관한 채무만을 부담한다는 취지가 기재된 분할합병계약서를 작성하여 이에 대한 주주총회의 승인을 얻어야 한다(530조의9 3항 · 2항 후단, 530조의3 1항 · 2항). 이러한 요건이 충족되었다는 점에 관한 주장·증명책임은 분할당사회사가 연대책임관계가 아닌 분할채무관계에 있음을 주장하는 측에게 있다.
③ 단순히 분할합병계약서에 상법 제530조의6 제1항 제6호가 규정하는 '분할되는 회사가 분할합병의 상대방 회사에 이전할 재산과 그 가액'의 사항 등을 기재하여 주주총회의 승인을 얻었다는 사정만으로는 위와 같이 분할책임관계를 형성하기 위한 요건이 충족되었다고 할 수 없다. 그러므로 분할당사회사는 각자 분할합병계약서에 본래 부담하기로 정한 채무 이외의 채무에 대하여 연대책임을 면할 수 없다.

(2) 사건에의 적용

① 이 사건 분할합병계약서에는 S1이 출자한 재산에 관한 채무만을 S2가 부담한다는 취지가 기재되어 있지 이니하고, S1의 총발행주식을 실질적으로 보유한 A와 R의 승인 내지 주주총회의사록 작성 위임은 그러한 취지가 누락된 분할합병계약서에 대하여 이루어진 것에 불과하다. 이와 달리 S1이 출자한 재산에 관한 채무만을 S2가 부담한다는 취지가 기재된 분할합병계약서가 작성되어 이에 대한 S1의 주주총회의 승인이 이루어졌다는 사정을 인정할 만한 자료를 기록상 찾아볼 수 없다. 그러므로 S2는 상법 제530조의9 제1항에 근거하여 이 사건 분할합병계약서에 의하여 본래 부담하기로 정한 채무 이외의 채무에 대하여 연대책임을 진다.

② 원래 분할합병의 공고는 분할합병계약서의 요령을 기재하는 방법으로 하여야 하는 것임에 비추어(530조의3 4항), 이 사건 분할합병계약서에 아무런 기재가 없고 주주총회의 승인을 얻은 적이 없는데도 S1이 출자한 재산에 관한 채무만을 S2가 부담한다는 취지가 일간신문에 공고되었다는 것만을 가지고 그에 따른 효력이 발생한다고 볼 수 없음은 당연하다. A가 위 분할합병에 동의한 관계로 S1이 A에 대한 개별 최고를 생략하였다는 사정 등은 마찬가지로 S2가 상법 제530조의9 제1항에 의하여 부담하게 되는 연대책임의 성부에 아무런 영향을 미치지 못한다. (원심이[277] S2가 A에 대하여 연대책임을 부담하는 근거로 개별 최고를 누락하였다는 점을 든 것은 적절하지 아니하지만, S2가 상법 제530조의9 제1항에 의하여 S1과 연대하여 S1의 A에 대한 채무를 변제할 책임이 있다고 본 결론은 정당하다.)

2. 상법 제530조의9 제1항에 의하여 분할당사회사가 부담하는 연대책임의 법적 성질

(1) 판례법리

① 분할당사회사가 상법 제530조의9 제1항에 의하여 각자 분할계획서나 분할합병계약서에 본래 부담하기로 정한 채무 이외의 채무에 대하여 연대책임을 지는 경우, 이는 회사분할로 인하여 채무자의 책임재산에 변동이 생기게 되어 채권회수에 불이익한 영향을 받는 채권자를 보호하기 위하여 부과된 법정책임이다. 특별한 사정이 없는 한 그 법정 연대책임의 부담에 관하여 분할당사회사 사이에 주관적 공동관계가 있다고 보기 어려우므로, 분할당사회사는 각자 분할계획서나 분할합병계약서에 본래 부담하기로 정한 채무 이외의 채무에 대하여 부진정연대채무관계에 있다고 봄이 상당하다.[278]

---

277) 서울고법 2009. 10. 15. 선고 2008나106879 판결.

278) 원심은 상법 제530조의9 제1항에 의하여 S2가 부담하는 연대책임의 법적

② 부진정연대채무에 대하여는 민법 제418조 제2항(상계할 채권이 있는 연대채무자가 상계하지 아니한 때에는 그 채무자의 부담부분에 한하여 다른 연대채무자가 상계할 수 있다)이 적용 내지 유추적용되지 않는다. 그러므로 어느 부진정연대채무자가 채권자에 대하여 상계할 채권을 가지고 있음에도 상계를 하지 않고 있다 하더라도 다른 부진정연대채무자는 그 채권을 가지고 상계를 할 수 없다.[279]
③ 채무자가 제3자에 대하여 갖는 상계권도 채권자대위권의 목적이 될 수 있지만, 채권자대위권을 행사하기 위해서는 원칙적으로 채권의 존재 및 보전의 필요성, 기한의 도래 등의 요건을 충족하여야 함에 비추어,[280] 어느 부진정연대채무자가 현실적으로 자신의 부담부분을 초과하는 출재를 하여 채무를 소멸시킴으로써 다른 부진정연대채무자에 대하여 구상권을 취득한 상태에 이르지 아니한 채 단지 장래에 출재를 할 경우 취득할 수 있는 다른 부진정연대채무자에 대한 구상권을 보전하기 위하여 다른 부진정연대채무자가 채권자에게 갖는 상계권을 대위행사하는 것은 허용되지 아니한다.

(2) 사건에의 적용

① S1의 A에 대한 대여금 채무와 구상금 채무는 이 사건 분할합병계약서에 S2가 S1으로부터 승계하는 것으로 정해진 채무는 아니지만, S2는 상법 제530조의9 제1항에 의하여 S1의 A에 대한 대여금 채무와 구상금 채무에 대하여 부진정연대채무자로서 변제할 책임을 부담하므로, A는 S2에게 위 대여금과 구상금 전액의 이행을 S2에게 청구할 수 있다.
② S2는 A에 대한 채무에 대하여 S1과 부진정연대채무의 관계에

성질을 부진정연대채무가 아닌 민법상의 연대채무로 보았다.
279) 대법원 1994. 5. 27. 선고 93다21521 판결 참조.
280) 대법원 1995. 9. 5. 선고 95다22917 판결; 대법원 2003. 4. 11. 선고 2003다1250 판결 등 참조.

있음에 불과하므로, 설령 S1이 A에 대하여 채권을 갖고 있더라고 민법 제418조 제2항을 적용 내지 유추적용하여 그 채권을 가지고 스스로 상계를 할 수 있다고 볼 수 없다. 또한 S2가 현실적으로 출재를 하여 A에 대한 채무를 소멸시키지 아니한 채 장래 S1에 대하여 취득할 수 있는 구상권을 채권자대위권의 피보전권리로 삼아 S1이 A에 대하여 행사할 수 있는 상계권을 대위행사할 수도 없다.

Comments

(1) 회사분할은 분할회사의 적극·소극재산의 전부 또는 일부를 분리하여 적어도 하나 이상의 신설회사 또는 기존회사(승계회사)에 청산절차 없이 부분적으로 포괄승계하고, 그 대가로 승계회사의 주식이 원칙적으로 출자자인 주주들에게(인적분할) 또는 예외적으로 분할회사에게(물적분할) 부여되는 것을 말한다.[281)][282)] 합병에서의 주주 및 회사채권자보호에 관한 제도의 상당부분이 분할에 그대로 통용되나, 회사분할에서는 합병보다 채권자보호장치가 훨씬 강화되어 있다. 회사분할의 경우에는 합병과는 달리 채무의 포괄승계가 없고 채권자의 뜻과는 무관하게 분할계획서 또는 분할합병계약서에서 임의로 정하는 바에 따라 분할대상인 적극·소극재산이 각 승계회사에 나누어 이전되고(배정자유의 원칙), 그로 인하여 채무자 및 책임재산이 변경되기 때문이다.[283)] 회사분할시 회사채권자를 보호하기 위하여 상법에서는 모든 형태의 회사분할시 분할당사회사의 연대책임을 원칙으로

281) 권기범(기업), 341~342면.
282) 회사분할의 법적 성질에 대해서는 인격분할설, 현물출자설, 상법상 특수제도설 등이 있다.
283) 심지어 분할대상재산 배정자유의 원칙에 의하여 주주가 경영위험을 회사채권자에게 이전시킬 가능성도 있다(권기범(기업), 418~419면).

하면서 분할합병시에는 채권자이의절차를 부가하고 있고(530조의 9, 530조의11 2항, 527조의5), 예외적으로 연대책임을 배제하는 경우에는 단순분할과 물적분할시에도 채권자이의절차를 밟도록 하고 있다(530조의9 2항・3항).

(2) 분할 또는 분할합병으로 인하여 설립되는 회사 또는 존속하는 분할당사회사는 '분할 또는 분할합병 전'(분할 또는 분할합병 등기 전)의[284] '분할되는 회사의 채무'에 대하여 연대책임을 진다(530조의9 1항). 이 규정은 회사분할로 인하여 채무자의 책임재산에 변동이 생기게 되어 채권회수에 불리한 영향을 받는 채권자를 보호하기 위하여 분할당사회사간의 채무승계가 여하하건 불문하고 부과된 법정책임이다. 예컨대, 분할회사를 A, 승계회사를 B, C라 할 경우, 연대책임의 주체는 기존 또는 신설된 모든 승계회사(B, C)와 분할회사(A)이고, 연대책임의 대상은 '분할 또는 분할합병 전의 회사채무'로 다른 승계회사(B, C)에 승계된 분할회사의 채무, 분할회사(A)의 잔존채무이다. 그러나 분할과 상관없는 기존 승계회사의 기존채무라든가 분할 이후에 발생한 분할회사 및 승계회사의 채무는 연대책임에서 배제된다.[285] 이 때 연대채무를 부담하는 자 사이에는 공동목적에 의한 주관적 관련성이 없으므로 부진정연대채무라는 것이 다수설과 판례의 입장이나.[286] 이에 의하여 분할당사회사는 각 회사들이 승계한 자산의 가액을 불문하고 분할상대회사의 분할 전 회사채무 전부에 대하여 시간적 제약이 없는 무한책임을 지게 된다.

(3) 한편, 상법 제530조의9 제2항과 제3항에서는 분할당사회사

284) 이는 채무발생의 시점을 기준으로 한다. 따라서 채무가 분할 전에 발생한 것이면 분할 전에 변제기가 도래하지 않은 것이어도 무방하다(대법원 2008. 2. 14. 선고 2007다73321 판결).

285) 권기범(기업), 429면.

286) 異說: 민법 제437조 제2문의 연대보증이라는 견해가 있다(권기범(기업), 432면).

간에 자율적으로 책임을 제한(안배)할 수 있는 길을 열어주고 있다. 이는 연대책임이라는 무거운 짐을 덜어줌으로써 회사분할제도의 이용을 촉진시키기 위함이다. 연대책임이 배제되면 분할당사회사는 자신에 귀속된 채무만을 부담한다. 연대책임을 배제하려면 분할당사회사간에 책임배분의 내용을 분할계획서 또는 분할계약서에 특정하여[287] 이에 관하여 주주총회의 승인을 얻어야 한다. 이렇게 함으로써 분할당사회사는 연대책임을 배제하고 분할되는 회사의 채무 중에서 출자받은 재산에 관한 채무에 대해서만 책임을 지는 것으로 할 수 있다(530조의9 2항 · 3항). 그 결과 각 승계회사(B 또는 C)는 분할회사(A)로부터 자신에게 이전된 채무에 대해서만 책임을 지고, 분할회사(A)의 잔존채무라든가 분할회사로부터 다른 승계회사(C 또는 B)에 이전된 채무에 대해서는 책임을 지지 않고(530조의9 2항 1문), 분할회사(A)도 각 승계회사(B, C)에 이전시킨 채무에 대해서는 더 이상 책임을 지지 않는다(530조의9 2항 2문).[288] 연대책임을 배제하려면 그 대신 단순분할이나 물적분할시에는 배제되었던 채권자이의절차가 부활한다(530조의9 4항, 527조의5). 이러한 채권자이의절차를 밟지 않으면 분할당사회사는 원칙대로 연대책임을 진다.

(4) 회사합병에서의 채권자이의절차를 원칙적으로 회사분할에 준용하고 있다(530조의9 4항, 530조의11 2항, 527조의5, 439조 3항, 232조 2항 · 3항). 이에 따라 분할당사회사는 채권자에게 이의제출할 것을 공고하고 알고 있는 채권자에 대해서는 개별적으로 최고를 하여야 한다.[289] 개별 최고와 관련하여, 위 판례는 회사분할에 의하

---

287) 연대책임을 배제한다는 내용을 분할계획서 또는 분할합병계약서에 기재하지 않으면 당사회사간에 그런 취지의 합의를 하더라도 효력이 없다(권기범(기업), 399면).

288) 권기범(기업), 435면.

289) 단순분할과 물적분할의 경우에는 연대책임으로 인하여 분할회사의 채권자들의 지위에 실질적으로 변화가 없어 보호가 문제되지 않는다는 이유에서 채권자이의제출권이 배제되어 있다. 그러나 이에 대해서는 입법론으로 연

여 연대책임이 배제된다는 사실을 알고 있는 채권자에 대해서는 설령 개별적인 최고를 누락하였더라도 그로 인하여 불측의 손해를 입을 우려가 없다고 인정되므로 그에 상관없이 당사회사들은 분할책임을 진다고 한다. 이러한 판례의 입장을 지지하는 견해가 있는가 하면,[290] 비판론이 있다. 비판론은, 판례의 법리적 근거가 불명확하고, 채권자보호절차는 채권자들에게 어떤 정보를 알린다는 뜻보다는 이의를 제기할 수 있는 절차와 기회를 제공한다는 뜻이 있다는 이유를 들어 비판한다.[291] 생각건대, 분할당사회사간 분할(합병) 전 채무에 대한 연대책임의 원칙을 배제하고 분할책임의 특칙을 적용하기 위해서는 그로 인하여 직접적으로 불리한 영향을 받는 채권자를 보호하기 위한 절차가 필수적으로 요구된다. 그런데 실질적으로 채권자 전원에 대하여 알리고 이의를 제기할 수 있는 기회를 부여하였거나 채권자가 회사분할에 관여하는 등 회사분할의 사실을 미리 알고 있어 불측의 손해를 입을 우려가 없다고 인정되는 경우라면 개별적인 최고를 하지 않았다고 해서 최고절차를 엄격하게 밟지 않은 절차의 흠이 있다고 하여 다툴 수는 없을 것으로 본다.

(5) 분할당사회사의 연대책임은 영업양수인이 영업양도인의 영업상의 채권자에 대하여 일정한 요건하에 영업양도인과 연대책임(부진정연대채무)을 지는 것에 비견될 수 있다(42조, 44조). 그러나 이는 영업양수인의 무책임원칙에 대한 특칙으로 인정되는 것이며, 외관법리에 기초하여 상호의 속용을 요건으로 하고, 채권자가 채무인수가 없었다는 사실에 대하여 선의일 것을 요한다는 점에서 회사분할 당사회사가 지는 연대책임과는 차이가 있다.

대책임 외에 채권자이의제출권을 그 요건을 엄격히 제한하여 허용할 필요가 있다는 견해가 있다(권기범(기업), 422~423면).

290) 송옥렬, 1117면.

291) 이철송, 1100면.

《관련문헌》

하창효, "회사분할에 있어 채권자와 소수주주의 보호", 「상사판례연구」 제21집 제2권(2008).

김동민, "회사분할에서 채권자보호를 위한 연대책임 규정의 한계", 「상사법연구」 제25권 제4호(2007).

허 인, "회사분할과 채권자의 보호에 관한 소고", 「경영법률」 제17집 제2호(2007).

27. 영업 · 영업재산 양도와 주주총회의 특별결의

[대법원 2004. 7. 8. 선고 2004다13717 판결]

Facts

(1) J는 1999. 6. 10. 자신이 발명특허로 출원한 '사전 암반 절단 공법'이 특허권('이 사건 특허권')으로 등록되자 이러한 특허기술을 이용한 사업을 추진하는 M엔지니어링이라는 개인업체를 설립하였다가 1999. 12. 21. 이를 법인으로 전환하여 구조물해체 및 발파공사업 등을 목적사업으로 하는 X회사(원고)를 설립하였다.
(2) J는 X회사가 중소기업청으로부터 벤처기업으로 지정받을 수 있도록 하기 위하여 이 사건 특허권을 X회사에게 25억원에 양도하고 X회사 앞으로 이전등록을 하였다. 이에 따라 X회사는 2000. 3. 22. 벤처기업으로 지정받기에 이르렀다. X회사는 서울 강남 소재 사무실에 직원 5~6명이 근무하는 소규모의 회사로서 그 동안 이 사건 특허권을 이용한 공사의 수주를 주된 사업으로 추진해 왔으며, 2000년도 대차대조표상 자산 총계 27억 9,329만원 중 이 사건 특허권이 25억원으로서 대부분의 비중(약 90%)을 차지한다. 당시 J, P가 각자 X회사의 대표이사였다.
(3) X회사는 2000. 5.경 공모에 의한 증자를 하면서, X회사의 주식이 연말까지 코스닥에 등록될 것이라고 약속하는 등 장래가 유망한 벤처기업이라는 설명을 하여 출자자를 모집하였다.
(4) 위 약속을 믿은 A(피고)를 포함한 수십 명의 투자자들로부터

주식 액면가의 5배에 해당하는 주식인수대금을 납입받는 방법으로 합계 11억 7,900만원을 출자받아 2000. 5. 16. 증자에 따른 변경등기를 하였다.

(5) 그 후 투자자들에게 약속한 코스닥등록이 되지 않고 X회사의 공사매출실적 및 공사수급실적이 전무하자, 투자자들을 대표한 A가 X회사에게 자신들의 투자금 회수에 대한 확보방안을 마련하여 줄 것을 요구하였다.

(6) 이에 X회사는 2000. 10. 20. A를 비롯한 투자자들과 사이에 X회사의 주식이 청약증거금 입금일로부터 5개월 이내에 코스닥에 등록되지 않을 경우에는 청약금 상당액을 투자자들의 요구에 따라 전액 반환하기로 약정하였다('이 사건 약정').

(7) 그 후에도 X회사의 영업실적이 호전되지 않고 X회사의 주식 중 80% 가량을 소유한 대표이사 J가 2000. 12. 초순경부터 회사에 출근하지 않았다.

(8) 그러자 A는 2000. 12. 5. 투자자들의 선정당사자로서 X회사의 법인통장 예금에 대한 채권가압류결정을 받는 등 이 사건 약정에 따른 채권의 확보를 위한 조치를 실행하였고, X회사의 또 다른 대표이사 P는 2000. 12. 16.부터 2001. 3. 말경까지 사이에 A에게 이 사건 약정에 따른 채무의 이행으로 3억 300만원을 지급하였다.

(9) X회사는 대표이사 J가 계속 회사에 출근을 하지 않자 그를 해임하고 2001. 2. 16. 해임등기를 하였다.

(10) X회사의 자금사정상 투자자들의 투자금을 변제할 자금의 마련이 어렵게 되자, 그 담보를 위하여 2001. 2. 21. 투자자들을 대표한 A에게 이 사건 특허권에 관하여 채권액을 11억 6,000만원으로 하는 질권을 설정해 주었고, 2001. 3. 15.에는 A 앞으로 이전등록을 해 주었다('이 사건 특허권의 양도').

(11) X회사는 이 사건 특허권의 양도는 X회사의 영업용 재산의 처분으로서 그로 인하여 X회사 영업의 전부 또는 일부를 양도하

거나 폐지하는 것과 같은 결과를 가져오는 경우에 해당하기 때문에 주주총회의 특별결의가 필요함에도 그러한 특별결의가 없었으므로 이 사건 특허권의 양도는 무효이고, 따라서 A는 이 사건 특허권에 관하여 A 앞으로 경료된 이전등록의 말소등록절차를 이행할 의무가 있다고 주장한다.

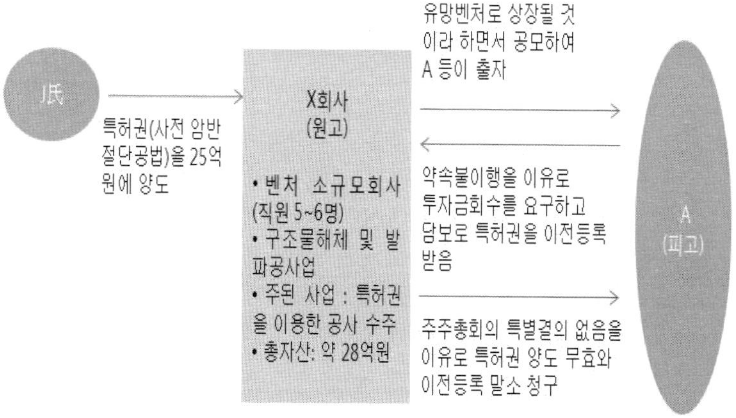

(Q1) 위의 (11)에서와 같은 X회사의 주장은 타당한가?

(Q2) 투자금 반환에 관한 위 (6)과 같은 약정은 유효한가?

Issue & Rule

(1) 위 사건에서 쟁점이 되는 사항은 ① 주주총회의 특별결의를 요하는 상법 제374조 제1항 제1호의 '영업의 전부 또는 중요한 일부의 양도'의 의미, ② 특허권을 이용한 공사의 수주를 회사의 주된 사업으로 하고, 위 특허권이 회사의 자산에서 대부분의 비중을 차지하는 경우 이를 양도하려면 주주총회의 특별결의가 필요한가의 여부 등이다.

(2) 위 쟁점사항에 관한 적용법조는 상법 제374조 제1항 제1호 등이다.

Analysis & Conclusion

1. 주주총회의 특별결의를 요하는 영업용 재산의 처분

(1) 판례법리

① 주주총회의 특별결의가 있어야 하는 상법 제374조 제1항 제1호 소정의 '영업의 전부 또는 중요한 일부의 양도'라 함은 일정한 영업목적을 위하여 조직되고 유기적 일체로 기능하는 재산의 전부 또는 중요한 일부를 총체적으로 양도하는 것을 의미하는 것이다. 이에는 양수회사에 의한 양도회사의 영업적 활동의 전부 또는 중요한 일부분의 승계가 수반되어야 한다.
② 그러므로 단순한 영업용 재산의 양도는 이에 해당하지 않는다. 다만 영업용 재산의 처분으로 말미암아 회사 영업의 전부 또는 일부를 양도하거나 폐지하는 것과 같은 결과를 가져오는 경우에는 주주총회의 특별결의가 필요하다.[292)]

(2) 사건에의 적용

X회사는 소규모의 회사로서 그 동안 이 사건 특허권을 이용한 공사의 수주를 주된 사업으로 추진해 왔으며, 자산 총계 27억 9,329만원 중 이 사건 특허권이 25억원으로서 대부분의 비중을 차지할 정도로 이 사건 특허권은 X회사의 가장 중요한 재산인

---

292) 대법원 1997. 4. 8. 선고 96다54249, 54256 판결; 대법원 1998. 3. 24. 선고 95다6885 판결 등 참조.

사실을 알 수 있다. 사정이 이와 같다면, 이 사건 특허권의 양도로 인하여 X회사 영업의 전부 또는 일부를 양도하거나 폐지하는 것과 같은 결과를 가져오는 경우라고 보아야 할 것이므로 이 사건 특허권의 양도에는 주주총회의 특별결의가 필요하다.[293]

2. 관련판례 : 영업의 일부를 양도하는 경우

영업의 일부를 양도하는 경우는 양도의 대상이 설령 유기적 일체로서의 영업이라 하더라도 '중요한 일부'가 아닌 한 주주총회의 특별결의를 요하지 않는다(374조 1항 1호)(아래 판례 참조).

> [부산지법 2009. 7. 8. 선고 2009가합1682 판결]
> 3개 사업부로 구성된 주식회사 甲이 그 중 1개 사업부의 만성적자로 회사 전체의 존립이 위협받게 되자 그 사업부를 분리하여 새로이 설립하는 주식회사 乙에 양도한 사안에서, 위 사업부의 양도는 상법상 영업양도에 해당하지만 양도대상 사업부의 영업의 가치가 회사 전체의 영업의 가치에서 차지하는 비중이 크지 않고, 양도 이후 甲회사가 종전의 영업을 크게 축소하거나 변동하지 않고 이전의 영업을 계속 유지하고 있는 등 양적·질적 측면에서 양도 당시 그 사업부가 甲회사의 영업의 중요한 일부에 해당한다고 볼 수 없어, 그 사업부의 양도에 주주총회의 특별결의를 요하지 않는다.

Comments

(1) 회사의 영업을 전부 또는 중요한 일부를 양도하거나 회사의 영업에 중대한 영향을 미치는 다른 회사의 영업 전부 또는 일부

293) 원심(서울고법 2004. 2. 4. 선고 2002나69114 판결)은 이 사건 특허권의 양도로 인하여 X회사 영업의 전부 또는 일부를 양도하거나 폐지하는 것과 같은 결과를 가져온다고 볼 수 없다는 이유로 X회사의 주장을 배척하였다.

를 양수하는 경우에는 주주총회의 특별결의를 얻도록 하고 있다(374조 1항 1호 · 3호). 이러한 경우 주주총회의 특별결의를 요하는 이유는 그로 인하여 출자목적의 전제가 되는 영업기반에 중대한 변화가 초래되기 때문에[294] 주주의 이익을 보호하기 위함이다.

(2) 주주총회의 특별결의를 요하는 상법 제374조 제1항 제1호 소정의 '영업의 전부 또는 중요한 일부의 양도'에서 '영업의 양도'란 상법 제41조에서 규정하고 있는 영업의 양도와 동일한 개념이라는 것이 판례의 입장이다. 즉, 일정한 영업목적을 위하여 조직되고 유기적 일체로 기능하는 재산의 전부 또는 중요한 일부를 총체적으로 양도하는 경우를 뜻한다.[295] 이에 의하여 영업을 양적으로 전부 또는 질적으로 중요한 일부를 양도하는 경우에는 상법 제374조 제1항 제1호의 적용을 받아 주주총회의 특별결의를 얻어야 한다. 이러한 해석에 의하면 유기적 일체로서의 영업이 아닌 한 설령 그것이 중요재산이라 하더라도 규모나 가액을 불문하고 주주총회의 특별결의를 요하지 않음이 원칙이다.

(3) 영업의 일부를 양도하는 때에는 그것이 '중요한 일부'의 양도인 경우에 한하여 주주총회의 특별결의를 요하고(374조 1항 1호), 중요하지 않은 영업의 일부 양도는 단지 이사회 승인사항에 그친다. 무엇이 영업의 '중요한 일부'로 되는가에 대해서는 위 부산지법 판결에서[296] 판시한 바와 같이, 양도재산이 회사의 전 재산에 차지하는 비중과 같은 양적 요소 외에 회사의 사업수행에 미치는 영향과 같은 질적 요소를 종합적으로 고려하여 출자목적으로부터

---

294) 영업양수는 사실상 합병과 마찬가지로 양수회사의 기본구조에 중대한 변화를 가져오기 때문에 주주총회의 특별결의를 요한다. 다만 이에 대해서도 간이합병이나 소규모합병의 특례와 같은 입법조치가 필요하다는 견해가 있다(송옥렬, 848~849면).

295) 이에 대해서는 동어반복에 그치고 특별한 기준으로서의 의미가 없다는 견해가 있다(권기범(기업), 530면).

296) 부산지법 2009. 7. 8. 선고 2009가합1682 판결.

현격한 이격(離隔)이 발생된 것으로 인정되는 경우에 한정된다고 보아야 한다.[297]

(4) 회사의 전 재산이나 마찬가지인 중요한 영업용 재산을 처분하는 경우는 영업양도가 아니기 때문에 주주총회의 결의를 요하는지에 대하여 종래 찬반양론이 있었다. 이는 결국 주주보호와 거래안전의 조화라는 관점에서 찾아야 한다. 위 판례는 기본적으로 불요설의 입장을 취하면서도, 양도의 대상이 되는 재산이 회사 존속의 기초가 되는 것이어서 그 처분으로 말미암아 회사 영업의 전부 또는 일부를 양도하거나 폐지하는 것과 같은 결과를 초래하는 경우에는 예외적으로 유기적 일체로서의 영업을 양도하는 것과 동등하게 평가하여 주주총회의 특별결의가 필요하다는 입장(절충설)을 취함으로써[298] 상법 제374조 제1항 제1호의 적용대상을 확대하고 있다. '그 처분으로 말미암아 회사 영업의 전부 또는 일부를 양도하거나 폐지하는 것과 같은 결과'를 가져오는지의 여부는 당해 영업용 재산이 당해 회사의 계속적인 존재(going concern)를 위하여 필수적인 것인지의 여부, 당해 자산이 회사 전체 자산에서 차지하는 비중 등에 관한 사실관계를 종합하여 구체적으로 판단하여야 한다.[299] 또한 당해 중요재산의 처분으로 '인하여' 영업의 폐지 또는 중단을 초래하는 경우에 한하여 주주총회의 특별결의를 요한다. 따라서 이미 법적으로 또는 사실상 영업을 폐지한 상태에 있는 때에는 중요재산을 처분하는 경우라 하더라도 주주총회의 특별결의를 요하지 않는다.[300]

---

297) 권기범(기업), 532면; 송옥렬, 849면; 이철송, 563면; 최준선, 347면 등 다수.

298) 학설도 대부분 이에 따르고 있다(권기범(기업), 540면; 송옥렬, 850~851면; 이철송, 566~567면).

299) 대법원 2004. 7. 8. 선고 2004다1317 판결 등 다수. 예: 관광호텔업을 위해 설립한 회사가 호텔신축 부지를 처분할 경우(대법원 1988. 4. 12. 선고 87다카1662 판결), 광산업을 하는 회사가 광업권을 양도할 경우(대법원 1969. 11. 25. 선고 64다569 판결) 등.

300) 대법원 1988. 4. 12. 선고 87다카1662 판결.

<도표 8> 영업 · 영업용재산 양도의 결정권자 (결의요건의 차등화)

	주주총회의 특별결의를 요하는 사항(374조 1항)	이사회 승인을 요하는 사항(393조)	대표이사 전결사항
대 상	① 영업 전부 또는 중요한 일부 양도 ② 영업 전부 임대 또는 경영위임, 타인과 영업의 손익 전부를 같이 하는 계약, 그 밖에 이에 준하는 계약의 체결 · 변경 · 해약 ③ 회사의 영업에 중대한 영향을 미치는 다른 회사의 영업 전부 · 일부의 양수	① 중요자산의 처분 · 양도 ② 대규모 재산 차입 * 중요자산 처분 회사존속의 기초가 되는 영업용재산으로 사실상 영업의 폐지 · 중단을 초래하는 경우 : 이사회 승인 → 주주총회 특별결의(374조 1항 1호)	그 밖의 재산의 처분 · 매입
주식매수청구권(374조의2)	○	×(○)	×

《관련문헌》

안수현, "영업양도의 「동일성 요건」 검토 : 대상판결: 대법원 2007. 6. 1. 선고, 2005다5812, 5829, 5836 판결", 「상사판례연구」 제21집 제2권(2008).

황남석, "영업양도에 관한 주주총회 특별결의 흠결의 효과 : 대법원 2003. 3. 28. 선고, 2001다14085 판결", 「법조」 제57권 제9호(2008).

이동원, "이사회결의를 요하는 중요자산 처분에 해당하는지의 판단기준", 「대법원판례해설」 제57호(2006).

판례색인

저자

김성탁 (金性倬)
현, 인하대학교 법학전문대학원 교수

연세대학교 법학박사
영남대학교 법과대학 교수
아주대학교 법과대학 교수
증권업협회 자문교수
소비자보호원 분쟁조정위원회 전문위원
Columbia University, Law School, Korean Legal Studies Program 이수
Old Dominion University, Business School, visiting professor
University of Virginia, Law School, visiting professor

주요저서 :
『회사법 - 사례와 이론』(공저), 박영사(2012)
『(신문기사와 함께 하는) 회사법입문』(제2판)(단독), 법문사(2012)
『사례 주식회사법』(단독), 영남대학교출판부(2006)
『주석 상법 - 상법총론』(공저), 한국사법행정학회(2002)
『베트남 증권시장 개설의 법적 환경』(공저), 한국증권거래소(1995)

판례분석 회사법 제1권

Corporation Law : Case Analysis I

2012년 7월 27일 인쇄
2012년 8월 10일 발행
저　　자 김 성 탁
발 행 처 인하대학교 출판부
전화 032)860-8301~2
팩스 032)862-0080
출판등록 1979. 5. 23 남구 제13호
인 쇄 처 진원디자인 프린텍
전화 032)467-4544~5

ISBN 978-89-7407-270-4 94360
978-89-7407-272-8 94360 (세트)

정가 15,000 원